가상이동
인지언어학적 접근법

가상이동

인지언어학적 접근법

임 태 성 지음

한국문화사

가상이동
인지언어학적 접근법

1판1쇄 발행 2018년 8월 28일
1판2쇄 발행 2019년 11월 30일

지은이	임태성
펴낸이	김진수
펴낸곳	**한국문화사**
등 록	1991년 11월 9일 제2-1276호
주 소	서울특별시 성동구 광나루로 130 서울숲 IT캐슬 1310호
전 화	02-464-7708
팩 스	02-499-0846
이메일	hkm7708@hanmail.net
홈페이지	www.hankookmunhwasa.co.kr

책값은 뒤표지에 있습니다.

잘못된 책은 구매처에서 바꾸어 드립니다.
이 책의 내용은 저작권법에 따라 보호받고 있습니다.

ISBN 978-89-6817-665-4 93700

이 도서의 국립중앙도서관 출판예정도서목록(CIP)은 서지정보유통지원시스템 홈페이지(http://seoji.nl.go.kr)와 국가자료공동목록시스템(http://www.nl.go.kr/kolisnet)에서 이용하실 수 있습니다.(CIP제어번호: CIP2018027423)

머리말

이 책은 2016년에 제출한 박사학위논문을 깁고 더한 것이다. 인지언어학에서는 언어를 인간 인지의 통합된 양상으로 간주함으로써 의미와 의미구성을 언어의 중심적인 조직화 원리로 간주하며, 더 나아가 언어가 인간의 다중적·역동적·상호작용적 인지 과정과 인지 구조를 반영하는 것으로 이해한다. 이 책은 인지언어학의 정신을 바탕으로, 언어 현상에 나타난 의미를 살펴 그 이면의 인지 기제를 이해해 보려는 것이 목적이다. 즉, 이동의 확장 현상 중 하나인 '가상이동'의 개념과 그 의미 특성을 살펴보는 것이다.

선행 연구들이 '가상이동'의 개념과 범주 및 다양한 언어에서 나타나는 '가상이동'의 성격, 그리고 '가상이동'의 심리적 실체를 밝혔다는 점에서 의의가 있다. 하지만 '가상이동' 연구의 대상이나 용어 사용이 다르며, 이에 따라 '가상이동'의 정의나 분류가 다르다는 점은 보완할 필요가 있다. 따라서 이 책에서는 한국어에 나타난 '가상이동'의 용례를 바탕으로 '가상이동'의 개념과 범주 및 '실제이동'과의 관련성을 제시하고자 한다.

이 책은 다음과 같이 구성된다. 총론은 이 글의 목적 및 필요성, 선행 연구 그리고 연구 대상 및 방법에 대해 기술한다. 1장에서는 인지언어학적 방법론을 제시하는데, 그 중에서 '가상이동' 인식에 바탕이 되는 '체험주의', '신체화', '백과사전적 의미관'과 '개념화자'의 '해석' 및 '시뮬레이션 의미론', 인지적 기제인 '개념적 은유 및 환유', '개념적 혼성' 그리고 '구문문법'에 대해 살펴볼 것이다. 2장에서는 '가상이동'의 개념, 유형 및 도식을 살펴볼 것이다. 또한 '가상이동' 인식의 바탕인 '해석'과 표현상 제약을 살펴볼 것이다. 3장에서는 '상대적 이동'의 양상과 의미 특성을 살펴보고, 4장에서는 '심리적 이동'의 양상과 의미 특성 그리고 '상대적 이동'과 '심리적 이동'의 특징을 살펴볼 것이다. 5장에서는 '가상이동' 표현에 나타난 구문적 양상과 의미 특성에 대해 살펴볼 것이다. 결론에서는 이상의 논의를 요약, 정리하고 남은 문제를 제시할 것이다.

감사의 말

이 책을 출간하기까지 많은 분들의 도움을 받았습니다. 인지언어학의 다양한 영역들을 가르쳐 주시고, 늘 곁에서 격려해 주시는 임지룡 선생님께 감사드립니다. 우리 국어에 대한 넓고 다양한 공부를 할 수 있도록 안내해 주신 김진식, 임성출, 송창선, 남길임 선생님께 감사드립니다. 그리고 국어학 연구에 대한 기초를 가르쳐 주신 홍사만, 이상태, 백두현, 이문규, 김덕호 선생님께 감사드립니다. 또한 이 책의 부족함을 따뜻한 손길로 기워주신 나익주, 김동환 선생님께도 감사드립니다.

인지언어학을 함께 공부하고 있는 '인지언어학 및 국어교육 연구실' 선생님들의 조언 덕분에 이 책의 부족함이 많이 보완되었습니다. 그리고 이 책을 출판해 주신 한국문화사 김진수 사장님과 이 책을 꾸며 주신 이은하 선생님께 감사드립니다.

2007년 9월부터 시작된 대학원 생활은 제 인생의 여정 중 아름답고도 보람찬 시기였습니다. 그동안 항상 저를 아낌없이 지원해 주신 부모님과 아내 그리고 한슬, 슬찬에게 감사드립니다.

끝으로 이 책에는 아직 부족한 부분이 많습니다. 이것은 전적으로 저의 부족함 때문입니다. 이 글을 기꺼이 읽어주고 조언을 해 주었던 모든 분들에게 감사의 인사를 드립니다.

2018년 3월 31일

임 태 성

차례

머리말 / v
감사의 말 / vii

총론 ··· 1
   1. 이 책을 왜 읽어야 하는가 ·· 1
   2. 연구의 대상 및 방법 ··· 6
   3. 이 책에 대하여 ··· 15

제1장 인지언어학적 방법론 ··· 21
   1. 체험주의와 신체화 ·· 24
   2. 백과사전적 의미관 ·· 30
   3. 해석 ·· 39
   4. 시뮬레이션 의미론 ·· 47
   5. 개념적 은유 및 환유 이론 ·· 52
   6. 개념적 혼성 이론 ·· 58
   7. 구문문법 ·· 63

제2장 가상이동 ·· 69
   1. 가상이동의 개념 ··· 69
   2. 가상이동의 유형 ··· 87
   3. 가상이동의 도식 ··· 97

제3장 상대적 이동 ·· 103
   1. 개념화자의 이동 ·· 103
      1.1. 도보 이동에 따른 양상 ···································· 104
      1.2. 탈것 이동에 따른 양상 ···································· 105

    1.3. 개념화자의 이동 도식 ················· 111
  2. 참조대상의 이동 ······························ 115
    2.1. 참조대상의 이동 양상 ·················· 115
    2.2. 참조대상의 이동 도식 ·················· 120
  3. 상대적 이동의 의미 특성 ···················· 123
    3.1. 언어적 특성 ······························ 123
    3.2. 인지적 특성 ······························ 139

제4장 심리적 이동 ································ 143
  1. 육안 관찰적 이동 ······························ 143
    1.1. 육안 관찰적 이동 양상 ················ 143
    1.2. 육안 관찰적 이동 도식 ················ 178
  2. 심안 관찰적 이동 ······························ 181
    2.1. 심안 관찰적 이동 양상 ················ 181
    2.2. 심안 관찰적 이동 도식 ················ 185
  3. 심리적 이동의 의미 특성 ···················· 188
    3.1. 언어적 특성 ······························ 189
    3.2. 인지적 특성 ······························ 199
  4. 상대적, 심리적 이동의 의미 해석 ·········· 202

제5장 가상이동 구문 ····························· 213
  1. 구문의 다의성 ··································· 213
    1.1. 실제이동 구문의 다의성 ··············· 213
    1.2. 가상이동에서 구문의 성격 ············ 216
  2. 가상이동 구문의 의미 특성 ·················· 222
    2.1. 가상이동의 구문적 양상 ··············· 222
    2.2. 가상이동의 구문적 의미 ··············· 224

결론 ··· 227

참고문헌 ··· 235
찾아보기 ··· 247

■ 표 차례

〈표 1-1〉 일반 인지 과정의 실례로서의 언어 해석 연산 ···· 41
〈표 1-2〉 언어로 부호화되는 '전경'과 '배경'의 특징 ········ 45
〈표 1-3〉 'That surgeon is a butcher'의 사상 ················ 59
〈표 1-4〉 '실제이동'의 구문 ···································· 67
〈표 3-1〉 '상대적 이동'의 언어적 특성 ······················ 137
〈표 4-1〉 '심리적 이동'의 언어적 특성 ······················ 198
〈표 4-2〉 '가상이동'의 언어적 특성 ·························· 203
〈표 5-1〉 '상대적 이동'의 구문 ································ 219
〈표 5-2〉 '심리적 이동'의 구문 ································ 222
〈표 5-3〉 '가상이동'의 구문 ···································· 222

■ 그림 차례

〈그림 1-1〉 한 표현의 '영역' ··································· 32
〈그림 1-2〉 'ring'의 부분적 의미망 ·························· 32
〈그림 1-3〉 '달리다'의 의미망 ································· 33
〈그림 1-4〉 '뛰다'의 의미망 ···································· 34
〈그림 1-5〉 '뛰다'와 '달리다'의 유의관계 의미망 ········ 38
〈그림 1-6〉 '순차 주사'와 '요약 주사'의 도식 ············· 44
〈그림 1-7〉 동사의 처리과정 ··································· 47
〈그림 1-8〉 시뮬레이션 도식 ··································· 48
〈그림 1-9〉 주사의 인식 방식 ·································· 49
〈그림 1-10〉 동사의 시뮬레이션 과정 ······················· 50
〈그림 1-11〉 개념 영역 간의 '사상' ·························· 54
〈그림 1-12〉 '욕을 먹다'의 개념적 은유 도식 ············· 55
〈그림 1-13〉 개념적 혼성의 통합 연결망 ··················· 59
〈그림 1-14〉 '칸트와의 논쟁' 연결망 ························ 62
〈그림 2-1〉 '실제이동'과 '가상이동'의 도식 ··············· 71
〈그림 2-2〉 '가상이동'에서 사상 ······························ 76
〈그림 2-3〉 '상대적 이동'의 지각 ····························· 89
〈그림 2-4〉 '상대적 이동'의 분류 ····························· 90
〈그림 2-5〉 '순차 주사'의 도식 ································ 93

〈그림 2-6〉	'심리적 이동'의 분류	95
〈그림 2-7〉	'요약 주사'의 도식	96
〈그림 2-8〉	개념적 혼성으로 나타낸 '가상이동'	99
〈그림 2-9〉	'산등성이가 완만하게 내륙을 향해 달렸다'의 도식	101
〈그림 3-1〉	개념적 혼성으로 나타낸 '개념화자의 이동'	112
〈그림 3-2〉	'우리의 발자국을 기다리는 길들이 저 멀리서 흘러오네요'의 도식	114
〈그림 3-3〉	개념적 혼성으로 나타낸 '참조대상의 이동'	120
〈그림 3-4〉	'연안을 따라 시베리아 철도가 달린다'의 도식	122
〈그림 3-5〉	'상대적 이동'의 도식	139
〈그림 3-6〉	'참조대상의 이동'에서 사상	141
〈그림 4-1〉	개념적 혼성으로 나타낸 '육안 관찰적 이동'	179
〈그림 4-2〉	'능선이 정상에서 진남으로 달린다'의 도식	180
〈그림 4-3〉	개념적 혼성으로 나타낸 '심안 관찰적 이동'	185
〈그림 4-4〉	'쪽 곧은 도로가 종점에서 위로 뻗고 있다'의 도식	187
〈그림 4-5〉	'심리적 이동'의 도식	199
〈그림 4-6〉	'육안 관찰적 이동'에서 사상	200
〈그림 4-7〉	'심안 관찰적 이동'에서 사상	201
〈그림 4-8〉	'가상이동'의 도식	206
〈그림 5-1〉	'가상이동' 구문에서 확장	224

총론

1. 이 책을 왜 읽어야 하는가

이 글은 '가상이동'의 언어적 양상과 의미 특성을 규명하는 데에 목적이 있다. '가상이동(fictive motion)'[1]은 이동에 대한 경험의 확장 중 하나로, 비이동체를 이동으로 인식할 수 있는 인지 능력이다.

'가상이동'이 비이동체를 이동으로 인식한다는 것은 문장에서 주어와 서술어의 의미 불일치로 나타난다. 다음 예문을 살펴보자.

(1) a. **기차가** 대구에서 서울로 **간다**.
　　b. **이 길이** 대구에서 서울로 **간다**.

---

[1] '가상이동'은 인간 '상상력(imagination)'의 발현이다(Johnson 1987). 대부분의 사람들에게 '상상력'이라는 말은 예술적 창조성, 환상, 과학적 발견, 발명, 독창성 등을 뜻한다. 특히 요즘에 '가상현실(virtual reality)'이라는 말을 많이 하는데, 이 글에서 '가상적(fictive)'은 실제 사실에 기반을 둔 상상력의 범주로, '가상현실'과는 유사한 점도 있지만 차이가 있다.

예문 (1)은 (1a)에서 '실제이동', (1b)에서 '가상이동'을 나타낸다. (1)을 살펴보면, 주어의 의미 속성을 제외하고 다른 문장 성분이 동일하게 나타난다. 그리고 (1b)에서 서술어 '가다'는 (1a)와 유사한 이동의 의미를 포함하고 있는 것으로 인식되며, 동일한 경로가 나타난다. 즉, '가상이동'은 '실제이동'의 경험을 바탕으로 인식되는 것으로 간주된다.

'가상이동'은 '상대적 이동'과 '심리적 이동'으로 분류된다. 첫째, '상대적 이동'은 개념화자[2]가 이동 가능한 참조점을 통해 전경이 이동하는 것으로 인식하는 경우이다. 다음 예를 살펴보자.

(2) a. 창으로 **풍경이 지나간다**.
    b. 연안을 따라 **철로가 달린다**.

예문 (2)는 '가상이동' 중 '상대적 이동'으로, (2a)는 개념화자가 탈것을 타고, 이동 중인 자신을 참조점으로 전경인 '풍경'을 이동하는 것으로 인식하며, (2b)는 개념화자가 정지 상태에서 이동체인 참조점으로 전경인 '철로'를 이동하는 것으로 인식하는 예이다.

둘째, '심리적 이동'은 개념화자가 정지 상태에서 비이동체를 이동하는 것으로 인식하는 경우이다. 다음 예를 살펴보자.

(3) a. **산등성이가** 내륙을 향해 **달린다**.
    b. 쪽 곧은 **도로가** 종점에서 위로 **뻗고 있다**.

예문 (3)은 '가상이동' 중 '심리적 이동'으로, (3a)는 개념화자가 전경

---

[2] '인지언어학'에서 '개념화자'란 '개념화(conceptualization)', 즉 장면의 의미 해석에 참여하는 화자뿐만 아니라 청자까지를 포함한 용어이다(임지룡 2008: 380). 이 글에서는 '화자', '관찰자' 등의 용어 대신에 '개념화자'라고 지칭할 것이다.

인 '산등성이'를 '달리다'와 함께 이동으로 인식하고, (3b)는 개념화자가 전경인 '도로'를 '뻗고 있다'와 함께 이동 중으로 인식하는 예이다.

'가상이동'에 대한 인식은 개념화자의 능동적인 '해석'의 반영이다. '해석(construal)'은 개념화자의 능동적인 관점으로, '가상이동'은 개념화자의 '주의(attention)'를 비이동체에 둔 것으로 간주되며, '주의'는 그 인식 범위에 따라, 장면을 일부 혹은 전체를 관찰하는 것으로 나타난다.

'가상이동'은 '가상 이동(fictive motion)', '허구적 이동(fictive motion)', '주관적 이동(subjective motion)', '추상적 이동(abstract motion)' 등의 다양한 용어로 사용되어 왔다. 이 글에서는 '실제 이동(factive motion)'의 상대적인 용어로 *fictive motion*이라는 용어를 사용할 것이다. 또한 *fictive*라는 용어는 '가상적' 혹은 '허구적'으로 번역 가능한데, 이동 경험의 확장이라는 점에서 이 글에서는 '가상'이라는 용어를 사용할 것이다.[3]

'가상이동'은 '실제이동'을 바탕으로 확장되어 나타난다. '이동'과 관련된 논의는 언어학에서 주로 동사 연구에서 나타난다. 그중 이동동사는 의미, 통사적 기준에 의해 동사를 나눈 것으로, 의미적으로 이동동사란 공간 위치의 변화(Miller & Johnson-Laird 1976, 전수태 1987/2009, 김응모 1989, 1993, Radden 1996, 임지룡 1998)를 나타내는 동사들이다.[4] 또한 통사적으로 이동동사는 의미역에 따라 분류되기도 한다(문화관광부

---

3   '가상'이라는 용어는 사전에서 '사실이라고 가정하여 생각한다'라고 정의되는데, '꾸며 만든다'라는 뜻풀이의 '허구'라는 단어보다 '가상이동'을 나타내는 데 더 적합하다.

4   이동동사는 통사적으로 장소 보어를 가지며 이동하는 목적에 잇달아 실현될 구체적 동작을 나타내는 동사로 정의된다(홍재성 1983, 전수태 2009: 22 재인용). 또한 '문장의 주체 또는 객체의 이동의 뜻이 드러나는 동사류를 지칭하는 것'(우형식 1998: 205), '동작 주체의 장소 이동을 핵심 의미 속성으로 가지고 있는 움직임 동사'(채희락 1999: 95), '시간에 따라 운동주의 위치가 달라지는 동작을 나타내는 동사'(조준학 1977: 107)로 정의된다.

1999, 전수태 1987/2009).⁵

'가상이동'에 대한 대표적인 연구로는 Langacker(1987, 1991/2002, 2008), Talmy(1983, 1996, 2000), Jackendoff(2002) 등이 있다. 첫째, Langacker(1987, 1991/2002, 2008), Talmy(1983, 1996, 2000)의 연구는 해석의 관점에서 '가상이동'의 정의, 성격, 유형을 밝힌 것이다. 둘째, Jackendoff(2002)는 '가상이동'이 '비시간성(atemporal relation)'을 가진다고 주장하였다.⁶

한국어에서 '가상이동'을 살펴본 논의로는 임지룡(1997, 1998, 2004a, 2008), 이종열(1998), 이기동(2000) 등이 있다. 첫째, 임지룡(1998, 2004a, 2008)에서는 '가상이동'을 '상대적 이동'과 '심리적 이동'으로 나누고, 이를 통틀어 '주관적 이동(subjective motion)'이라 명명했다. 둘째, 이기동(2000)은 '가다'를 장소 이동을 나타내는 동사로 간주하고, 개념적 은유의 기제로 '가다'의 의미 확장을 살펴보았다.⁷

---

5 문화관광부(1999: 204-219)에서는 용언 기술에 있어서 의미역 정보를 제시하는데, '대상(Theme)', '행위주(Agent)', '경험주(Experiencer)', '동반주(Companion)', '처소(Location)', '출발점(Source)', '도착점(Goal)', '방향(Direction)', '도구(Instrument)', '이유(Reason)', '수령주(Recipient)', '자격(Appraisee)', '기준치(Criterion)', '정도(Degree)'의 14가지로 설정하였다. 그리고 전수태(1987/2009: 31-33)는 이동동사의 의미역을 '행위자(Agent)', '피동자(Patient)', '수익주(Beneficiary)', '도구(Instrument)', '공동자(Comitative)', '기점(Source)', '착점(Goal)', '처소(Locative)', '시간(Time)', '경로(Passage)'의 10가지로 설정하였다. 이러한 의미역의 설정은 동사의 의미를 구체적으로 살펴보기 위해서는 그 의미역과의 관계를 토대로 살펴보아야 함을 나타낸다.

6 '가상이동'을 이동의 시뮬레이션이나 상태 변화로 보지 않는 견해가 있다(Jackendoff 2002: 362). 이 논의에서는 '가상이동' 표현을 '정지된 표상(static representation)'으로 간주하고, 그 경로를 따르는 모든 지점들이 동시적으로 활성화되므로 '비시간성(atemporal relation)'을 가진다고 주장한다. 하지만 이 글에서는 이동에 대한 경험이 확장되어 문장 표현에서 이동동사에 나타나며, '가상이동'을 인식할 수 있는 것으로 간주한다.

7 이기동(2000)에서 '가다'의 의미 확장에서 나타나는 개념적 은유를 <시간은 움직이는 개체이고, 시간의 흐름은 공간 속의 이동이다>, <상태의 계속은 공간 속의

'가상이동'을 하위 분류한 연구는 Talmy(1996, 2000), Matsumoto(1996) 등에서 나타난다. 첫째, Talmy(1996, 2000)는 '가상이동'의 인식 유형을 6가지로 분류하였다. 둘째, Matsumoto(1996)는 Levin(1993)[8]에서 제시한 동사 부류 중 '가상이동'을 나타낼 수 있는 동사와 '가상이동'을 나타낼 수 없는 동사를 분류하였다.

'가상이동'의 언어 간 대조 연구는 Matsumoto(1996), Im(2002, 2003), 노상희(2002), 김준홍(2012) 등이 있다. 이 중에서 Matsumoto(1996)는 영어와 일본어의 '주관적 이동(subjective motion)'이 경로나 방식과 같은 이동의 의미 속성으로 나타난다는 공통점과 주관적 이동을 나타내는 동사들의 문법적 자질에서 제약이 있음을 밝혔다.

마지막으로, '가상이동'의 심리학적 근거에 대한 연구로 Matlock(2001, 2004a, b, 2006), Matlock, Ramscar & Boroditsky(2005), Richardson & Matlock(2007) 등이 있다. 이 중에서 Matlock(2004a)는 '가상성'이 개념적으로 인지체계 내에서 작동하고 있음을 심리학적으로 밝힌 연구이다. 이 연구는 실험자들이 '가상이동'을 나타내는 문장과 '실제이동'을 나타내는 문장을 읽을 때, 동일한 뇌 부위가 활성화된다는 것을 검증했다.

이상의 선행 연구들은 '가상이동'의 개념과 범주 및 다양한 언어에 나타나는 '가상이동'의 성격과 심리적으로 실체한다는 사실을 밝혔다는 점에서 의의가 있다. 하지만 '가상이동' 연구의 대상이나 용어 사용이 다르며, 이에 따라 '가상이동'의 정의나 분류가 다르다는 점은 보완할 필요가 있다.

이동이다>, <과정은 공간 속의 이동이다>, <소유 이전은 공간 속의 이동이다>, <척도는 공간 속의 길이다>, <삶은 여행이다>, <속성은 소유물이다>로 제시한다.

[8] Levin(1993)은 의미적으로 유사한 동사군은 그 논항 교체에서도 유사한 방식으로 적용된다는 가정 하에 동사 부류를 시도한 논의로, 의미적으로 동사군을 49가지로 분류하고 그 아래 하위 분류하여 영어 동사 전체를 정리하였다.

따라서 이 글에서는 한국어에 나타난 '가상이동'의 용례를 바탕으로 '가상이동'의 개념과 범주 및 '실제이동'과의 관련성을 제시하고자 한다.

이 글의 필요성은 다음과 같다. 첫째, '가상이동'을 '상대적 이동'과 '심리적 이동'으로 나누어 그 언어적 양상을 살펴볼 것이다. 언어 표현에서 '상대적 이동'과 '심리적 이동'은 참조점의 유무에 따라 나누어지는데, 말뭉치 검색을 통해 다양한 사례들을 제시하고 그 양상을 살펴볼 것이다.

둘째, '가상이동'의 언어적 양상을 통해 의미적 특성을 기술할 것이다. '가상이동'은 각 이동에 따라 제시되는 전경과 경로 및 동사의 성격, 그리고 동사 활용에 따라 세부적으로 분류된다. 이러한 분류를 통해 각 이동의 의미적 특성을 살펴보고, 그 의미 구성의 도식과 의미적 특성을 기술할 것이다.

셋째, '가상이동'의 의미적 특성의 탐색을 통해 '가상이동'의 개념 및 범주를 정립할 수 있으며, '실제이동'과의 상관성을 통해 '가상이동'의 인지적인 특성을 밝힐 수 있을 것이다.

2. 연구의 대상 및 방법

이 글은 말뭉치에 나타난 '가상이동' 표현을 통해 '가상이동'의 언어적 양상과 의미적 특성을 살펴보고자 한다. 우선 국립국어원(2002a, b)에서 편찬한 『주요 어휘 용례집-동사 편(상/하)』에 제시된 동사는 1,371개로 나타났다. 이 동사들은 『표준국어대사전』의 제시된 동사들 중에서 상위 빈도에 따라 정리한 목록이다.

이 동사들 중에서, 이동의 의미를 나타내는 어휘들을 선정하였다. 여기에서 '이동'이란 공간 위치의 변화(Miller & Johnson-Laird 1976, 전수태 1987/2009, 김응모 1989, 1993, Radden 1996, 임지룡 1998)를 나타내는 것으로, 뜻풀이에 '가다', '오다', '지나다'와 같은 어휘가 나타나는 동사들이다. 예를 들어, '지나다'의 사전 뜻풀이를 살펴보면 다음과 같다.

(4) 지나다
[1] 시간이 흘러 그 시기에서 벗어나다.
[2] 【…에】 어떤 한도나 정도가 벗어나거나 넘다.
[3] 【…을】
「1」 <u>어디를 거치어 가거나 오거나 하다.</u>
「2」 어떤 시기나 한도를 넘다.
「3」 어떤 일을 그냥 넘겨 버리다.
「4」 (주로 '지나' 꼴로 쓰여) 어떠한 상태나 정도를 넘어서다.

예문 (4)를 살펴보면, [1], [2]는 이동의 의미를 나타내지 않지만, [3]에서 「1」은 '가다', '오다'와 같이 이동의 의미를 나타내는 방식으로 정의되어 있음을 살펴볼 수 있다. 따라서 '지나다'는 이동 경로의 한 부분을 이동하고 있는 것으로 인식되는 동사로, 전형적으로 이동을 나타내는 동사로 간주된다.

또한 사전에 기술된 뜻풀이에서 어깨번호의 순서와 상관없이 이동을 나타내는 뜻풀이가 있으면 연구 대상으로 삼을 것이다. 예를 들어, '훑다'의 경우 사전에서 다음과 같이 뜻풀이가 되어 있다.

(5) 훑다
「1」 붙어 있는 것을 떼기 위하여 다른 물건의 틈에 끼워 죽 <u>잡아당기다</u>.
「2」 붙은 것을 깨끗이 다 <u>씻어 내다</u>.

「3」 일정한 범위를 한쪽에서 시작하여 죽 <u>더듬거나 살피다</u>.

예문 (5)에서 '훑다'의 경우, '공간 위치의 변화'라는 이동의 의미로 인식되지 않지만, 각 뜻풀이에 나타나는 '잡아당기다', '씻다', '더듬다', '살피다'와 같이 부분적인 동작이나 시선의 움직임을 나타내는 경우에도 연구 대상으로 선별하여 살펴보았다.

이상의 논의 과정을 통해 이동의 의미를 포괄적으로 간주하고, 『주요어휘 용례집-동사 편(상/하)』에서 제시된 1,371개 동사 중에서 '이동', '동작', '움직임'의 의미를 가지는 동사를 분류하면 다음과 같다.

가다, 가라앉다, 가려내다, 가두다, 가로막다, 가로지르다, 가로채다, 가르다, 가져가다, 가져다주다, 가져오다, 가지다, 가하다, 갈기다, 갈다, 갈라내다, 갈라놓다, 갈라서다, 갈라지다, 갈아입다, 갈아타다, 감기다, 감다, 감돌다, 감싸다, 개다, 거닐다, 거두다, 거두어들이다, 거르다, 거치다, 건너가다, 건너다, 건너뛰다, 건너서다, 건너오다, 건네다, 건네주다, 건드리다, 건설하다, 건지다, 걷다, 걷히다, 걸다, 걸려들다, 걸리다, 걸어가다, 걸어오다, 겨냥하다, 겨누다, 겨루다, 겹치다, 계속하다, 고르다, 고치다, 골라내다, 골라잡다, 관찰하다, 괴다, 교대하다, 교환하다, 구경하다, 구기다, 구르다, 굴다, 굴러다니다, 굴러들다, 굴리다, 굽다, 긁다, 긁어내다, 긋다, 기다, 기대다, 기르다, 기어가다, 기어들다, 기어오르다, 기울다, 기울어지다, 기울이다, 기웃거리다, 까다, 깎다, 깔다, 깔리다, 깨다, 깨물다, 꺼내다, 꺾다, 꺾이다, 꼬다, 꼬이다, 꼬집다, 꽂다, 꾸리다, 꾸미다, 꿇다, 꿰다, 꿰뚫다, 꿰매다, 끄집어내다, 끊어지다, 끊이다, 끌다, 끌려가다, 끌려오다, 끌리다, 끼다, 끼우다, 나가다, 나다, 나서다, 나아가다, 나앉다, 나오다, 나타나다, 나타내다, 낚다, 낚아채다, 날다, 날뛰다, 날리다, 날아가다, 날아들다, 날아오다, 남기다, 남다, 낳다, 내걸다, 내놓다, 내다, 내다보다, 내다보이다, 내닫다, 내던지다, 내려가다, 내려놓다, 내려다보다,

내려서다, 내려앉다, 내려오다, 내려치다, 내리다, 내몰다, 내밀다, 내보내다, 넘겨다보다, 넘기다, 넘나들다, 넘다, 넘어가다, 넘어서다, 넘어오다, 넘어지다, 넘치다, 넣다, 녹다, 놀다, 놓다, 놓이다, 놓치다, 누르다, 누비다, 눌리다, 눕다, 늘다, 늘어놓다, 다니다, 다다르다, 다듬다, 다루다, 다지다, 다투다, 닥치다, 닦다, 닫다, 달다, 달라붙다, 달려들다, 달리다, 달아나다, 달아오르다, 닳다, 담그다, 담기다, 닿다, 대다, 대들다, 더듬다, 던지다, 덜다, 덤비다, 덮다, 덮치다, 데다, 데리다, 도망하다, 도착하다, 도피하다, 돌다, 돋우다, 돌다, 돌리다, 돌아가다, 돌아다니다, 돌아서다, 돌아오다, 동반하다, 동행하다, 되풀이하다, 두다, 두드리다, 두들기다, 두르다, 둘러싸다, 뒤떨어지다, 뒤지다, 뒤집다, 뒤집어쓰다, 뒹굴다, 드나들다, 드러나다, 드리다, 드리우다, 들끓다, 들다, 들어가다, 들어서다, 들어앉다, 들어오다, 들이다, 들추다, 등장하다, 등지다, 따다, 따라가다, 따라다니다, 따라오다, 따르다, 때리다, 때우다, 떠나다, 떠돌다, 떠들다, 떠오르다, 떨다, 떨어뜨리다, 떨어지다, 떼다, 뚫다, 뛰다, 뛰어들다, 뜨다, 뜯다, 띠다, 마주치다, 마주하다, 막다, 막히다, 만들다, 만지다, 만지작거리다, 말다, 맞다, 맡기다, 매다, 매달다, 매달리다, 맴돌다, 맺다, 맺히다, 머무르다, 멈추다, 모으다, 모이다, 목격하다, 몰다, 몰리다, 무너뜨리다, 무너지다, 묶다, 묻다, 묻히다, 물다, 물러가다, 물러나다, 물러서다, 뭉치다, 미끄러지다, 밀다, 밀리다, 바꾸다, 바라보다, 바르다, 바치다, 박다, 받다, 받치다, 밟다, 밟히다, 뱉다, 버리다, 버티다, 벌리다, 벌어지다, 벗기다, 벗다, 벗어나다, 베다, 보내다, 보다, 보이다, 볶다, 부닥치다, 부대끼다, 부딪다, 부딪치다, 부딪히다, 부러뜨리다, 부러지다, 부서지다, 부수다, 부치다, 불다, 불러오다, 불리다, 불어나다, 불어오다, 붐비다, 붓다, 붙다, 붙들다, 붙들리다, 붙이다, 붙잡히다, 빌리다, 빠뜨리다, 빠지다, 빨다, 빼내다, 빼놓다, 빼다, 빼앗기다, 빼앗다, 뻗다, 뻗치다, 뽑다, 뽑히다, 뿌리다, 사다, 사라지다, 사용하다, 삭다, 살다, 살아나다, 살아오다, 살피다, 삶다, 새기다, 새다, 생기다, 서다, 섞다, 세다, 세우다, 속다, 손대다, 손잡다, 숨기다, 스미다, 스치다, 시작되다, 시작하다, 신다, 싣다, 심다, 싸다, 쌓다, 썰다, 쏘다, 쏟다, 쏟아지다, 쏠리다, 쐬다, 쓰다, 쓰다듬다,

쓰러뜨리다, 쓰러지다, 쓸다, 씻다, 안다, 앉다, 앞서다, 앞지르다, 얹다, 얹히다, 얻다, 얼다, 얽다, 업다, 엉기다, 엎다, 엎드리다, 엎어지다, 엎지르다, 에우다, 엮다, 연결하다, 연속하다, 열다, 엿보다, 오가다, 오그라들다, 오다, 오르내리다, 오르다, 오리다, 오므리다, 올라가다, 올라서다, 올라오다, 올리다, 옮다, 옮기다, 왕래하다, 왕복하다, 우러러보다, 울다, 울리다, 움직이다, 움츠리다, 움켜쥐다, 움키다, 응시하다, 이끌다, 이다, 이룩하다, 이르다, 이사하다, 인도하다, 일다, 일어나다, 일어서다, 일으키다, 읽다, 잃다, 입다, 입수하다, 잇다, 자다, 자라다, 자르다, 자빠지다, 자지러지다, 잠그다, 잠기다, 잠들다, 잠복하다, 잡다, 잡아가다, 잡아내다, 잡아당기다, 잡아들이다, 잡아매다, 잡아먹다, 잡아채다, 잡혀가다, 잡히다, 장악하다, 재다, 저물다, 적다, 전달하다, 전진하다, 전하다, 절다, 절하다, 접어들다, 접촉하다, 접하다, 젓다, 정착하다, 젖다, 조르다, 조립하다, 졸이다, 좁히다, 좇다, 죄다, 주고받다, 주다, 주무르다, 주저앉다, 주저앉히다, 줍다, 쥐다, 쥐어짜다, 지나가다, 지나다, 지나다니다, 지나오다, 지나치다, 지니다, 지다, 지우다, 지켜보다, 질러가다, 짊어지다, 집다, 집어내다, 집어넣다, 짓누르다, 짓다, 짓밟다, 쪼개다, 쪼그리다, 쪼다, 쫓기다, 쫓다, 쫓아가다, 쫓아내다, 쫓아다니다, 쫓아오다, 죄다, 찌다, 찌푸리다, 찍다, 찍히다, 찔리다, 찡그리다, 찢기다, 찢다, 찧다, 차다, 차이다, 찰랑거리다, 찾다, 찾아가다, 찾아내다, 찾아다니다, 찾아오다, 채우다, 챙기다, 쳐들다, 추다, 축이다, 치다, 치닫다, 치르다, 치솟다, 치우다, 치켜들다, 캐다, 커지다, 켜다, 타다, 탈출하다, 태우다, 터뜨리다, 터지다, 털다, 통과하다, 통하다, 투입하다, 튀다, 튀어나오다, 튕기다, 트다, 틀다, 틀어넣다, 틀어막다, 틀어박히다, 틀어지다, 파고들다, 파괴하다, 파내다, 파다, 파먹다, 파묻다, 파헤치다, 팔다, 팔아먹다, 패다, 팽개치다, 퍼내다, 퍼뜨리다, 퍼지다, 펴다, 펼쳐지다, 포개다, 폭발하다, 푸다, 풀다, 풀리다, 풀어지다, 품다, 피다, 피어나다, 피어오르다, 피우다, 피하다, 할퀴다, 핥다, 합류하다, 합치다, 해치다, 행동하다, 향하다, 허물다, 허물어지다, 허우적거리다, 헐다, 헤매다, 헤어지다, 헤치다, 헹구다, 혼합하다, 활동하다, 후비다, 훑다, 훔치다, 휘감다, 휘다, 휘청거리다, 휩싸다, 흐르다, 흔

들거리다, 흔들다, 흘리다

위에 제시한 목록은 사전 뜻풀이를 참조하여 '이동', '동작', '움직임'의 의미를 나타내는 642개의 동사이다. 다음으로 이 동사들을 대상으로 말뭉치[9]에서 '가상이동'이 나타난 표현들을 검색해 보면 다음 목록과 같다.

가다, 가로지르다, 건너뛰다, 꿰뚫다, 내리다, 늘어뜨리다, 다가오다, 다다르다, 닥치다, 닫다, 달리다, 닿다, 돌아다니다, 뒤따르다, 막다, 맴돌다, 멀어지다, 비끼다, 뻗다, 솟다, 스미다, 스치다, 쏘다, 오가다, 이르다, 이어지다, 잇달다, 지나가다, 포개다, 향하다, 훑다, 흐르다

위에서 제시한 '가상이동' 표현이 나타난 동사 목록을 살펴보면, 이 동사들은 고유어로 이루어져 있고,[10] 단어 구성에서 단일형과 복합형이 엇비슷하게 나타난다. 그리고 사전 뜻풀이에서 구체적인 상황을 나타낸다. 즉, '가상이동'과 같이 가상적으로 이동을 이해하는 방식은 한국어 화자에게 구체적인 의미를 지닌, 고유어의 동사가 사용된다는 것을 알 수 있다.

또한 앞선 동사 목록에는 없지만, 말뭉치 검색 과정에서 '가상이동' 표현이 나타나는 동사들도 위 목록에 추가했다. 그 동사들은 '늘어뜨리다, 다가오다, 뒤따르다, 멀어지다, 비끼다, 솟다, 이어지다, 잇달다'이다. 말뭉치에서 검색된 '가상이동' 표현들은 동사별로 그 용례의 빈도수가 다양하게 나타났는데 이 글에서는 '가상이동' 표현의 빈도가 상대적으로 높게

---

[9] 이 글에서 제시한 말뭉치는 국립국어원 "언어정보나눔터"에서 제공하는 현대 문어 말뭉치인데, 이 말뭉치는 3,500만 어절로 구성되어 있고, 신문, 잡지, 교과서, 사전, 소설, 시 등의 다양한 장르의 자료들을 살펴볼 수 있다.

[10] 이동을 나타내는 동사 중에는 '도착하다', '왕래하다', '왕복하다', '전진하다', '통과하다' 등의 한자어로 된 구성이 상당수 나타난다. 하지만 '가상이동'에 나타난 동사들이 고유어라는 점은 한국어의 성격을 나타내 준다는 점에서 의의가 있다.

나타나는 '지나다', '달리다', '흐르다', '뻗다', '이어지다', '솟다'를 대상으로 '가상이동'의 양상과 의미 특성을 살펴볼 것이다.

말뭉치를 통해 검색된 '가상이동' 표현에서 비이동체인 '전경'[11]의 목록은 다음과 같다.

(6) a. 길 - 가로, 거리, 고속도로, 공도, 국도, 농로, 도로, 보도, 장항선, 전라선, 철도, 철로
 b. 산 - 산각(山脚), 산맥, 산발, 산자락, 산줄기
 c. 선 - 고압선, 구획선, 노선, 변경선, 임신선, 전선, 케이블, 행렬
 d. 식물 - 나무, 가로수, 가지, 넝쿨, 꽃, 뿌리, 살구꽃, 야자수, 잎, 줄기, 밭작물
 e. 신체 부위 - 귀, 눈매, 다리, 몸, 뿔, 얼굴, 엉덩이, 주름살, 허리
 f. 인공물 - 계단, 그림, 노, 담, 둑, 마당, 묘비, 문, 방죽, 방파제, 불빛, 배수관, 벽, 블록, 빌딩, 성벽, 수도관, 십자가, 역, 염전, 제방, 주탑, 지붕, 집, 처마, 철탑, 통로, 횟집
 g. 자연물 - 구릉지대, 도거뱅크, 들판, 모래, 반도, 봉우리, 백사장, 빛, 사막, 섬, 숲, 언덕배기, 절벽, 풍경, 허허벌판

(6)은 '가상이동' 표현에서 전경으로 나타난 대상의 목록으로, (6)에 제시된 대상들은 (6a-e)의 경우, '길', '산', '선', '식물', '신체 부위'와 같이 유사한 대상들로 묶을 수 있고, (6f, g)의 경우, 낮은 빈도로 나타나는 대상들을 한 범주로 묶어 나타냈다. 이 전경들은 개념화자의 인식에서 구체적으로 인식되는 것이 아니라 '점'이나 '선'과 같이 덜 구체적인 대상으로 인식된다.

---

11 이 글에서는 Talmy(2000: 25-27)의 논의에 따라, 문장에서 주어이면서 비이동체로 나타나는 대상을 '전경(figure)'이라는 용어를 사용할 것이다.

다음으로 연구 방법이다. '가상이동'은 '실제이동'의 경험을 기반으로 인식되는데, '실제이동'과 '가상이동'의 예를 살펴보면, 다음과 같다(임지룡 2008: 302).

(7) a. **물줄기가** 서쪽으로 뻗어가고 있다.
    b. **산맥이** 서쪽으로 뻗어가고 있다.

(8) a. **기차가** 지나가고 있다.
    b. **밭이** 지나가고 있다.

예문 (7), (8)에서 a는 '실제이동', b는 '가상이동'을 나타낸다.[12] (7), (8)에서 a, b는 주어가 각각 이동체 혹은 비이동체로 나타난다. 그리고 각각의 예문에서 '뻗어가다', '지나가다'와 같은 동사들이 나타난다. 이 동사들은 '가다'와 함께 쓰인 복합어로, 선행하는 '뻗다', '지나다'는 이동의 과정이나 경로의 의미를 나타낸다. 이것은 (7a), (8a)에서 '물줄기', '기차'가 이동하는 것처럼 (7b), (8b)에서 '산맥', '밭'이 이동하는 것으로 이해된다. 이를 통해 (7), (8)에서 '가상이동'을 나타내는 b는 '실제이동'인 a와 유사하게 인식되며, 비이동체인 대상을 이동으로 인식할 수 있다.

'가상이동'은 직접 경험인 '실제이동'뿐만 아니라 '시선'의 이동과 같은 간접 경험과도 밀접하게 관련 있다. '시선'의 이동은 '실제이동'의 경험과 동일하게 이동을 인식하게 해 주며[13], '가상이동'에서 시각적 인식

---

[12] 임지룡(2008)에서는 '실제이동'과 '가상이동'이라는 용어 대신에 '객관적 이동', '주관적 이동'으로 표현했다. 이 글에서는 총론에서 밝힌 것처럼 이동의 경험이 확장된다는 측면에서 '실제적', '가상적'이라는 용어를 사용할 것이다.

[13] 심리학에서 관찰자가 이동뿐만 아니라 자신의 눈을 움직이거나 움직이려고 할 때 운동신호가 안근(眼筋)으로 전달되고 '동반 방출 신호(corollary discharge signal)'가 생성된다(김정오 외 옮김 2012: 240-241)는 결과가 있다. 즉, 실제로

의 동기로 작용한다. 다음 예를 살펴보자.

(9) a. **그의 눈은** 다행히 나를 **지나친** 것 같았다.
 b. **그의 시선이** 투명한 상대방의 몸을 뚫고 **지나가** 맞은편 벽에 부딪쳤다가 되튀어 나왔다.
 c. **그 눈빛은** 끊임없이 **흘러오고** 있었다.
 d. 세 방향에 **흐르는 시선들이** 화살촉처럼 한 점으로 집약되어 닫혀진 시선의 그 시신 위로 쏟아져 **흐르고** 있다.

예문 (9)는 '시선'의 이동이 '지나다', '흐르다'와 함께 쓰이며, 개념화자는 '시선' 이동의 경로를 따라간다. (9)에서 전경은 (9a)에서 '눈', (9b, d)에서 '시선', (9c)에서 '눈빛'으로 나타나며, (9a, b)에서 '지나다', (9c, d)에서 '흐르다'라는 이동동사들의 쓰임은 개념화자가 '시선'의 이동을 따라가는 것으로 인식된다. 이처럼 '시선'의 이동은 '실제이동'을 관찰하며, '가상이동'과 같이 비이동체를 이동으로 인식하는 경우로 확장될 수 있다.

이러한 '시선' 이동의 확장은 '주의'의 인지 기제와 관련된 것으로, '가상이동'의 인식에서 '주의'는 동일한 상황을 다르게 표현하도록 한다. 다음의 예를 살펴보자.

(10) a. 창으로 **나무가** 지나간다.
 b. 창으로 **풍경이** 지나간다.

예문 (10)은 '가상이동'의 예로, 개념화자의 시선은 (10a)에서 '나무'와 같이 각각의 개체를 관찰하거나 (10b)에서 '풍경'과 같은 전체를 관찰하

이동하거나 관찰을 하는 행위는 동일한 신경 세포의 움직임이 포착된다는 것이다.

는 것으로 살펴볼 수 있다. 이처럼 동일한 상황에서 개념화자의 '전경' 선택은 '해석(construal)'에서 '주의(attention)' 현상으로, 개념화자는 다양한 장면 중에서 한 장면에 주의를 둔다는 것을 나타낸다.

이동의 인식은 '주의'와 같은 인지 기제를 통해 '실제이동', '시선의 이동'에서 '가상이동'으로의 확장으로 살펴볼 수 있다. 이것은 '가상이동' 표현에서 '전경'이 '시선의 이동'을 통해 비이동체의 관찰 및 이동 인식이 가능한 것으로 이해된다.

지금까지 '가상이동'의 연구 대상 및 연구 방법을 살펴보았다. 우선 연구 대상은 다양한 '가상이동' 표현을 살펴보기 위해, 동사의 목록을 정하고 말뭉치에 나타난 용례를 검색하였다. '가상이동' 표현에 나타난 동사들은 고유어로 구체적인 상황을 나타냈다. 그리고 '가상이동' 표현에 나타난 전경의 목록을 제시하였는데, 이 전경들은 '가상이동' 인식에서 '점'이나 '선'과 같이 덜 구체적인 형태로 인식된다.

마지막으로, '가상이동'은 '실제이동'을 토대로 발생하는 이동 인식의 구체적이고 실재적인 확장이며, 이것은 '실제이동'과 '가상이동' 표현의 비교를 통해 살펴볼 수 있다. 또한 '시선의 이동'은 '가상이동'의 시각적 인식의 동기로 작용하는 것을 살펴보았으며, '가상이동'에 대한 인식은 인지 기제 중 '주의'와 관련된다.

3. 이 책에 대하여

이 책은 다음과 같이 구성된다. 총론은 이 글의 목적 및 필요성, 선행 연구 그리고 연구 대상 및 방법에 대해 기술한다.

1장은 인지언어학적 방법론을 기술한다. '인지언어학'은 언어 분석을 위한 여러 가지 방법론을 제공하는데, 이 글에서는 '가상이동' 인식에 바탕이 되는 '체험주의', '신체화', '백과사전적 의미관'과 '개념화자'의 '해석' 및 '시뮬레이션 의미론', 인지적 기제인 '개념적 은유 및 환유', '개념적 혼성' 그리고 표현 방식에 대한 '구문'을 살펴볼 것이다.

2장은 '가상이동'의 개념, 유형 및 도식을 살펴볼 것이다.

'가상이동'은 '실제이동'에 대한 경험의 확장으로 나타나는 비사실적 현상으로, 한 개인의 인지체계 내에서의 불일치를 말한다. 따라서 '가상이동'은 문장에서 주어와 서술어의 의미 불일치로 나타나지만, 이동으로 인식된다. '가상이동'의 인식은 '해석'과 관련되는데, 2장 1절에서는 특정 장면에 주의를 두는 '주의' 현상, 비이동체를 이동체로 인식하는 '전경-배경' 역전 현상, 특정 장면을 인식하는 '주사' 현상을 살펴볼 것이다.

또한 '가상이동'은 '실제이동'과 달리 표현상 제약이 나타난다. 이 제약들은 관찰 대상의 이동 유무, 전경의 의미 속성, 동사의 실현 양상, 부사어와 공기 제약의 4가지로, '가상이동'을 분류하는 기준과 '가상이동'의 특성을 나타내는 데 적용할 것이다.

2장 2절에서는 '가상이동'을 '상대적 이동'과 '심리적 이동'으로 분류하는데, 그 기준은 '참조점'인 이동체의 존재 유무이다. '상대적 이동'에서는 참조점인 이동의 경로를 따라 비이동체의 이동을 인식하고, '심리적 이동'에서는 참조점인 이동의 관찰 없이 비이동체를 이동으로 인식한다. 각각의 이동은 다시 하위 분류되는데, '상대적 이동'은 '개념화자의 이동'과 '참조대상의 이동'으로 분류되고, '심리적 이동'은 '육안 관찰적 이동'과 '심안 관찰적 이동'으로 분류된다. 그리고 '상대적 이동'은 '전경-배경 역전', '순차 주사'의 방식으로 인식되고, '심리적 이동'에서는 '요약 주사'의 방식으로 인식된다.

　2장 3절에서는 '가상이동'의 의미 구성을 '개념적 혼성'의 도식으로 제시할 것이다. '개념적 혼성'은 의미 구성의 동적인 양상을 살펴볼 수 있는 이론으로, '가상이동'과 같이 비사실적 현상의 의미가 구성되는 방식을 살펴보는 데 적절한 도식을 제공한다. '가상이동'은 '이동', '정지'의 두 가지 공간이 있으며, 각 공간의 속성들은 '혼성' 공간에서 그 의미가 융합되어 나타난다. '개념적 혼성'은 이러한 복잡한 인지 체계를 도식화하여 보여준다.

　3, 4장은 '가상이동'을 '상대적 이동'과 '심리적 이동'으로 나누어 살펴볼 것이다. 3장에서는 '상대적 이동'의 양상과 의미 특성을 살펴보고, 4장에서는 '심리적 이동'의 양상과 의미 특성 그리고 '상대적 이동'과 '심리적 이동'의 특징을 함께 살펴볼 것이다. 이 글에서 제시하는 예문들은 말뭉치를 통해 추출되었으며, '가상이동' 표현이 빈도가 높게 나타나는 '지나다', '달리다', '흐르다', '뻗다', '이어지다', '솟다'이다. 또한 이 동사들에서 파생되어 나타나는 '지나가다', '달려가다', '달려오다', '치달리다', '내뻗다', '치뻗다', '흘러오다', '흘러가다', '뻗치다' 등도 살펴볼 것이다.

　각 장의 내용을 구체적으로 살펴보면 다음과 같다.

　3장에서는 '상대적 이동'의 양상과 의미 특성을 살펴볼 것인데, '상대적 이동'은 개념화자가 이동하면서 혹은 참조대상을 통해 비이동체를 이동하는 것으로 인식하는 것을 말한다. 즉, 개념화자는 참조점인 이동 대상을 통해 비이동체를 이동으로 인식한다.

　'상대적 이동'에는 '개념화자의 이동'과 '참조대상의 이동'으로 하위 분류되는데, '개념화자의 이동'은 개념화자가 도보 혹은 탈것을 타고 이동하면서 나타나는 비이동체를 이동으로 인식하는 경우이고, '참조대상의 이동'은 개념화자가 참조점인 이동체를 통해 비이동체를 이동으로 인식하는 경우이다. 이 이동에서 개념화자의 인식은 '개념화자의 이동'의 경우, 직접 이동하면서 비이동체를 이동으로 관찰하므로, 비이동체인 배경을 전경으로 인식한다. 그리고 '참조대상의 이동'의 경우, 이동체의 이동을 관찰하면서 비이동체를 이동으로 관찰하므로, 이동체의 이동의 경로를 따라 비이동체를 이동으로 인식한다.

4장에서는 '심리적 이동'의 양상과 의미 특성을 살펴볼 것인데, '심리적 이동'은 개념화자가 정지한 상태에서 비이동체에 이동의 속성을 부여하는 것을 말한다. 즉, 개념화자는 비이동체를 이동으로 인식한다.

'심리적 이동'에는 '육안 관찰적 이동'과 '심안 관찰적 이동'으로 하위 분류되는데, '육안 관찰적 이동'은 개념화자가 정지 상태에서 육안으로 비이동체를 이동으로 인식하는 경우이고, '심안 관찰적 이동'은 개념화자가 정지 상태에서 심안으로 비이동체를 이동으로 인식하는 경우이다. '육안 관찰적 이동'과 '심안 관찰적 이동'은 문장 표현에서 전경의 속성이나 서술어의 활용 형태를 통해 구분된다. 예를 들어, "집 가운데로 그린벨트 구획선이 지나가다."라는 표현에서 '구획선'은 실제 관찰 가능한 대상이 아니지만, '지나가다'라는 동사로 표현되었다. 이것은 '선'의 의미가 확장되었고, 이동을 나타내는 동사나 경로를 나타내는 부사구를 통해 '가상이동'의 의미를 나타내는 것으로 살펴볼 수 있다. 이러한 '심리적 이동'에서 개념화자의 인식은 전체 장면을 요약적으로 주사하는 것으로 나타난다.

4장 4절에서는 '상대적 이동'과 '심리적 이동'의 의미를 해석해 보고, '실제이동'과의 관련성을 살펴볼 것이다. '가상이동'은 '실제이동'의 경험을 바탕으로 한 이동의 확장으로, '상대적 이동'에서는 이동체에 따라 비이동체를 이동으로 인식하므로, '실제이동'의 1차적 확장으로 볼 수 있다.

그리고 '심리적 이동'은 이동체 없이 비이동체를 이동으로 인식하므로, '실제이동'의 2차적 확장으로 살펴볼 수 있다. 이것은 '실제이동' 경험의 확장으로, 이 절에서는 '실제이동'에서 '상대적 이동'으로 확장되고, 다시 '심리적 이동'으로 확장된다고 설명하고자 한다.

5장은 '가상이동' 표현에 나타난 구문적 양상과 의미 특성을 살펴볼 것이다. '가상이동'의 유형 중 '상대적 이동'은 '대상이 경로로 움직이다'와 '대상이 배경을 통해 움직이다'라는 경험과 '대상이 배경인 이동체를 통해 경로로 움직이다'라는 경험을 가지고 표현된다. 그리고 '심리적 이동'은 '대상이 경로나 양상으로 움직이다'라는 경험과 '대상이 경로로 움직이다'와 '대상이 움직이다'라는 경험을 가지고 표현된다. 이러한 각각의 경험들은 그 자체의 의미를 가지며, 서로 연결된다. 이를 통해 그 확장 양상을 살펴볼 것이다.

결론에서는 이상의 논의를 요약, 정리하고, 남은 문제를 제시할 것이다.

제1장
인지언어학적 방법론

'인지언어학(Cognitive Linguistics)'은 지난 30년 동안 동적이며 매력적인 언어 이론으로 발전해 왔다. '인지언어학'은 70년대 후반, 80년대 초에 George Lakoff, Ron Langacker, Len Talmy 등의 연구에서 비롯되었으며, '언어, 몸과 마음, 문화'의 상관성을 밝히려는 언어 이론이다. '인지언어학'의 최우선 과제는 언어 범주의 개념적·체험적 기초를 분석하는 것이다. 즉, 언어의 형식적 구조는 자립적인 것이 아니라, 일반적인 개념적 조직, 범주화 원리, 처리 기제, 체험적·환경적 영향을 반영하는 것으로 간주된다. 하지만 결정적으로 '인지언어학'에서 추구하는 단 하나의 일관성 있는 학설은 없다. 이런 점에서 '인지언어학'은 단 하나의 언어 이론이 아니라 유연한 체제이다.

전통적 견해에서는 언어를 다른 인지적·사회적 능력과 분리된 체계로 다룬다. 즉, 언어는 그 자체로 분리된 실체라는 것이다. 언어는 일반적인 인지과정과 개념적 구조로부터 분리되고 고립된 체계이기 때문에, 전통적으로 대개 자의적이고 특이하고 신비한 것으로 가정되어 온 그 자체의 규칙과 특성으로 작용하는 것으로 이해된다. 반면, '인지언어학'에서는 언어를 인간 인지의 통합된 양상으로 간주함으로써 의미와 의미구성을 언어의 중심적인 조직화 원리로 간주하며, 더 나아가 언어가 인간의 다중적·역동적·상호작용적 인지 과정과 인지 구조를 반영하는 것으로 이해한다. 언어가 일반적인 인간 인지와 인지 과정을 반영하는 것으로 생각되므로, 언어의 모든 양상은 의미 있는 것으로 이해된다(Tyler 2012: 28).

(1) a. 어휘부와 문법 사이에 뚜렷한 구분이 없다.
    b. 의미는 우리 주변 세계와의 일상적 상호작용과 우리 몸의 본질에 기반을 둔다.
    c. 언어 단위는 범주를 구성한다.
    d. 언어는 사용기반이다.

'인지언어학'은 인간의 인지가 (우리의 특정한 지각계를 포함해) 우리의 종 특정적인 신경학적·해부학적 구조에 따른 결과이고, 우리가 살고 있는 환경과 상호작용하는 방식의 결과라는 입장을 취한다(Gibbs 2006). 따라서 인간 인지의 구조는 근본적으로 우리 경험의 문화모형을 포함해 물리적-시간적-사회적 세계에 대한 우리의 경험으로부터 영향을 받는다. 우리의 경험과 개념화는 신체화된다. 즉, 종 특정적인 해부학적·신경학적 구조와 외부 세계와의 상호작용에 기반하고 그것을 통해 여과된다는 것이다.

'인지언어학'에서 연구해 온 분야 중 일부는 다음과 같다.

(2) 인지의미론(임지룡 1997/2008)
    a. 기본개념

b. 개념화의 원리
c. 언어와 경험
d. 의미의 창조
e. 머릿속 단어의 세계
f. 사고와 언어 조직

(3) Cognitive Linguistics(Evans & Green 2006)
    a. 개관
    b. 인지의미론
    c. 인지적 문법 접근법
    d. 인지언어학 기획의 평가

(4) 의미의 인지언어학적 탐색(임지룡 2008)
    a. 총론
    b. 의미 구조의 확장
    c. 은유와 환유
    d. 이동과 도상성
    e. 공간과 장면

(5) The Oxford Handbook of Cognitive Linguistics(Geeraerts & Cuyckens 2007)
    a. 소개
    b. 기본 개념
    c. 문법 모형
    d. 인지언어학의 위치 파악
    e. 언어 구조와 언어 사용
    f. 언어 변이와 변화
    g. 응용 및 학제적 관점

(6) 인지언어학과 개념적 혼성 이론(김동환 2013)
    a. 인지언어학
    b. 인지언어학 연구 방법론
    c. 개념적 혼성 이론

(7) 한국어 의미 특성의 인지언어학적 연구(임지룡 2017)
    a. 총론
    b. 몸과 의미
    c. 마음과 의미
    d. 의미 관계와 의미
    e. 문화와 의미
    f. 맺음말

(2)-(7)에서 제시한 것과 같이, '인지언어학'은 언어를 관찰하는 다양한 방법론 및 관점을 통해 인지적 통로를 찾아가고 있다. 아래에서는 인지언어학의 여러 방법론 중에서 '가상이동' 인식에 바탕이 되는 '체험주의', '신체화', '백과사전적 의미관'과 '개념화자'의 '해석' 및 '시뮬레이션 의미론', 인지적 기제인 '개념적 은유 및 환유', '개념적 혼성' 그리고 '구문문법'에 대해 살펴볼 것이다.

1. 체험주의와 신체화

'인지언어학'은 '체험주의(experientialism)'의 철학적 기반(Johnson 1987, Lakoff 1987, Lakoff & Johnson 1980, 1999)을 바탕으로, '언어, 몸과 마음, 문화'의 상관성을 밝히려는 움직임(임지룡 2008: 3)이다. '체험주의'는 기존

의 '객관주의(objectivism)' 철학과 '주관주의(subjectivism)' 철학의 대안으로 의미가 인간의 몸을 떠나서 생각할 수 없음을 강조한다.[1] 여기에서 '몸'이란 인간의 체험 즉, 기본적인 감각운동 체험, 감정적 체험, 사회적 체험, 그리고 모든 평범한 인간에게 이용 가능한 그 외 모든 다른 종류의 체험을 포함하고, 특히 이와 같은 체험을 형성하며 그것을 가능하게 하는 인간의 내재적인 능력까지도 포함한다(김동환 2013: 72). 즉, 개념적 구조는 인간의 체험으로 동기화된다.

'체험주의' 철학에서 '마음', '언어', '의미'를 다음과 같이 서술한다(Kövecses 2006: 10-12).

(8) • '마음'은 전체적이다. 마음의 과정들은 마음의 다양한 양상 및 능력과 대개 동일한 것으로 간주된다.
 • '실재'는 미리 구조를 이루고 있지 않으며, 인간과 독립해서 존재하는 것으로 간주되지도 않는다. 실재는 세계의 잘 한정된 범주를 가지지도 않는다. 외부 실재가 존재하긴 하지만, 인간적인 방식으로만 외부 실재에 접근할 수 있다. 세계의 범주는 우리 인간의 특이한 경험에 따른 결과로 간주된다. 세계는 인간의 상상력에 의해 창조되는 투사된

---

[1] '이성'과 '범주화'에 관한 객관주의 및 체험주의 견해는 다음과 같다(임지룡 2018: 9-10). 먼저 '이성'에 관해서, 첫째, 객관주의에 따르면 이성이란 추상적이며 신체로부터 분리된 것이라고 하는 반면, 체험주의에서는 이성이란 신체적인 근거를 갖는다. 둘째, 객관주의에서는 이성을 글자 그대로의 것, 즉 객관적으로 참이거나 거짓일 수 있는 명제에 관한 것으로 보는 반면, 체험주의에서는 이성의 상상적인 측면, 곧 은유·환유·심상 등을 글자 그대로의 주변적이거나 중요하지 않은 것이라기보다 이성의 중심적인 것으로 본다.
다음으로, '범주화'의 경우이다. 범주화에 대한 객관주의는 고전 이론에 바탕을 둔 것으로 범주는 원소들이 공유하고 있는 특성에 의해서 특징지어진다. 이 경우 범주화의 주체인 사람의 신체적 본질과는 무관하며, 은유·환유·심상 등 상상의 작용 기제는 범주의 본성에 관련되지 않는다고 본다. 그 반면, 체험주의에서는 원형 이론에 바탕을 둔 것으로 신체적 경험과 상상의 작용 기제 사용이 경험을 범주화하는 데 있어서 중심이 된다고 본다.

실재이다.
- '마음'은 우리가 경험하고 지각하는 대로 세계를 반영한다. 따라서 마음의 범주는 세계의 범주, 즉 객관적 실재의 범주와 일치하지 않는다. 세계는 상상적 방식으로 마음에 의해 창조되거나 구성된다. 이런 상상적 방식에는 원형에 기초한 범주화, 프레임에 의한 지식 조직, 은유를 통한 경험 이해 등의 인지 과정이 있다. 이 모든 인지 과정은 다르게 사용될 수 있고 현재 다르게 사용되고 있으며, 따라서 이는 동일한 실재가 다양한 방식으로 구성될 수 있다는 사실에 대한 증거가 된다. 체험주의는 문자성이 마음의 본질적 구성 자질이라는 견해를 받아들이지 않는다. 도리어 체험주의는 마음이 본래 문자적이면서 동시에 비유적이라고 주장한다.
- '몸'은 우리의 마음을 생산하는 데 결정적인 역할을 한다. 마음은 몸에 기초를 둔다. 다시 말해, 인간의 몸은 인간의 마음에 영향을 미친다. 결과적으로 사고는 신체화된 것으로 간주된다. 가령, 몸은 우리가 나무를 이해하는 데 역할을 한다. 먼저 우리는 나무가 똑바로 서 있는 것으로 이해한다. 이것은 우리의 몸을 경험하는 방식에서 나온다. 즉, 우리는 우리 자신이 직립해 있는 것으로 경험한다. 다음으로 우리는 나무가 높은 것으로 이해한다. 높음의 양상은 몸의 상대적 높이에 대한 우리의 일반적인 평가를 참조해야만 뜻이 통한다. 나무는 표준형 인간의 키에 비해 높다. 이런 식으로 마음의 범주는 몸과 환경의 상호작용에 의해 정의된다. 이러한 개념적 범주의 자질은 '상호작용적 특성(interactional property)'이라고 부른다.
- '언어'는 마음의 다양한 인지 능력의 용법과 동일한 원리에 기초해서 작용한다. 범주화, 틀부여 지식, 전경-배경 조직 등의 인지 과정은 마음의 여러 양상뿐만 아니라 언어에서도 중요하다. 게다가 언어의 핵심 부분은 형태가 아니라 의미와 개념화이다. 언어는 의미 표현의 기능을 맡는다. 언어와 사고에 대한 연구에서 의미는 형태보다 더 중요하다. 문법은 개념화의 목적을 충족시킨다. 사실 문법은 개념화로 간주된다.

- '의미'는 신체화로부터 도출된다. 따라서 사고와 의미는 신체화된다. 게다가 의미는 우리가 경험에 틀부여하는 방법과 관련이 있다. 만약 내가 *I paid five dollars for the drink*라고 말한다면 나는 구매자의 원근화법을 취하지만, *I sold the drink for five dollars*라고 말한다면 판매자의 원근화법을 취하는 것이다. 사람마다 자신의 원근화법에 따라 동일한 사건을 다른 방식으로 틀부여한다. 다시 말해, 의미는 개념적 내용만의 문제가 아니라 개념적 내용을 해석하는 방식의 문제이다.
- '진리'는 문장과 상황 사이의 직접적인 대응이 아니라, 상황의 특별한 이해에 상대적으로만 평가될 수 있다.
- '세계'는 대체로 구조화되어 있지 않다. 세계를 구조화하는 것은 인간 관찰자이다. 이러한 구조화는 문화의 하위체계인 언어 체계 때문이다. 언어는 우리가 생각하는 방식을 형성하며, 언어는 언어상대성 원리에 따라 우리의 사고방식을 형성할 수 있다.

'체험주의' 철학은 '신체화'에 기반을 둔다. '신체화(embodiment)'란 인지 과정에서 사람의 몸 또는 신체성의 작용 양상을 가리키는데(Lakoff & Johnson 1999: 36 참조), 우리의 일상적이며 신체적 경험은 의미 또는 개념적 세계를 구조화하는 데 필수적 역할을 수행하게 된다는 것이다. 이 관점에서 추상적인 '의미(meaning)'는 인간의 신체화된 경험에 기반한다(Janda 2000: 9 참조).

'신체화'의 발생은 '영상도식(image schema)' 이론이 대표적이다. '영상도식'이란 실세계와의 일상적인 상호작용과 관찰로부터 직접적으로 발생하는 비교적 추상적인 인지도식을 말한다(Johnson 1987, Lakoff 1987). 인간은 여러 가지 그릇이나 집처럼 안과 밖이 있는 사물과 관여하며, 이러한 경험은 영상도식을 발생시킨다. 예를 들어, 우리는 '마음'을 이해할 때, '마음속', '마음을 열다/닫다' 등으로 표현하는 것으로 미루어 마음의 일부를 안과 밖이 있는 대상과 같이 이해한다고 인식한다.

'신체화'란 '우리의 몸, 두뇌 그리고 환경과의 상호작용의 결과(Lakoff & Johnson 1999: 16-19)'로, 일상에서 체험된 경험을 바탕으로 비유적인 사고가 가능하고, 언어를 통해 표현된다고 주장한다. 또한 언어의 의미는 '신체화'를 통해 개념적인 것으로 간주되며, 언어를 통해 나타나는 의미는 개념적 은유 및 환유 그리고 상상력의 기제를 통해 살펴볼 수 있다.[2]

언어의 '의미'는 '신체화'를 통해 형성되는데, '신체화된 의미(embodied meaning)'[3]는 신체적 경험을 바탕으로 도출되고, 의미는 '해석(construal)'하는 방식에 따라 이해된다(Kövecses 2006: 10-12). 다음 예를 살펴보자.

(9) 밥을 먹다.

예문 (9)에서 '먹다'는 음식 따위를 입에 넣는 행위를 나타내는 동사이다. 그리고 '밥'이라는 어휘는 '쌀'과 같은 곡물로 지은 음식을 뜻할 뿐만 아니라, 한 끼 식사 전체를 나타낼 수 있다. 또한 동물에게 사용될 경우, 먹이 등을 나타낼 수도 있다.[4] 즉, '밥'은 개별적 의미와 전체적 의미를 나타낸다. 이것을 간략하게 나타내 보면 다음과 같다.

---

[2] 신체화에 기반한 의미 확장의 논의는 신체어, 감각어, 감정어에 대한 연구가 있어 왔다. 이러한 연구에는 신체어 '손', '머리', '눈'의 의미 확장(홍사만 1985, 1987, 1991), 공간감각어(임지룡 1984), 감각동사(임지룡・송현주 2012), 감정 표현(임지룡 2006) 등이 있다. 이 연구들은 국어의 다양한 범주들 중에서 우리 몸과 관련된 연구들이다.

[3] '체험주의'에서 제시하는 의미에 대해 Johnson(2007)에서는 의미가 감각운동 과정과 느낌에 신체적 기원이 있고, 예술적 사고가 영상, 영상도식, 은유, 질성, 느낌, 정서를 포함하는 일상적 의미 창조와 관련되어 있음을 주장하였다.

[4] '밥을 먹다'는 식사 방식에 따른 차이가 나타난다(Ungerer & Schmid 2006: 52).

(10) 밥[개별적, 전체적]
    먹다[행위]

(10)에서 '밥'이 개별적인 음식의 의미를 나타낼 경우, '밥을 먹다'는 여러 음식 중에서 '밥'이라는 한 대상에 특징짓는다. 그리고 '밥'이 전체적인 음식의 의미를 나타낼 경우, '밥을 먹다'는 여러 음식을 먹는 행위뿐만 아니라 음료를 먹는 행위까지도 포함된다. 이러한 표현에 대한 이해는 그 행위에 대한 경험의 반영으로,[5] 각 어휘를 통해 이해되는 의미들이다.[6]

그리고 '먹다'와 같이 음식을 먹는 구체적인 경험은 '밥'과 같은 물리적 대상뿐만 아니라 '뇌물', '욕', '나이', '마음'과 같이 추상적인 대상으로의 쓰임으로 확장된다. 이것은 '먹다'라는 행위의 확장으로 간주된다. 정리하면, '의미'는 신체화에 바탕으로 둔 '개념화자'의 해석으로, 이 '해석'은 그 행위의 확장, 특히 동사가 나타내는 의미를 기반으로 물리적 대상에서 추상적 대상으로 사용된다.

이처럼 '신체화'는 인간 경험을 중심으로 그 의미를 파악해 보려는 시도로, 언어의 구조 역시 "화자가 세계에 부과한 관점인 세계의 구조를 반영한다(Croft 2001: 108)."라는 인식을 바탕으로 높은 설명력을 제공한다. 특히 '이동'은 인간의 지각적 경험에서 필수적이며 기본적인 개념(Lakoff 1987: 278)으로, 이를 나타내는 동사의 의미는 '신체화'를 통해 그 의미 양상을 살펴볼 수 있다.

---

[5] '인지언어학'에서는 인간의 정신적 경험 자체가 언어의 의미이며, 그 둘은 분리되지 않는다는 관점이다.
[6] 한 단어가 나타내는 의미는 '진리조건(truth conditions)'에 부합하는 자질 이상의 개념들을 환기시킨다(Croft & Cruse 2004: 7-14).

2. 백과사전적 의미관

'백과사전적 의미관'은 의미가 본질적으로 백과사전적이며, 단어에 대한 지식이 다른 사람들과의 상호작용 및 우리 주위 세계와의 상호작용에 근거를 둔다고 주장한다. 즉, 낱말 의미는 방대한 정보를 담고 있으며, 문장을 통해 제시되는 단어의 의미는 일부분일 뿐이다. '사전적 견해'[7]와 대비되는 '백과사전적 의미관'[8]의 성격은 다음과 같다(Evans & Green 2006: 207-210).

첫째, 의미론과 화용론은 원칙상 구분되지 않는다. 이것은 단어의 의미가 화용적·사회적·문화적 의미와 구분된다는 생각을 거부한다는 것을 말한다. 즉, 백과사전적 의미관에서는 의미구성이 언어 사용과 분리될 수 없다는 입장을 취한다.

둘째, 백과사전적 지식은 구조화되어 있다. 이것은 한 단어에 연결되는 지식이 무질서한 것이 아니라, 내적인 위계를 가진다는 것을 말한다.[9] 예를 들어, '사과'라는 단어의 경우, 이 단어는 모양, 색깔, 냄새, 맛, 수확 정보 등의 여러 가지 정보를 포함하는데, 어떤 정보는 다른 정보에 비해 더 중심적이다.

셋째, 백과사전적 의미와 문맥적 의미는 구분된다. 이것은 단어 내적으

---

[7] '사전적 견해(dictionary view)'는 문맥 독립적 의미(의미론)와 문맥 의존적 의미(화용론) 간의 엄격한 구분을 전제한다. 이러한 사고방식은 '구조 의미론'과 '진리조건적 의미론'이 대표적인데, 의미는 어떤 단어에 한정시켜 살펴볼 수 있다고 주장한다.

[8] '백과사전적'이라는 말은 언어학과 인지과학 문헌에서 '배경(background)', '상식적(common-sense)', '사회문화적(sociocultural)', '세상사(real-world)'라는 말과 유사하게 사용된다(Evans 2009: 17).

[9] Langacker(1987)는 '백과사전적 의미관'에 따라 지식의 유형을 '관습적(conventional)', '총칭적(generic)', '내재적(intrinsic)', '특징적(characteristic)' 지식으로 세분화한다.

로 발생하는 의미는 사용 문맥에서 선택된다는 것을 말한다. 예를 들어, '다리'는 그 문맥에 따라 '사람의 다리', '동물의 다리', '책상의 다리' 등으로 사용될 수 있다.

넷째, 어휘 항목은 백과사전적 지식에 대한 접근 지점이다. 이것은 단어가 미리 정해진 자리에 들어가는 것이 아니라 풍부한 백과사전적 의미에 연결되도록 해 준다는 것을 말한다.

다섯째, 백과사전적 지식은 동적이다. 이것은 한 단어에 대한 지식이 다양한 방식으로 바뀔 수 있음을 말한다. 예를 들어, '휴대폰'에 대한 지식은 전화 기능이라는 측면에서 인터넷, 카메라, 결제 등과 같은 지식의 확장으로 자연스럽게 유도된다.

백과사전적 의미관의 기초는 Fillmore(1975, 1982, 1985)[10]에서 '틀의 미론'과 Langacker(1987, 2002, 2008)에서 '의미망'에 대한 연구가 대표적이다. 이 글에서는 의미 확장을 체계적으로 다루고 있는 Langacker(2008)의 '의미망(semantic network)'에 대한 내용을 약술하고자 한다.

'의미'란 개인 화자들의 개념화 행위에서 발생한다. 즉, 의미는 많은 유형의 능력(지각 능력, 운동 능력, 지적 능력)과 방대한 양의 지식(특정 지식과 일반 지식, 물리적·사회적·문화적 지식, 개인적·관습적·맥락적 지식)을 포함한다(Langacker 2008: 36). 이러한 의미는 하나의 표현[11]을 통해 발화되는데, 이 표현은 많은 지식의 집합을 이루며, 이것을 '영역

---

[10] Fillmore(1968)의 격이론은 문장 성분의 의미격을 밝히려는 시도로, 통사론 중심의 생성문법의 대안으로 등장하였다(이점출 1996: 145). 격이론은 점차 변화를 겪으며, Fillmore(1982)에서 틀의미론으로 명칭이 바뀌면서 의미적 틀과 관련된 내용을 기술하는 것으로 이론이 변화하게 되었다.

[11] 여기에서 표현은 화자가 발화하는 의미 단위로 형태소, 단어, 구, 절, 문장을 아우르는 말이다.

(domain)'이라고 한다. 이 '영역'은 무한한 집합으로, 한 표현이 가지는 영역을 나타낸 것이 다음 <그림 1-1>과 같다(Langacker 2008: 48 재인용).

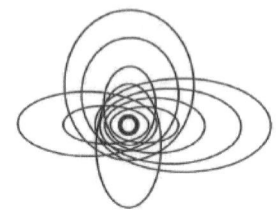

〈그림 1-1〉 한 표현의 '영역'

<그림 1-1>을 살펴보면, 중심의 원은 그 표현의 윤곽 즉, 기본 의미를 나타내고, 타원들은 그 의미와 관련된 영역을 나타낸다. 즉, 한 단어의 의미는 그 어휘로부터 발생하는 여러 영역의 의미들을 고려해야 하며, 그 확장 양상이 어느 정도 체계적이다.

이러한 의미들을 도식화하여 나타낸 것이 '의미망(semantic network)'이다. 예를 들어, 'ring'의 부분적 의미망은 <그림 1-2>와 같다(Langacker 2008: 37).

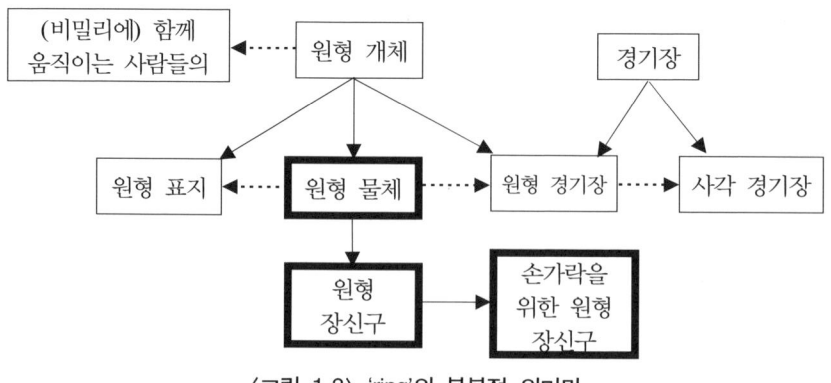

〈그림 1-2〉 'ring'의 부분적 의미망

<그림 1-2>에서 굵은 실선으로 된 것은 원형 의미를 나타내고 점선 화살표는 그 의미로부터의 확장을 나타낸다. <그림 1-2>를 통해 알 수 있는 사실은 원형 의미에서 멀어질수록 그 의미 확장을 예측하기 힘들다는 점이다. 예를 들어, <그림 1-2>에서 ring의 의미가 '원형 물체'에서 '사각 경기장'으로 확장된다는 것은 그 앞의 확장인 '원형 경기장'에서 '경기장'이 더 초점을 받게 되어 '사각 경기장'으로 확장되는 것으로 예측된다. 이것은 한 단어의 의미가 확장이 발생한 후에는 그 의미가 원래 의미를 유지하려는 것이 아니라 확장된 의미에 기반을 두고 다른 방식으로 확장된다는 것을 말한다.

유의어 '달리다', '뛰다'는 기본 의미 즉, 물리적 이동을 나타내는 의미를 중심으로 그 유의성을 밝히려는 연구가 있었는데(김기혁 1981: 13-14), 원형 의미에서 확장되는 의미들의 양상을 의미망으로 제시해 볼 수 있다(임태성 2016b: 235-268). 우선, '달리다', '뛰다' 각각의 의미망은 다음과 같다.

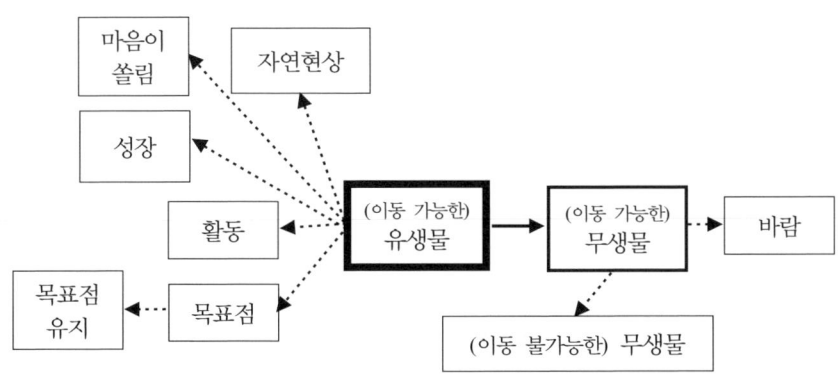

〈그림 1-3〉 '달리다'의 의미망

<그림 1-3>에서 볼 수 있듯이, '달리다'는 '이동 가능한' 유생물에서 '이동 가능한' 무생물로의 확장이 나타난다. '이동 가능한' 유생물은 '사람'이나 '동물'이 달리는 상황이다. '이동 가능한' 유생물은 여러 방향으로 그 의미가 추상적으로 확장되는데, '활동'이나 '목표점'을 향해 열중하는 경우가 있다. '목표점'은 '목표점 유지'의 경우로 확장되어 나타난다. 이 확장들은 이동의 주체가 대부분 '사람'으로 인식된다.

이동 주체가 추상물의 경우, <그림 1-3>에서처럼 그 확장의 길이가 길어진다. 즉, '마음이 쏠림', '성장', '자연현상'으로 의미 확장이 나타난다.

한편, '이동 가능한' 무생물은 '자동차'가 달리는 것으로 나타나고, 그 의미가 추상적으로 확장되어 나타난다. 예를 들어, '철마가 달리고 싶다'와 같은 관용적인 표현을 통해 '바람'의 의미와 비이동체를 이동하는 것으로 인식하여 나타내는 '가상이동'으로 표현되어 나타난다.

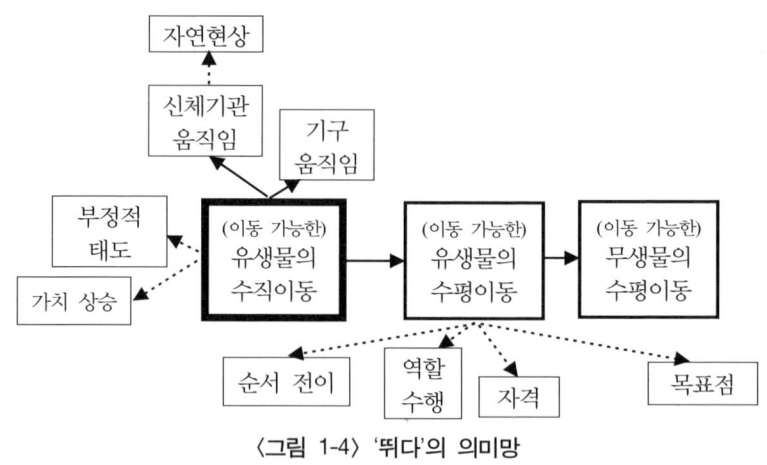

〈그림 1-4〉 '뛰다'의 의미망

<그림 1-4>에서 볼 수 있듯이, '뛰다'는 '이동 가능한 유생물'의 '수직이동'에서 '수평이동'으로 확장이 나타나고, 다시 '이동 가능한 무생물'의

'수평이동'으로 확장이 나타난다. '수직이동'에서 '사람'이나 '동물'의 움직임을 나타낸다. '수직이동'은 물리적으로 '신체 일부'가 움직이거나 '기구'를 타는 상황으로 확장되며, 심리적으로 '부정적 태도', '가치 상승'을 나타낸다.

한편 '수평이동'에서 '사람', '동물', '차'와 같은 무생물의 움직임을 표현하는데, 그 중에서 '사람'이 이동 사건에서 다양한 속성과 함께 쓰인다. 이것은 그 의미가 심리적으로 확장되는 것과도 관련 있는데, '역할 수행'이나 '자격'을 나타내는 의미로 확장되어 나타난다. 그리고 '순서 전이'나 '목표점'을 나타내는 의미로 확장되어 사용되는 경우도 있었다.

'달리다', '뛰다'의 의미를 함께 살펴보기 위해 교체검증의 방법으로 그 의미들을 구별해 볼 수 있다. 첫째, 물리적 이동의 경우이다. 물리적 이동에서 '달리다'와 '뛰다'는 '이동 가능한' 유생물의 수평이동에서 상호 간에 교체가 가능하다.

(11) a. 우리는 앞만 보고 힘껏 달렸다.
　　　b. 우리는 앞만 보고 힘껏 뛰었다.

(12) a. 아이들이 운동장에서 뛰고 있다.
　　　b. 아이들이 운동장에서 달리고 있다.

예문 (11), (12)는 주체가 '사람'으로 상호 간에 교체가 가능하다.[12]
마찬가지로 '동물'인 경우, '달리다', '뛰다'는 교체 가능하다. 다음 예문을 살펴보자.

---

[12] '달리다'가 사용된 경우 '뛰다'의 교체가 용이한 반면, 예문 (12)와 같이 '뛰다'가 사용된 경우, '달리다'의 교체는 수평이동이라는 가정 하에 가능하다.

(13) a. 사실인즉 <u>4번마</u>가 2등으로 <u>달리고</u> 있었다.
　　 b. 사실인즉 <u>4번마</u>가 2등으로 <u>뛰고</u> 있었다.

　예문 (13)은 수평이동의 의미에서 동물의 움직임을 나타낸다. 동물의 경우, 백과사전적 지식이 필요한데, '개', '말'과 같이 수평적으로 이동하는 동물의 경우 교체가 가능하지만, '캥거루'와 같이 위로 점프해서 앞으로 나아가는 동물의 경우, '달리다'와 '뛰다'의 교체가 불가능하다.
　'이동 가능한' 무생물의 경우 상호 간에 교체가 부분적으로 불가능하다. 다음 예문을 살펴보자.

(14) a. 뒤에 오던 차가 <u>빠른 속도로 달려</u> 나를 앞질러 갔다.
　　 b. *뒤에 오던 차가 <u>빠른 속도로 뛰어</u> 나를 앞질러 갔다.

　예문 (14)는 이동 사건에서 방식을 나타내는 표현과 함께 쓰여 '달리다'는 가능하나, '뛰다'는 불가능하다.
　반면, '이동 가능한' 무생물의 교체가 가능한 경우이다.

(15) a. 내 차는 <u>만 킬로밖에 뛰지 않은</u> 새 차입니다.
　　 b. 내 차는 <u>만 킬로밖에 달리지 않은</u> 새 차입니다.

　예문 (15)는 이동의 전체 길이를 나타내는 표현과 함께 사용되어 '뛰다', '달리다'의 교체가 가능한 경우이다.
　둘째, 심리적 이동의 경우이다. 심리적 이동에서는 '목표점', '성장 속도'의 의미에서 상호 간의 교체가 가능하다. 먼저, '목표점' 의미의 경우이다. 다음 예문을 살펴보자.

(16) a. 그는 또다른 꿈을 위해 달리고 있다.
　　 b. 그는 또다른 꿈을 위해 뛰고 있다.

(17) a. 모든 사람들이 돈을 벌기 위해 정신없이 뛰고 또 뛴다.
　　 b. 모든 사람들이 돈을 벌기 위해 정신없이 달리고 또 달린다.

예문 (16), (17)은 화자의 목표를 나타내는 표현으로 모두 '달리다', '뛰다' 상호 교체 가능하다.

다음으로, '성장 속도' 의미의 경우이다. 다음 예문을 살펴보자.

(18) a. 韓國社會는 지금 시속 수백 킬로미터로 달리고 있다 해도 지나침이 없다.
　　 b. 韓國社會는 지금 시속 수백 킬로미터로 뛰고 있다 해도 지나침이 없다.

예문 (18)은 '韓國社會'의 성장 속도를 나타낸다. 이동 주체가 '차'인 경우, '달리다', '뛰다'의 교체가 불가능하나, '사회' 즉, 사람들로 이루어진 집단이라는 의미에서 '韓國社會'의 의미가 '시속 수백 킬로미터'라는 방식보다 더 부각되어 교체가 가능해 보인다.

마지막으로 '달리다'와 '뛰다'는 둘 다 [이동], [방식]의 의미 속성을 가지나, '달리다'에서 '가상이동' 표현이라고 제시했던 '이동 불가능한 무생물'의 경우, '뛰다'와 교체가 불가능하다.

(19) a. 요동 방향의 산맥들은 중국의 요동 반도와 나란히 달리고 있는 산맥들을 말한다.
　　 b. *요동 방향의 산맥들은 중국의 요동 반도와 나란히 뛰고 있는 산맥들을 말한다.

예문 (19)에서 (19a)는 '수평이동'을, (19b)는 '수직이동'의 의미를 가지는 것으로 인식되는데, (19b)는 의인화의 한 가지로 볼 수 있는 반면, (19a)는 산맥을 묘사하는데 역동성을 부여하는 방식으로 살펴볼 수 있다.

이상과 같이 '달리다', '뛰다'의 의미망을 통해 그 의미가 대응되는 부분은 다음 <그림 1-5>와 같다.

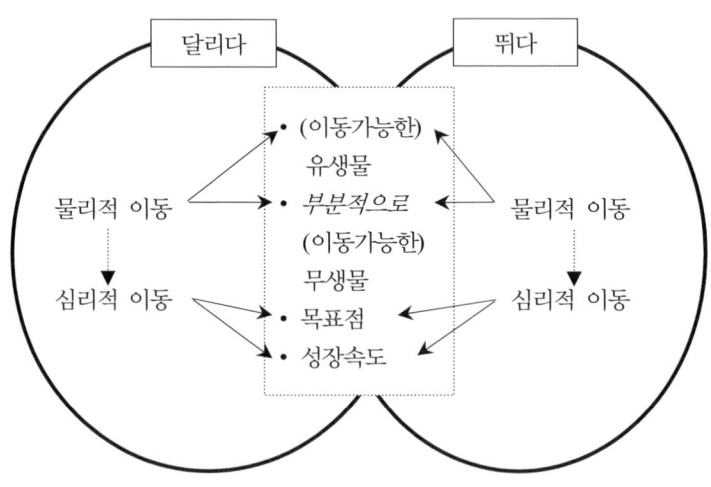

〈그림 1-5〉 '뛰다'와 '달리다'의 유의관계 의미망

<그림 1-5>에서 제시된 것과 같이 '뛰다', '달리다'는 '이동 가능한' 유생물, 즉 '사람'의 움직임을 나타내는데 함께 사용될 수 있다. 그 의미가 물리적으로 확장되어 나타날 때, '이동 가능한' 무생물의 경우 부분적으로 교체 가능하다. 그리고 심리적으로 확장될 때, '성장 속도'의 확장 의미는 어느 정도의 움직임이 인식되며, '목표점'의 확장 의미는 더 추상적으로 확장된다.

이처럼 '백과사전적'으로 어떤 의미를 살펴보는 방식은 단어에 한정되어 그 의미를 기술하는 '사전적 의미'보다 풍부한 의미 기술의 유연한 체

계를 제공한다. 특히 '백과사전적' 관점에서 '이동'을 바라보는 틀을 통해 '이동'의 의미를 더 상세하게 기술 가능하다.

3. 해석

'해석(construal)'이란 한 특정 상황을 관찰하는 갖가지 방법을 가리키는 포괄적인 용어[13]로, 장면을 개념화해서 표현하는 개념화자의 선택을 가리키며, 의사소통의 효율성을 위한 개념화자의 적극적·능동적·주체적 인지능력의 발현(임지룡 2008: 416)이다.

'인지언어학'에서 '해석'에 대한 주요 정의는 다음과 같다(임지룡 2004b: 2-3 재인용).

(20) a. '해석(construal)'이란 화자(또는 청자)와 그가 개념화하고 묘사하는 상황 간의 관계를 가리킨다(Langacker 1987: 487-488).
　　 b. '해석'이란 화자(개념화자의 선택)와 상황 간의 관계로서, 화자는 많은 대안적 방식 가운데 한 가지 방식으로 그 상황을 개념화하고 묘사하는 것을 말한다. 따라서 '해석'은 조직화와 구조화, 즉 자신의 세계 해석화에서 언어 사용자의 적극적인 역할을 의미한다(Taylor 1995: 4, Pütz & Dirven 1996: xii).
　　 c. '해석'이란 동일한 상황을 대안적인 방식으로 지각하고 묘사하는 인간의 다면적인 능력이다(Langacker 1997: 250).
　　 d. '해석'의 개념은 화자의 인지적 책략, 즉 주어진 사건을 묘사하거나

---

[13] '해석(construal)'은 Langacker(1987: 487-488)에서 유래된 용어이며, Croft & Wood(2000), Radden & Dirven(2007) 등에서 그 성격과 기능이 명확하게 규정되기에 이르렀다(임지룡 2017: 15-16).

개념화할 때 언어적 대안에 대한 화자의 선택을 가리킨다. 인지문법에서 '해석'의 개념은 인지 능력을 가리키는데, 이것에 의해 화자는 주어진 사건이나 과정을 묘사하는 데 있어서 특별한 언어적 대안을 결정하게 된다. 즉 인지적 관점에서 여러 가지 대안 가운데 하나를 선택하는 것은 화자가 특정한 방식에서 어떤 의미를 부호화하는 것을 시사한다(Pütz 1997: 139-140).

e. '해석'은 주어진 사태가 언어적 표현의 목적 때문에 언어 사용자에 의해 구조화되는 과정으로서, 전형적으로 어떤 사태는 서로 다른 방식으로 해석될 수 있다(Taylor 2002: 589).

f. '해석'은 대안적 방식으로 장면을 개념화해서 표현하는 화자의 선택을 가리킨다(Radden & Dirven 2007: 337).

'틀(frame)'[14]은 일종의 해석적 장치인데, 그 장치에 의해서 우리는 주어진 문맥 내에서 한 단어의 위상을 이해한다. '틀'은 언어에 의해서 창조될 수도 있고 또는 그 언어에 반영되어 있을 수도 있다. '틀'의 한 보기는 (21b)에서 제시한 '합성세제'의 크기를 이해하는 방식이다.

(21) a. '크기'에 관한 단어: tiny - small - medium - large - gigantic
b. '합성세제' 틀: large - economy - family - jumbo

(21a)는 영어에서 일반적인 '크기'와 관련된 어휘라면, (21b)에서 '합성세제 틀'은 소비자가 꾸러미 위에 있는 명칭 'large'라는 것을 적절하게 해석하도록 허용한다. 곧 (21a)의 '크기'에 관한 항목인 large와 달리,

---

[14] '틀 의미론(frame semantics)'은 Fillmore(1975, 1977, 1982, 1985)에서 개발된 이론으로, 한 표현에 대한 개념의 적절한 이해는 그 개념을 포함한 체계 전체의 구조에 대한 이해를 필요로 한다고 보는데, 이러한 개념 체계, 또는 배경 지식이 '틀(frame)'이다. 이 '틀'은 Langacker(1987)에서 '영역(domain), Lakoff(1987)에서 '이상적 인지모형(Idealized Cognitive Model)'으로 불린다.

(21b)에서 소비자는 economy size, family size, jumbo size를 통해서 large가 가장 작은 꾸러미를 뜻한다는 이해에 이른다(Fillmore 1985: 227 참조).

언어 처리 과정에서 나타나는 '해석'의 양상은 다음 <표 1-1>과 같다 (Croft & Cruse 2004: 46 재인용).

〈표 1-1〉 일반 인지 과정의 실례로서의 언어 해석 연산

Ⅰ. 주의/현저성 (Attention/salience)
A. 선택 (Selection)
1. 윤곽부여 (Profiling)
2. 환유 (Metonymy)
B. 범위(영향권) (Scope (dominion))
1. 서술범위 (Scope of prediction)
2. 탐색영역 (Search domains)
3. 접근가능성 (Accessibility)
C. 척도 조절 (Scalar adjustment)
1. 양 척도조절(추상화) (Quantitative (abstraction))
2. 질 척도조절(도식화) (Qualitative (schematization))
D. 역동성 (Dynamic)
1. 가상 이동 (Fictive motion)
2. 요약/순차 주사 (Summary/sequential scanning)
Ⅱ. (동일성(identity) 영상도식을 비롯한) 판단/비교(Judgment/comparison)
A. 범주화 (Categorization)
B. 은유 (Metaphor)
C. 전경-배경 (Figure-ground)
Ⅲ. 시점/위치성 (Perspective/situatedness)
A. 관점 (Viewpoint)
1. 관측점 (Vantage point)
2. 방위 (Orientation)
B. 직시성 (Deixis)
1. (공간 영상도식을 비롯한) 시공간적(Spatiotemporal) 직시성
2. 인식적(Epistemic) 직시성
3. 감정이입(Empathy)
C. 주관성/객관성 (Subjectivity/ objectivity)
Ⅳ. (대부분의 다른 영상도식을 비롯한) 구성/게슈탈트 (Constitution/Gestalt)

A. 구조적 도식화 (Structural schematization)
　　1. 개별화 (Individuation)
　　2. 위상적/기하학적 도식화 (Topological/ geometric schematization)
　　3. 척도 (Scale)
　B. 힘 역학 (Force dynamics)
　C. 관계성 (Relationality)

<표 1-1>은 언어를 이해하는 데 작용하는 해석 체계를 정리한 것인데, 크게 네 부분으로 나누어진다. 첫째, '주의/현저성'[15]은 인간의 감각 기관 중 시각 능력에 의해 가장 쉽게 예시되는 복합적인 심리 능력(Croft & Cruse 2004: 47)[16]으로, 사고의 확장을 돕는 기제이다.[17]

'주의'는 동일한 장면을 다른 방식으로 표현할 수 있게 한다. 다음을 살펴보자(Geeraerts & Cuyckens 2007: 290).

　(22) a. The goblet slowly went around the banquet table.
　　　　(잔이 연회 테이블 주위로 천천히 돌았다.)

---

[15] 언어에서 '주의(attention)'에 관한 Talmy의 연구로는 '전경'과 '배경'의 상대적 현저성(Talmy 2000: 제5장), 주의 '창문화'와 주의 '배경화'(Talmy 2000: 제4장), 폐쇄부류(문법적) 형태 대 개방부류(어휘적) 형태(Talmy 2000: 제1장), 장면의 전체나 부분에 주어진 주의의 '층위'(Talmy 2000: 제1장), '주힘'과 '반힘'이라는 두 실체에 대한 서로 다른 주의(Talmy 2000: 제7장), '가상이동'(Talmy 2000: 제2장), 구어와 수어의 주의 차이(Talmy 2003) 등이 있다.

[16] 심리학에서는 '주의'를 '분산주의(divided attention)'와 '선택주의(selective attention)'로 분류하는데, 흔히 주의집중이라는 표현은 '선택주의'와 관련 있다. '선택주의'의 한 방식은 눈 운동으로, 이것은 단순히 대상을 관찰하는 것뿐만 아니라, 심적인 측면과도 관련 된다(김정오 외 옮김 2012: 142-143). 즉, 눈 운동은 우리 사고의 확장을 촉발하는 방식의 하나이다.

[17] 예를 들어, 우리는 '주의'를 통해 두 개의 자극을 시간 간격에 따라 교대해서 비치면 두 자극 사이에 운동이 지각되는 '가현 움직임(apparent movement)', 한 물체의 움직임 때문에 다른 물체가 움직이는 것으로 지각되는 '유도된 움직임(induced movement)', 움직이는 자극을 본 후 고정된 자극을 볼 때 자극이 움직이는 방향과 반대 방향으로 움직이는 것처럼 보이는 '움직임 잔효(movement aftereffect)'와 같은 시각적 실례와 유사하다(김정오 외 옮김 2012: 232-233).

b. The goblet slowly passed around the banquet table.
(잔이 연회 테이블 주위로 천천히 지나갔다.)
c. The goblet was slowly passed around the banquet table.
(그들은 잔을 연회 테이블 주위로 천천히 돌렸다.)
d. The goblet was slowly passed around the banquet table by them.
(그들은 잔을 연회 테이블 주위로 천천히 돌렸다.)
e. They slowly passed the goblet around the banquet table.
(그들은 잔을 연회 테이블 주위로 천천히 돌렸다.)
f. The diners slowly passed the goblet around the banquet table.
(식사하는 사람들은 잔을 연회 테이블 주위로 천천히 돌렸다.)

예문 (22)는 동일하게 잔을 돌리는 장면에서 언어에 부가되는 정보의 양에 따라 '주의'의 정도가 달라지는데, (22)에서 a에서 f로 갈수록 잔을 돌리는 행위자와 그 행위성의 정도가 강하게 인식된다. 이처럼 '주의'는 개념화자가 대상을 관찰하는 정도성에 따라 그 인식이 달라질 수 있는 것으로, 동일한 상황에 개념화자의 '주의'에 따라 그 이해력이 다르게 나타날 수 있음을 살펴볼 수 있다.

(23) a. **영수가** 열쇠로 문을 열었다.
　　b. (드디어 이) **열쇠가** 문을 열었다.
　　c. **문이** 열렸다.

(23)은 동일한 장면에 대한 '윤곽부여(profiling)'의 경우로, (23a)는 '영수', (23b)는 '열쇠', (23c)는 '문'이 각각 윤곽부여된 것이다. 주로 문장 표현에서 주어는 윤곽부여의 대상으로, 개념화자의 '주의'가 집중되어 나타난다.

'주의'를 관찰하는 한 방법으로 '주사(scanning)'가 있다. 다음 그림을 살펴보자(Langacker 1987: 80).

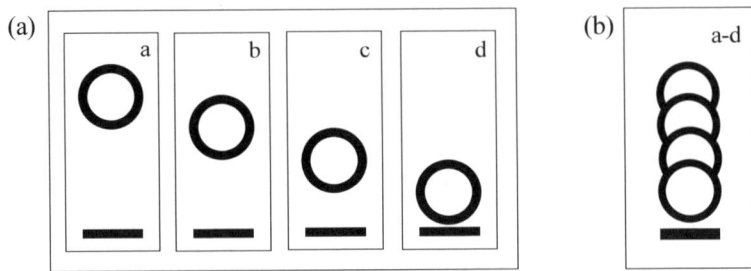

〈그림 1-6〉 '순차 주사'와 '요약 주사'의 도식

<그림 1-6>은 '순차 주사'와 '요약 주사'를 나타냈는데, '순차 주사(sequential scanning)'는 어떤 장면을 시간의 흐름에 따라 연속으로 파악하는 것을 말하며, '요약 주사(summary scanning)'는 어떤 장면을 통합된 전체로서 파악하는 것을 말한다(Langacker 1987: 144-146).

<그림 1-6>에서 (a)는 '순차 주사'의 도식으로, 어떤 장면이 시간 흐름에 따라 관찰되며 장면의 바뀜을 변화로 인식한다는 것을 나타낸다. 예를 들어, *He fell*과 같은 문장에서, 낱말 *fell*의 인식은 시간 흐름에 따라 연속적으로 바뀌는 과정을 나타낸다. 반면 (b)는 '요약 주사'의 도식으로, 어떤 장면이 동시에 인식된다는 것을 나타낸다. 예를 들어, *He took a fall*과 같은 문장에서, *took a fall*의 인식은 시간 흐름에 상관없이 통합된 전체를 나타낸다.

둘째, '판단/비교'는 두 대상 사이의 속성과 그것을 구성하는 것을 견주어 아는 근본적인 인지작용으로, 개념화자가 장면의 특정한 부분을 판단하여 선택하는 것이다. 그 중, '전경/배경'의 특징은 다음과 같다(Talmy 2000: 315-316).

〈표 1-2〉 언어로 부호화되는 '전경'과 '배경'의 특징

전경	참조대상(또는 배경)
• 결정되어야 할 알려지지 않은 공간적 특성을 가지고 있다.	• 일차적 대상의 미지의 것을 특징지을 수 있는 알려진 특성을 가지고 있는 참조 실체로 행동한다.
• 이동적인 경향이 있다.	• 한 곳에 변함없이 위치하는 경향이 있다.
• 상대적으로 작다.	• 상대적으로 크다.
• 기하학적으로 간단하다.	• 기하학적으로 복잡하다.
• 장면/의식에서 최근의 것이다.	• 장면/의식에서 이전의 것이다.
• 관심/적절성이 더 크다.	• 관심/적절성이 더 작다.
• 즉각적으로 지각되지 않는다.	• 즉각적으로 지각된다.
• 일단 지각되면 더 현저하다.	• 전경이 일단 지각되면 더 배경화된다.
• 의존적이다.	• 독립적이다.

〈표 1-2〉에서 볼 수 있듯이, '전경'은 공간적 특성, 이동성, 작은 규모, 간단한 형태, 최근 의식, 지각성, 현저성, 의존적인 부분에서 개념화자가 주의를 둔다. 반면 '배경'은 '전경'에 비해 덜 구체적인 속성을 가지고 있음을 알 수 있다. 이러한 특징들은 실제 생활에서도 인식 가능하다. 예를 들어, '자전거'와 '집'이 있을 때, 보통 '자전거'에 '주의'를 두는데, 일단 '집'보다 '자전거'의 크기가 작고, 이동성을 가진다는 점에서 '집'보다 더 현저하다. 즉, 개념화자는 '배경'보다 '전경'에 더 많은 주의를 둔다.

(24) a. 자전거가 우체국 옆에 있다.
    b. ?우체국이 자전거 옆에 있다.

(24)는 '전경-배경 배열'의 문제로서, (24a)는 자연스러운 '전경-배경 배열'을 이룬 반면, 전경-배경이 역전된 (24b)는 부자연스럽다.

셋째, '시점/위치성'은 화자가 장면의 해석에서 취하는 관점이나 입장을 뜻한다. 다음 예문을 살펴보자(임지룡 2008: 391 재인용).

(25) a. 중국 사람이 가장 가고 싶어 하는 나라가 한국입니다.
　　　b. 한국이 가장 오고 싶어 하는 나라라니 반갑습니다.

(25)는 '관찰점'의 문제로서 (25a)는 '가고 싶다'에 의해 관찰자가 나라 밖에 있으며, (25b)는 '오고 싶다'에 의해 관찰자가 나라 안에 있음을 드러낸다.

그리고 (26)은 '객관성'과 '주관성'의 문제로서 '개념화자의 이동' 인식이 나타난다(임지룡 2008: 396-397).

(26) a. 소년이 들판을 가로질러 남쪽으로 달리고 있다.
　　　b. 고속도로가 들판을 가로질러 남쪽으로 달리고 있다.

(26a)는 객관적 이동 표현으로 개념화자의 물리적 이동에 대한 인식을 보여주며, (26b)는 주관적 이동 표현으로, 개념화자의 '가상이동'에 대한 인식을 보여준다.

넷째, '구성/게슈탈트'는 경험을 구성하는 방식으로, 그 경험의 구조나 형태를 부여하는 기본적인 수준이다. 그 중, '관계성(relationality)'은 실체에 대한 근본적인 속성을 살펴보는 것으로, '관계'란 또 다른 실체를 암시한다. 예를 들어, '달리다'는 그 이동의 '틀'을 통해 이해되는데, 달리는 사람, 그 배경이나 경로 없이 '달리다'의 의미를 생각할 수 없다.

이동을 나타내는 동사는 전형적으로 시간에서의 변화를 지시하는데, 의미적으로 어떤 상태들의 연쇄되는 '과정(process)'을 지시한다(Langacker 1987: 143-144). 즉, 동사는 개념화 시간 내내 과정을 연쇄적으로 주사하며, 두 가지 기본적 인지 능력, 즉 관계를 이해하는 능력과 시간을 통해 관계를 유추하는 능력을 전제한다(Langacker 2008: 108). 이것을 도식으로 나타내면 다음과 같다(Langacker 2008: 109).

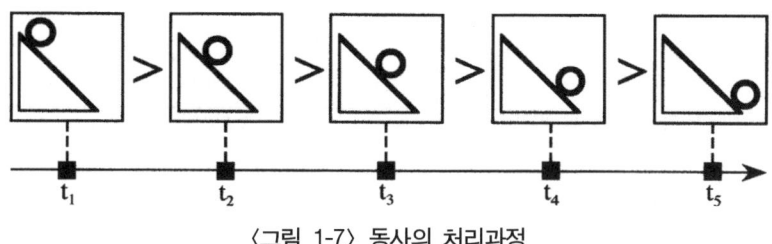

〈그림 1-7〉 동사의 처리과정

<그림 1-7>에서 동사들은 시간(t)에 따라 이해되는데, 대상의 위치 변화, 시간에 따른 그 시작점이나 과정 그리고 끝점에 대한 이해를 통해서이다. 즉, 동사는 이동 사건 내에서 이해된다. '이동 사건(motion event)'이란 이동이 포함된 전체적인 하나의 틀로 우리가 직접 혹은 간접으로 경험하는 사건이나 상황을 말한다.

요컨대, 장면의 의미란 객관적 대상에 개념적 내용이 부과되는 것으로 국한되는 것이 아니라, 그러한 개념적 내용에 대하여 의미를 부여하는 인지 주체의 '해석'을 포함한다. 즉, 의미란 개념적 내용과 그에 대한 개념화자의 인지적 해석을 모두 포함한다. 특히 '이동'에 대한 해석은 물리적인 이동에서 심리적인 이동으로 '해석'의 확장이 가능하다.

4. 시뮬레이션 의미론

'시뮬레이션 의미론'이란 언어 이해에서 개념화자가 발화 내용을 정신적으로 시뮬레이션한다는 것을 말한다(Bergen 2007: 277). 여기에서 '시뮬레이션'은 언어의 의미 해석이 '신체화'에 바탕으로 두고, 가상적인 체험에 의해 이루어진다는 것(정병철 2009: 36)으로, 다음 도식을 통해 이해된다(Langacker 2008: 535).

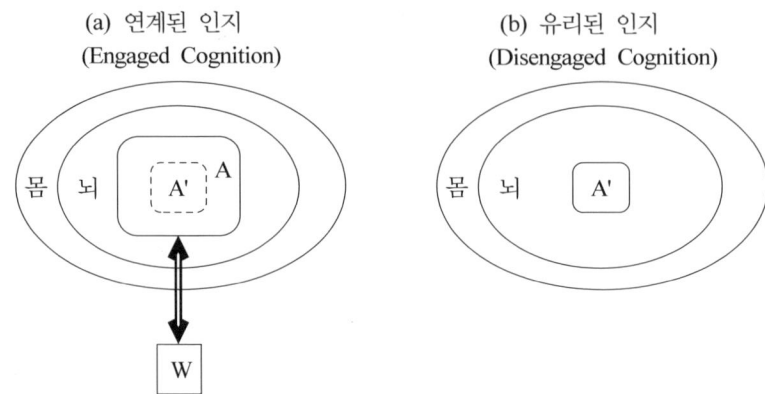

〈그림 1-8〉 시뮬레이션 도식

<그림 1-8>에서 (a)는 '물리적 세계(W)'와 직접 상호작용이 가능한 반면, (b)는 물리적 세계와의 상호작용이 없이 자동적으로 나타난다. 즉, 무의식적이다. A'는 A가 출현할 때 언제나 출현하고, (b)에서 A'는 '물리적 세계'와의 접촉이 없는 상황 즉, 시뮬레이션을 가리킨다. '시뮬레이션'은 직접 경험과 비교해서 두 가지 특징이 있다. 첫째, 직접 경험보다 강도나 생생함이 희박해진다. 둘째, 직접 경험보다 정교함이 덜하다(Langacker 2008: 536-537).

'시뮬레이션'[18]이란 '틀(frame)'[19]로 연상되는 동적인 개념이다. 예를 들

---

[18] 이 글에서 제시한 '시뮬레이션'은 '계산적 시뮬레이션'과 구별된다. '계산적 시뮬레이션'은 인지과정이 컴퓨터에 의해 시뮬레이트 할 수 있다는 것으로(Lakoff 1987: 345-348), 인간의 마음은 모듈로 구성되어 있다는 '객관주의(Objectivism)' 견해이며, 이 글에서 제시하는 '시뮬레이션'은 '체험주의(Experientialism)' 견해로, '체험주의'란 인간의 마음은 우리가 경험하고 지각하는 그대로의 세계를 반영한다고 주장한다(Kövecses 2006: 10).

어, 우리는 자동차를 탄 채 햄버거를 사는 과정을 시뮬레이션할 수 있다. 즉, '차를 몰고 가서 마이크에 대고 주문하기', '앞으로 직진해서 계산하기', '다시 앞으로 직진해서 햄버거를 받기' 등의 행위를 머릿속으로 그려볼 수 있다. 즉 '시뮬레이션'이란 '틀'을 통해 창조하는 투사된 실재이다.

Langacker(2008: 108-112)는 모든 동사의 의미가 '정신적 주사(mental scanning)'에 의해 처리된다고 주장한다. 이것은 기본적 인지 능력을 전제하는데, 관계와 시간성의 인식이다. 예를 들어, 공이라는 한 실체가 굴러가는 상황에서, 시각적으로 한 순간에 정지시키거나, 전체적인 움직임을 이어서 관찰할 수 있다. 이것을 각각 '요약 주사(summary scanning)', '순차 주사(sequential scanning)'라 말한다. 다음 그림을 살펴보자.

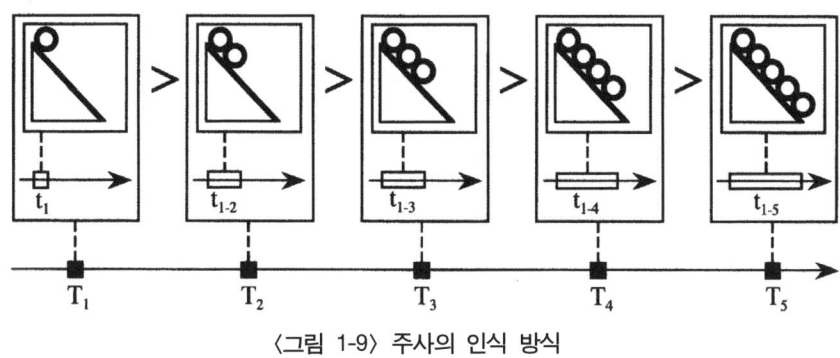

〈그림 1-9〉 주사의 인식 방식

<그림 1-9>에서, T_1-T_5는 처리시간, t_1-t_5는 실제 사건의 경과 시간을 나타내는데, 처리시간과 실제 경과 시간은 항상 같지 않지만, 실제 경과 시간이 길어질수록 처리시간도 길어진다(Langacker 2008: 110-111). 즉, '순차 주사'와 '요약 주사'는 상호 배타적인 것이 아니라, 정상적인 사건

---

19 '틀'이란 경험의 지식 구조를 나타내며 문화적으로 고정된 특정한 장면이나 상황, 사건과 연상되는 요소와 실체를 관련시킨다(Fillmore 1985: 226-230).

관찰의 두 국면으로 간주된다.

'순차 주사'는 실시간 조망 경험의 실재적 본성을 나타낸다. 이 경우에는 주어진 어떤 순간에든 단지 하나의 성분 상태에만 접근 가능하다. 우리가 사건을 순차적으로 바라볼 때, 연속적인 상태들은 단기 기억 속에 저장되며, 이는 요약적인 방법을 통해 나중에 접근할 수 있는 일시적 기록을 생성한다. 따라서 우리는 둘 중의 한 주사 방법에 초점을 맞추기로 선택함으로써 사건을 개념화하는 방안을 갖는다. 어떠한 방법이 지배하는가에 따라, 우리는 그 사건의 내제적인 순차성을 부각할 수도 있고, 전체적인 해석을 부과할 수도 있다.

정병철(2009: 73)에서는 동사의 시뮬레이션 과정을 다음과 같이 도식화해서 나타냈다.

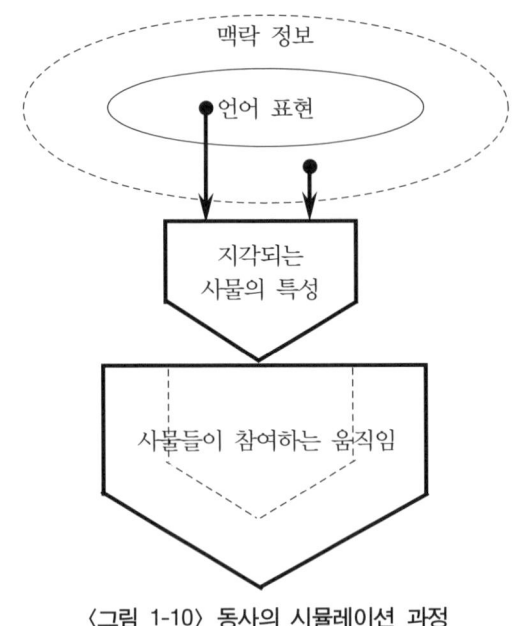

〈그림 1-10〉 동사의 시뮬레이션 과정

<그림 1-10>에서 동사는 언제나 움직임에 대한 시뮬레이션을 통해 해석되는데(정병철 2009: 67), 그 체험적 기반이 '사물들이 참여하는 움직임'과 '지각되는 사물의 특성'을 통해서이다. 다른 말로, 동사는 직, 간접 이동에 대한 체험이 반영되며, 그 언어 표현을 통해 시뮬레이션된다.

예를 들어, '가다'는 '산길을 가다'에서처럼 어떤 경로를 이동하는 신체의 경험에 대한 시뮬레이션을 발생시킬 수 있지만, '비행기가 남쪽으로 가고 있다'에서는 외부 대상의 이동을 지각하는 경험에 대한 시뮬레이션을 발생시킬 수도 있다(정병철 2009: 67). 이러한 시뮬레이션의 과정을 전제하는 것은 동사 자체에 의미보다는 더 폭넓게 동사의 의미를 살펴보아야 한다는 것을 말한다.

'시뮬레이션'은 신체적 상태를 회복하고, 그러한 다중양식 상태를 이용하는 작용을 수행하기 위해 뇌가 수행하는 다목적의 연산을 표상한다(Evans 2009: 178). 곧 보게 되듯이, 다중양식 상태는 기록된 지각적 상태에 존재하지 않는 개념화를 제공하기 위해 시뮬레이션에서 조작될 수 있다. 예컨대, *In France, Bill Clinton would never have been harmed by his affair with Monica Lewinsky*(프랑스였더라면 빌 클린턴은 모니카 르윈스키와의 관계 때문에 명예가 훼손되지는 않았을 것이다.)처럼, 유추적 반사실문 같은 현상이 적절한 예이다. 이 예문에 대한 설명은 시뮬레이션이 새로운 시나리오, 범주, 추리를 생산하기 위해 어떻게 기존의 지식 표상들을 이용하는지를 보여주려는 한 가지 시도이다.

5. 개념적 은유 및 환유 이론

전통적 견해에서 '은유'는 단지 비문자적 언어의 제한된 양상에만 속하는 것으로 이해되고, 대개 체계적으로 연구될 수 없는 영역으로 다루어진다. 이와 대조적으로, '인지언어학' 접근법에서는 '은유'를 언어에서 널리 반영되는 인간 인지의 근본적인 양상으로 다룬다.

'개념적 은유 이론(Conceptual Metaphor Theory)'은 개념적으로 한 대상을 다른 대상을 통해 인지하는 것을 말하며, '신체화'를 통해 구체적 영역의 관점에서 추상적 영역을 특징짓는다(Geeraerts & Cuyckens 2007: 32). 이것의 기본 발상은 은유가 단순히 수사적 표현이 아니라, 우리의 사고나 개념 자체가 본질에 있어서 은유적이라고 주장한다(임지룡 2008: 165). 이 견해에 따르면, 개념적 구조는 '영역횡단 사상(cross-domain mapping)', 즉 개념적 영역들 간의 대응관계에 따라 조직된다.

Lakoff & Johnson(1980: 156)은 두 가지 이유로 은유에 대한 기존 언어학자들의 사고방식을 바꾸어 놓았다.

(27) a. 은유적 언어가 심층적인 은유 체계와 관련 있는 것처럼 보인다.
　　 b. 개념적 은유가 우리와 세계 사이의 일상적인 상호작용의 본질에 토대를 둔다.

Lakoff & Johnson(1980)의 연구 이래로 개념적 은유는 '한 개념 영역을 다른 개념 영역으로 개념화하는 장치'로 정의되는데(Lee 2001: 8), 이 경우 개념적 은유는 두 가지 개념적 영역으로 구성된다. 즉, 우리가 인지하려고 하는 개념적 영역을 '목표영역(target domain)'으로, 이 목적을 달성하기 위해 우리가 사용하는 개념적 영역을 '근원영역(source domain)'

이라고 명명한다.

'개념적 은유'에 대한 연구는 Kövecses(2002)에서 영어를 대상으로, 일상적으로 나타나는 '근원영역'과 관련된 공통점이 '인간의 신체'(the heart of the problem(문제의 심장)), '동물'(a sly fox(교활한 여우)), '식물'(the fruit of her labour(노동의 열매)), '음식'(He cooked up a story(그는 이야기를 요리해 냈다)), '힘'(Don't push me!(나를 밀지 마라)) 등으로 나타남을 살펴보았다. 그리고 '목표영역' 내에서 일상적으로 나타나는 공통점이 '감정'(She was deeply moved(그녀는 깊이 감동되었다)), '도덕성'(She resisted the temptation(그녀는 유혹을 참았다)), '사고'(I see your point(나는 너의 요점을 이해한다), '인간관계'(They built a strong marriage(그들은 강력한 결혼 생활을 건설하였다)), '시간'(Time flies(시간은 날아간다)) 같은 개념적 범주임을 확인한 바 있다(Kövecses 2002: 16-25). 이 결과는 '개념적 은유'가 우리의 사고 체계에 익숙하게 스며있는 동시에, '개념적 은유'가 근원영역과 목표영역 간의 체계성을 가지고 나타난다는 사실을 알 수 있다.

여기에서 '사상(mapping)'이란 '한 대상에서 다른 대상으로는 개념적 전이(임지룡 2008: 175)'를 이르는 것으로, 주로 '개념적 은유' 이론에서 '마음'이나 '사랑'과 같은 추상적 대상을 이해하는 인지 기제로 설명되었다. 이것을 도식화하면 다음과 같다.

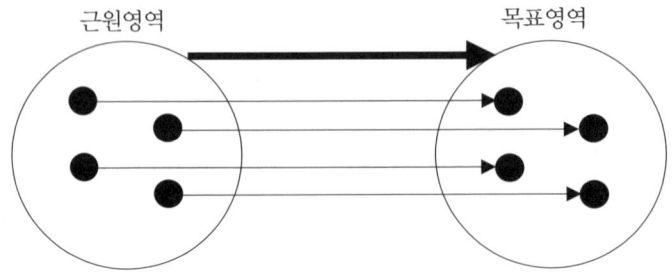

〈그림 1-11〉 개념 영역 간의 '사상'

<그림 1-11>은 '개념적 은유' 이론의 도식을 나타내며, '근원영역'에서 '목표영역'으로 나타나는 화살표는 '사상'을 나타낸다. 이 이론에서 '목표영역(target domain)'은 표현하려는 영역으로 추상적, 심리적, 주관적이며, '근원영역(source domain)'은 일상 경험에서 나온 것으로 구체적, 물리적, 감각 운동적인 특성을 가진다(임지룡 2008: 168). '사상'의 동기는 두 영역 간의 '유사성(similarity)'을 통해 '근원영역'과 '목표영역'을 이어준다.

은유적 '사상(mapping)'은 목표영역의 고유한 구조와 일치하는 방식으로 체계적으로 근원영역의 인지적 위상을 보존한다(Lakoff 1993: 215).[20] 즉, 물리적 이동에 대한 경험이 언어로 표현되고, 확장되어 우리의 사고를 풍부하게 한다.[21]

'먹다'를 예로 들면 다음과 같다(임지룡 1992: 211-212 참조).

---

20 Lakoff(1993: 215)에서는 이러한 제약을 '불변성 원리(Invariance Principle)'라고 명명하였다.
21 이것은 '영상도식(image schema)'의 원리가 함께 작용함을 나타낸다. 즉, 우리가 사고하는 추상적 사고와 추론이 '영상도식'을 가지는 것으로 간주되고, 더 나아가 신체적 기초를 가지는 것으로 간주된다는 것이다(Evans & Green 2006: 300-301).

(28) a. 밥을 먹다.
　　 b. 담배를 먹다.
　　 c. 뇌물을 먹다.
　　 d. 욕을 먹다.
　　 e. 마음을 굳게 먹다.
　　 f. 겁을 먹다.
　　 g. 나이를 먹다.
　　 h. 더위를 먹다.
　　 I. 한 골 먹다.
　　 j. 종이가 물을 먹다.
　　 k. 두 섬 먹다.
　　 l. 녹(祿)을 먹다.

예문 (28b-l)에서 '먹다'는 원형 의미 (28a)에서 확장되어 나타난다. 즉, (28b-l)은 '밥' 대신에 '담배', '뇌물', '욕', '마음', '겁', '나이', '더위', '골', '종이', '섬', '녹'이 나타나며, '먹다'의 행위가 확장되어 인식된다. 이 중에서 '욕을 먹다'를 개념적 은유의 도식으로 나타내면 다음 그림과 같다.

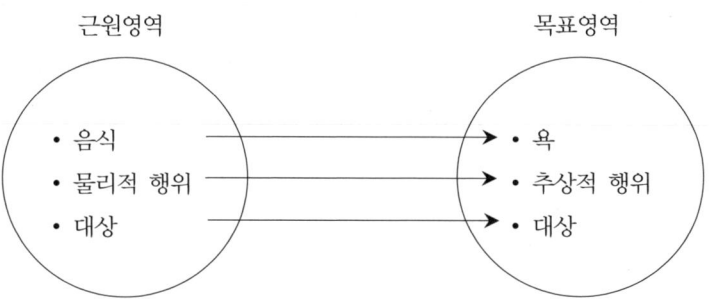

〈그림 1-12〉 '욕을 먹다'의 개념적 은유 도식

<그림 1-12>는 (28d)에서 제시한 '욕을 먹다'의 의미가 '밥을 먹다'와 같이 구체적인 실례에서 '사상(mapping)'[22]을 통해 의미가 확장된 것을 나타냈다. 이 그림에서 근원영역 내에 '음식', '물리적 행위', '대상'은 경험적 측면에서 신체화된 개념으로 '사람이 음식을 먹는 행위'를 나타낸다. 이 속성들은 '욕을 먹다'라는 표현을 이해할 때 그 의미가 사상되는데, 특히 행위의 측면에서 '밥을 먹다'가 물리적이라면, '욕을 먹다'는 추상적인 양상을 띤다. (28)의 나머지 예들도 그 행위가 추상적이라는 점에서는 유사한 양상을 띤다.

다음으로 '개념적 환유(Conceptual Metonymy)'는 개념적으로 인접한 다른 양상이나 요소를 대신하여 지칭하는 것을 말한다.[23] 이것 역시 본질상 개념적 체계로 간주된다. 다음 예를 살펴보자(Evans & Green 2006: 311 참조).

(29) The ham sandwich has wandering hands.
   (저 햄 샌드위치가 무엇을 원하는지 종잡을 수 없다.)

(29)에서 'the ham sandwich'는 '햄 샌드위치를 주문한 사람'을 가리킨다. 이렇게 언어로 표현된 환유의 예는 본질상 '지시적(referential)'이다. 즉, '한 실체(손님이 주문한 항목)'는 '다른 실체(손님)'를 대표한다. 이것은 환유가 언어 층위를 망라한 개념 층위의 문제이며, 은유보다 더 기본적

---

22 '사상(mapping)'이란 '한 대상에서 다른 대상으로는 개념적 전이(임지룡 2008: 175)'를 이르는 것으로, '마음'이나 '사랑'과 같은 추상적 대상을 이해하는 인지 기제로 설명된다.
23 '환유'는 전통적으로 수사학에서 비유의 하나로 처리되었으며, 대표 관계로 간주되었다. 하지만 '인지언어학'에서는 '환유'가 개념적 현상임을 밝혀내었으며, 이를 통해 단순히 언어 표현만을 처리하는 것을 넘어 인간의 사고 과정을 파악할 수 있는 계기를 제공하였다(Geeraerts & Cuyckens 2007: 236-263).

이고 체계적인 현상이며, 의미 확장의 근간이 되는 지위를 갖는다(임지룡 2008: 194)는 것을 말한다. 따라서 '개념적 환유'는 하나의 개념 영역에 있는 어떤 양상이나 요소를 언급하면서 그것과 인접성 관계에 있는 다른 양상이나 요소를 대신하여 지칭하는 것을 말한다(임지룡 2008: 220).

'개념적 환유'는 다음과 같은 성분을 포함해야 한다(Geeraerts & Cuyckens 2007: 242).

> (30) a. 개념적 환유는 한 인지영역 내에서 근원개념이 목표개념에 접근을 제공하는 인지과정이다.
> b. 근원개념과 목표개념 간의 관계는 우연적이다. 즉, 원칙적으로 파기 가능하다.
> c. 목표개념이 전경화되고, 근원개념은 배경화된다.
> d. 근원개념과 목표개념 간의 환유적 연결의 세기는 특히 근원과 목표 간의 개념적 거리와 환유적 근원의 현저성에 따라 다를 수 있다.

'머리'를 예로 들면 다음과 같다(임지룡 2008: 145).

> (31) a. **머리**를 헤아리다. (부분-전체)
> b. **머리**가 세다. (장소-부속물)
> c. **머리**가 영리하다. (수단-기능)
> d. **머리**에 새기다. (전체-부분)

예문 (31)에서 '머리'는 사람 신체를 가리키는 '머리'의 원형 의미에서 확장된 것으로, (31a)에서 '사람 수', (31b)에서 '머리카락', (31c, d)에서 '두뇌'를 가리킨다. (31)에서 '머리'가 가지는 의미는 후행하는 '헤아리다', '세다', '영리하다', '새기다'를 통해 환기되며[24], 이를 통해 '머리'의 의미는 확장된다.

이와 같이 '개념적 환유'는 '개념적 은유'와 마찬가지로 우리 인지 체계에 기반한 인지과정으로, 우리의 사고를 풍부하게 하는 하나의 기제로써 의미 확장의 바탕을 이룬다. 특히 '사상'은 '가상이동'과 같은 이동 인식을 가능하게 해 주는 인지 기제로, 우리의 경험 확장을 이끈다.

6. 개념적 혼성 이론

'개념적 혼성(Conceptual Blending)'은 Fauconnier & Turner(2002)의 *The Way We Think*에서 새롭게 등장한 이론이다. 이것은 '의미 구성'의 동적인 양상에 관여하는 것으로, '의미 구성(meaning construction)'이란 전형적으로 부분의 합 이상의 것을 발생시키는 구조의 통합을 수반한다 (Evans & Green 2006: 400). 이 접근법은 '개념적 은유 이론'과 '정신 공간'[25] 이론에서 타당하게 설명하지 못하는 현상을 극복하기 위하여 개발되었다. 다음의 예를 살펴보자.

(32) That surgeon is a butcher. (저 외과의사는 도축자이다.)

(32)의 예에서 '근원영역'에서 '목표영역'으로 이루어지는 사상을 아래

---

24 Langacker(1987: 31)는 '개념적 환유'를 '활성역(active zone)'으로 설명한다. 여기에서 '활성역'이란 특정한 관계에 직접적으로 참여하는 특정 부분을 말한다(김동환 2013: 204).
25 '정신공간(mental space)'은 '우리가 생각하고 이야기할 때 국부적 이해와 행동을 목적으로 구성되는 작은 개념적 꾸러미'로 정의되는데(Fauconnier & Turner 2002: 40), '개념적 혼성 이론'의 효시이다.

표와 같이 살펴볼 수 있다.

〈표 1-3〉 'That surgeon is a butcher'의 사상

근원영역: 도축자	사상	목표영역: 외과의사
도축자	→	외과의사
식칼	→	메스
짐승의 몸통	→	사람 환자
몸통 절단	→	수술

이 예는 실제로 부정적인 평가를 암시하는데(Evans & Green 2006: 401-402), 이러한 부정적인 평가는 '개념적 은유 이론'에 어려움을 제기한다. 즉, 이러한 평가는 '근원영역'인 도축자에게서 도출되는 것처럼 보이지 않는다. 따라서 이러한 한계를 보완하기 위해 '개념적 혼성 이론'이 제안되었고, '개념적 혼성 이론'은 <그림 1-13>과 같은 도식을 가진다.

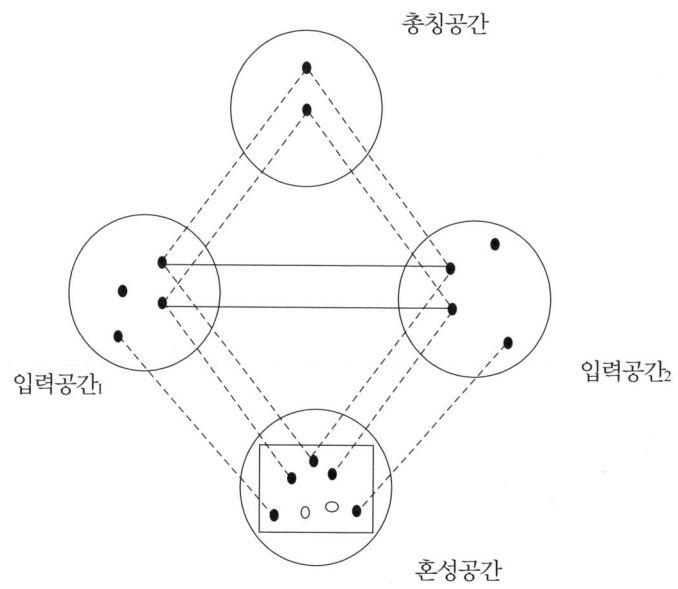

〈그림 1-13〉 개념적 혼성의 통합 연결망

<그림 1-13>과 같이 '개념적 혼성 이론'은 두 개의 '입력공간(input space)'과 '총칭공간(generic space)' 그리고 '혼성공간(blended space)'으로 조직되는데, 각 '입력공간'의 요소들은 구조화된다. 두 '입력공간' 사이에 공유하는 추상적인 구조는 '총칭공간'에 반영되고, 각 '혼성공간'은 두 '입력공간'의 요소들이 선택적으로 투사되어 형성된다.[26] 이러한 공간을 설정함으로써 능동적이고, 실시간의 의미 구성을 상세하게 살펴볼 수 있는 이점이 있다. 즉, '통합 연결망(integration network)'을 통해 의미 구성의 동적인 양상을 설명하려는 시도이다(임지룡 2008: 362).

'개념적 혼성 이론'은 동적인 실시간 개념화에 수반되는 인지 과정을 탐구하는 분명하고 정교한 모형이다(Tyler 2012: 216-217). 여기에서 개념적 혼성은 개념적 층위에서 작동하는 인지 과정으로서, '동일성(identity)', '통합(integration)', '상상력(imagination)'의 작용을 통해 이해된다.[27] 이 개념적 층위는 언어를 통해 이해되는데, 언어는 개념적 층위에서 상상적 통합을 위한 촉진제 역할을 한다. 개념적 혼성은 개념적 층위의 구조적・동적 원리를 나타내는 것으로 '공간횡단 사상', '선택적 투사', '발현구조의 생성' 등을 포함한다.

첫째, '공간횡단 사상(cross-space mapping)'이란 입력공간들 사이의 체계적 대응을 말하는데, 여기에서 '사상'은 전체 혹은 부분적이다. 둘째, '선택적 투사(selective projection)'란 입력공간들이 투사되어 '혼성공간'

---

26 '혼성공간'에는 '총칭공간'에서 포착되는 총칭구조가 들어 있지만, '혼성공간'에는 '총칭공간'보다 더 특이한 구조가 들어 있으며, 이를 '발현구조(emergent structure)'라고 부른다. '발현구조'는 입력공간에 투사되지 않는 새로운 요소들을 포함한다(김동환 2013: 473-474).

27 '동일성(identity)', '통합(integration)', '상상력(imagination)'은 하나의 통합된 사물을 어떻게 지각적으로 이해할 수 있는지에 대한 설명력을 제공한다(Fauconnier & Turner 2002: 6-7).

을 생성하는 것이다. 셋째, '발현구조(emergent structure)의 생성'이란 입력공간에 없는 속성들이 '혼성공간'에 나타나는 것을 말한다. 이처럼 '개념적 혼성'이란 '혼성공간'에서 '발현구조'를 만드는 동적 과정을 살펴보는 인지과정으로, '개념적 혼성'이 '발현구조'를 창조하는 방식은 '입력공간 구축→ 입력공간 연결→ 혼성공간 형성→ 발현구조 창조'로 제시할 수 있다(임지룡 2008: 364).

'개념적 혼성 이론'을 통한 담화 분석은 영어에서 다양하게 적용되었는데[28], 아래에서는 '논쟁'과 관련된 예이다(Fauconnier & Turner 2002: 59-62).

 (33) 저는 이성이 자체 발달적 능력이라고 주장합니다. 칸트는 이 점에서 저와 의견이 다르죠. 그는 이성이 선천적이라고 말하지만, 저는 그것이 논점을 교묘하게 회피하는 것이라고 대답합니다. 이에 대해 칸트는 『순수이성비판』에서 선천적인 관념만이 힘을 가진다고 반박했습니다. 하지만 저는 그렇다면 뉴런 집단 선택은 어떻게 되느냐고 묻습니다. 그는 아무런 답변도 하지 못하죠.

예문 (33)을 살펴보면, 한 입력공간에는 현대 철학자가, 다른 입력공간에는 칸트가 있다. 하지만 (33)에는 논쟁과 관련된 내용이 없다. 그렇지만 두 개의 '입력공간'이 혼성되면, '혼성공간'에는 논쟁 프레임이 발생한다. 논쟁이 가상적이긴 하지만, '혼성공간'에서 현대 철학자는 논쟁에서 이기

---

[28] 김동환(2013)에서는 담화뿐만 아니라 구문, 일상 은유, 시적 은유, 아이러니, 유머 등을 살펴보는 데에도 개념적 혼성이 유용하다고 주장한다. 또한 Journal of Pragmatics(2005)의 특별호에서 개념적 혼성 이론을 적용하여 아동의 놀이, 미크로네시아 항해 체계, 수학을 분석하는 방법을 다루었다(Tyler 2012: 217 재인용). 이처럼 개념적 혼성 이론은 여러 영역에서 그 실효성을 입증 받고 있다.

고, 거의 승리는 그의 생각이 더 낫다는 것을 입증한다(Fauconnier & Turner 2002: 60-61). 이것을 '개념적 통합 연결망'으로 나타내면 <그림 1-14>와 같다.

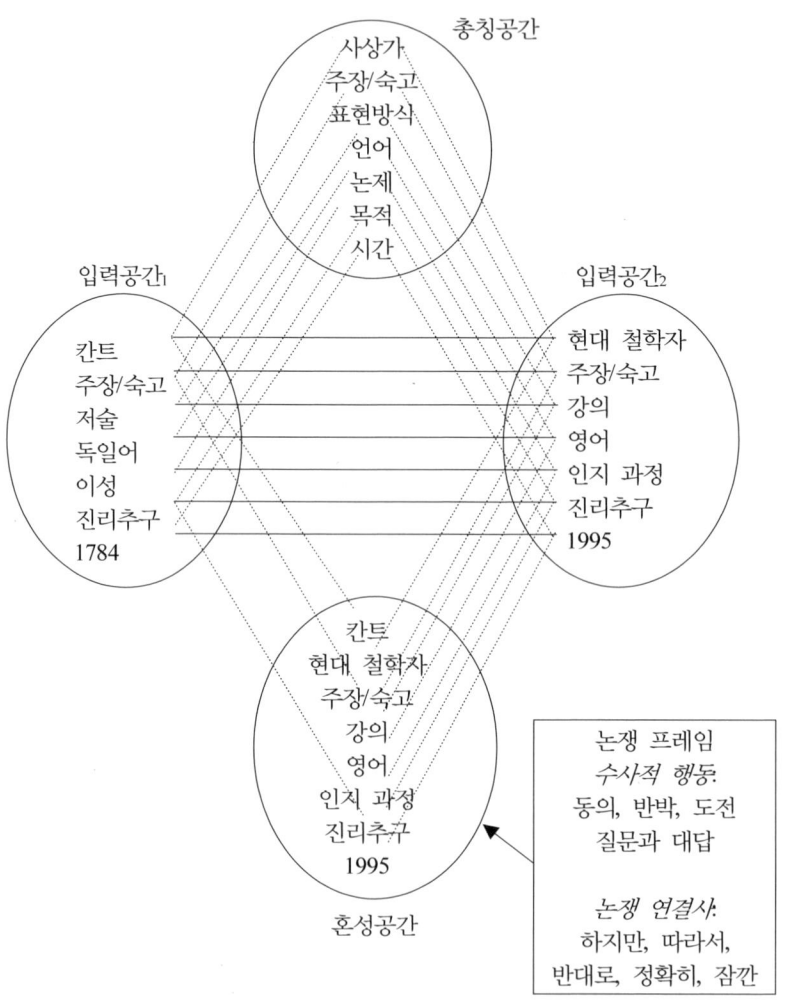

〈그림 1-14〉 '칸트와의 논쟁' 연결망

'개념적 혼성 이론'을 한국어에 적용한 예는 다음과 같다(정수진·송현주 2012: 96-97 인용).

  (34) 넘겨도 넘겨도...목 마르다
     홈런 갈증은 풀었지만 아직 목이 탄다. 19일 잠실구장에서 열린 삼성과 두산의 경기. 이승엽이 시즌 2호포를 터트렸는데도 삼성은 2대 7로 져 4연패에 빠졌다.

예문 (34)는 야구 경기와 관련된 기사인데, '신체적 목마름, 홈런에 대한 갈망, 팀 승리에 대한 열망'을 '넘겨도 넘겨도 목마르다'라는 표현으로 함축적으로 나타냈다. 이 표현은 '이승엽' 선수가 신체적 목마름과 홈런에 대한 갈망은 해소했으나 팀 승리에 대한 열망은 충족되지 못함을 나타낸다(정수진·송현주 2012: 97).

  이와 같이 '개념적 혼성'은 '개념적 환유 및 은유'보다 폭넓은 의미를 설명해 주는 인지 기제이다. 특히 '가상이동' 표현을 통해 이해되는 이동의 의미는 '개념적 혼성'의 도식을 통해 살펴볼 수 있다.

7. 구문문법

'구문문법(Construction Grammar)'[29]은 인지언어학 내에서 통사적 표상 이론을 제공하는데[30], '구문'은 구조화되지 않은 목록이 아니라, 언어

---

[29] '구문문법'은 Fillmore, Kay & O'Connor(1988), Fillmore & Kay(1993), Kay & Fillmore(1999), Fillmore et al.(2009)에서 개발한 이론으로, Fillmore, Kay & O'Connor(1988)에서 구문문법의 기본 원리를 상세히 설명하고 있다.

[30] '구문문법'은 생성문법 이론에서 '성분분석 모형(componential model)'에 대한 반

의 관습에 대해 화자가 가진 지식의 구조화된 목록을 형성한다(Langacker 1987: 63-76). 즉, 화자의 마음속에는 모든 문법적 지식에 대한 일관성 있는 표상인 '구문'이 있다. 이것은 낱말에서부터 가장 일반적인 통사·의미에 이르기까지 '구문'으로 표상될 수 있다(Croft 2007: 470).

'구문'은 다음과 같이 정의된다(Goldberg 1995: 4).

> (35) 만약 C가 Fi의 어떤 양상이나 Si의 어떤 양상이 C의 성분 부분이나 이전에 설립된 다른 구문으로부터 엄격하게 예측될 수 없는 형태-의미 쌍 <Fi, Si>이면, C는 구문이다.

(35)에서 F는 '형태(form)'를 표상하고, S는 '의미(semantics)'를 표상한다. 이에 따라 <F, S>는 상징 단위를 나타낸다. 여기에서 구문은 형태소에서 문장에 이르기까지 그 범위를 넓게 상정한다. 그리고 '구문'은 단순한 상징 단위와 복잡한 상징 단위를 구분하지 않는다. 즉, '어휘부-문법 연속체'를 가정한다.[31]

'구문문법'은 문법적 구조의 형태와 의미를 포함해 어떠한 문법 구조에도 적용할 수 있는 구문의 개념을 일반화했다. '구문문법'은 문법 구조와 의미의 쌍인 '구문'이 통사적으로 기본 형태이며, '구문'이 그 자체의 의미를 가진다고 주장한다. 이러한 사고방식은 문장 이해 시간, 언어습득과 관련된 연구 결과를 통해 '구문'이 그 구문에 나타난 어휘들과는 별개

작용으로 등장했다.
[31] '구문문법'은 다음의 장점이 있다(Goldberg 1995: 32-40). 첫째, 부적절한 동사 의의(senses)를 피할 수 있다. 둘째, 순환성을 피할 수 있다. 셋째, 의미적 경제성을 가진다. 이러한 장점들은 sneeze와 같이 자동사로 분류되지만, *Lily sneezed the birthday cards off the mantelpiece.*(릴리는 재채기해서 생일카드를 벽난로 선반에 떨어지게 했다.)와 같이 예외적으로 나타나는 경우, 구문 'X는 재채기를 해서 Y를 Z로 이동하도록 초래한다'를 통해 이해할 수 있음을 나타낸다.

의 의미를 가진다고 볼 수 있음을 말한다. 즉, '구문'은 인간 경험에 본질적인 장면을 지시한다(Goldberg 1995: 39).

'구문문법'에서 언어의 기본 단위는 구문으로 간주한다. Goldberg (1995)는 아래에 제시한 이중타동 구문으로 이를 예증한다.[32]

(36) a. Joe gave Sally the ball. (조는 샐리에게 공을 주었다.)
    b. Joe painted Sally a picture. (조는 샐리에게 그림을 그려 주었다.)
    c. Bob told Joe a story. (밥은 조에게 이야기를 해 주었다.)

예문 (36)은 이중타동 구문의 예로, 전형적으로 행위자 논항이 '수용자(recipient)'에게 '목적어(object)'가 전달되도록 하는 행위를 야기한다(Goldberg 1995: 32)는 것이다. 이에 따라 이중타동 구문은 <소유의 전이>라는 원형적 의미를 가지는데, 통사적으로 통일된 이 구문에서 의미적 변이가 있다(Goldberg 1995: 38).

(37) SBJ는 OBJ1에게 OBJ2를 받도록 한다:
    Joe gave Sally the ball. (조는 샐리에게 공을 주었다.)

(38) SBJ는 OBJ1에게 OBJ2를 받도록 한다는 것을 암시한다:
    Joe promised Bob a car. (조는 밥에게 자동차를 약속했다.)

(39) SBJ는 OBJ1에게 OBJ2를 받는 것을 가능케 한다:
    Joe permitted Chris an apple. (조는 크리스에게 사과를 먹도록 허락했다.)

---

[32] Goldberg(1995)는 '이중타동(distransitive) 구문', '사역이동(caused motion) 구문', '결과(resultative) 구문' 그리고 'way 구문'을 논의하였다.

(40) SBJ는 OBJ1에게 OBJ2를 받지 못하게 한다:
Joe refused Bob a cookie. (조는 밥에게 쿠키 주는 것을 거절했다.)

(41) SBJ는 OBJ1에게 OBJ2를 받도록 하고자 의도한다:
Joe baked Bob a cake. (조는 밥에게 케이크를 만들어 주었다.)

(42) SBJ는 어떤 미래 시점에서 OBJ1에게 OBJ2를 받을 수 있도록 행동한다:
Joe bequeathed Bob a fortune. (릴리는 밥에게 큰 재산을 남겼다.)

예문 (37)은 이중타동 구문에서 원형으로 간주되고, 예문 (38)-(42)는 (37)에서 의미적으로 확장된 구문들이다. 그리고 각각의 확장된 구문들은 순차적으로 확장되는 것이 아니라 방사 범주[33]를 구성한다. 즉, 구문에서 다의성은 한 구문의 의미가 중심적이고 다른 의미는 그것으로부터 확장된다.

이러한 구문의 다의성을 '가다'에 적용해 보면 다음과 같다. '가다'는 한 장소에서 다른 장소로의 이동을 나타내는 동사로, 'NPagt. NPloc –V다'의 구문으로 나타낼 수 있다. 이에 따라 '가다'의 구문은 4가지 유형의 실례가 나타난다(정주리 2005: 279).

(43) a. 장면 1: <행위자><출발점> 'NP가 NP에서 –가다' (그들은 거기에서 다른 곳으로 갔다.)

b. 장면 2: <행위자><목적을 나타내는 부사구> 'NP가 –VP러 –가다'

---

[33] '인지의미론(Cognitive Semantics)'에서 낱말 의미는 전형적으로 다의적이며 원형과 주변 의미가 '방사 범주(radial category)'를 형성하며 그 의미들이 관습화되어 있다고 주장한다(Evans & Green 2006: 331-333). 여기에서 구문은 형태소에서 문장에 이르기까지 적용되므로, 구문 역시 원형에서 주변으로 방사 범주를 구성한다고 간주된다.

(나는 학교가 끝나고 소를 먹이러 갔다.)
  c. 장면 3: <행위자><지향점> 'NP가 NP로 –가다' (나는 잠깐 망설이다가 침대로 갔다.)
  d. 장면 4: <행위자><도착점> 'NP가 NP에 –가다' (그녀는 운전연습을 하고 하얀성당에 갔다.)

 (43)은 '가다'와 함께 나타나는 구문의 예로, 이동의 의미 속성들인 '행위자, 출발점, 목적을 나타내는 부사구, 지향점, 도착점'들이 함께 나타난다. (43)에서 제시한 각각의 장면들은 서로 간에 연결되는데, <장면 1>에서 <장면 2>는 이동의 당연한 이유와 관련 있다. 그리고 <장면 2>와 <장면 3>은 시간의 경과, <장면 3>과 <장면 4>는 시간과 거리와 관련 있다 (정주리 2005: 283). 즉, '가다'는 각각의 장면에 따라 그 의미가 확장되어 나타난다.
 '가다'에서 살펴본 '이동은 누군가가 다른 장소로 움직이다'는 의미를 가지며, '주어 부사어 서술어'의 구문으로 나타난다. 여기에서 부사어는 이동의 '경로'를 나타낸다. 이것은 아래 <표 1-4>와 같이 정리된다.

<표 1-4> '실제이동'의 구문

이동 구문	기본적 경험	구문
실제이동	행위자가 출발점에서 경로를 따라 도착점으로 움직이다.	$NP_{agt.}\ NP_{loc}\ -V$다

제2장
가상이동

1. 가상이동의 개념

'가상이동(fictive motion)'[1]은 비이동체를 이동으로 인식할 수 있는 인지 능력으로, '실제이동'의 경험을 기반[2]으로 나타나는 '비사실적 현상(nonveridical phenomena)'(Talmy 2000)[3] 중 하나이다. 즉, '가상이동'은

---

[1] 이 글에서 '가상적(fictive)'이라는 말은 인간이 실제 대상을 어떻게 지각하는지를 보여주는 한 방식이다. 여기에서 '지각(perception)'은 의식적인 감각 경험(김정오 외 옮김 2012: 8)으로, 어떤 대상에 대해 발생하는 복잡한 과정들의 결과물이다. 예를 들어, 꽃에 앉은 나비를 봤다면, 그것이 나방인지, 나비인지 혹은 어떤 나비인지를 관찰하려고 가까이 다가가는 과정 전체를 '지각'이라고 한다. 앞의 예를 다시 정리해 보면, '나비를 보는 과정(관찰)', '나비를 구별하는 과정(주의)', '최종적으로 나비로 판별(해석)' 등의 여러 가지 처리과정이 나타난다. 즉, 우리가 어떤 대상을 지각한다는 것은 결과적으로 우리의 능동적인 '해석'의 과정이 작용함을 말한다.

[2] 마음의 작용은 몸의 활동으로부터 비롯되며, 그것에 의해 제약된다. 이러한 의미에서 우리의 이성과 의미는 모두 신체화되어 있다(노양진 2001: 263).

[3] '비사실적 현상'은 상상력과 관련되는데, 상상력은 사전에서 "실제로 경험하지 않

'한 개인의 인지체계 내에서의 불일치(Talmy 2000: 99)'를 말한다.

'가상이동'은 '실제이동'의 경험에 기반하는데, 각각의 이동을 살펴보면 다음과 같다(Langacker 2008: 529).

(1) a. An ugly scar runs from his elbow to his wrist.
   (추한 흉터가 그의 팔꿈치부터 팔목까지 달린다.)
   b. An ugly scar runs from his wrist to his elbow.
   (추한 흉터가 그의 팔목부터 팔꿈치까지 달린다.)
   c. The pitcher ran from the bullpen to the mound.
   (그 투수는 불펜에서 마운드로 달렸다.)

은 현상이나 사물에 대하여 마음속으로 그려 보는 힘."으로 정의된다. 또한 상상력은 여러 사전들에서 다음과 같이 정의된다(네이버 지식백과 참조).

① 『한국현대문학대사전』: 지성의 창조적인 능력. 정서와 지성, 때로는 감각을 중심으로 하여 여러 체험(體驗) 요소들을 종합하고 조직해서 새로운 초월적 가치를 창조하는 능력.
② 『칸트사전』: 대상을 그 현전이 없어도 직관 속에서 표상하는 능력이며, 다양을 하나의 형상(Bild)에로 가져오는 능력.
③ 『세계미술용어사전』: 감성적(感性的) 경험을 오성(悟性)의 범주에 매개하는 능력.
④ 『소설학 사전』: 이미지를 획득하거나 그것을 창조하는 능력, 또는 그러한 이미지를 고안하는 과정을 주관하는 힘.
⑤ 『두산백과사전』: 마음속에서 눈에 보이지 않는 것의 영상(映像)을 만들거나 경험을 초월한 세계를 만드는 정신적 능력.
⑥ 『위키백과사전』: 눈에 보이는 것이 없고 귀나 다른 감각기관에서 느낄 수 있는 것이 없을 때, 정신적인 이미지와 감각과 개념을 형성하는 능력.
⑦ 『헤겔사전』: 인간의 자유의 나타남이지만, 또한 그런 까닭에 인간을 현실에서 소외시키는 양면성을 지닌 것.
⑧ 『현상학사전』: 인간적 의식의 본질적 작용.

위의 정의를 바탕으로 '상상력'은 사전의 성격에 따라 차이는 있지만, 인간의 몸, 즉 감각적인 경험을 바탕으로 새로운 이미지나 그것을 초월한 세계, 가치를 창조하는 능력으로 정리된다. 이것은 '가상이동'의 정의와 유사한 부분이 있는데, 현실에 바탕으로 두고 대상을 인식한다는 점이다.

예문 (1)은 이동동사 run과 경로를 나타내는 from, to의 쓰임을 통해 이동의 상황을 나타낸다. (1a, b)는 '가상이동'의 예로, 비이동체인 an ugly scar가 주어로 나타나며, (1c)는 '실제이동'의 예로, 이동체인 the pitcher가 주어로 나타난다. 그리고 (1)에서 이동동사 run과 from, to에 대한 인식은 유사해 보인다. 즉, '실제이동'과 '가상이동'에서 그 전경의 이동 유무에 따라 이동의 인식이 다르게 나타난다는 것을 살펴볼 수 있다. 이것은 '실제이동'의 경험이 어떻게 확장되어 나타나는지를 살펴볼 수 있는데, (1)을 통해 이동체에서 비이동체로 인식이 나타난다는 것은 실제 대상에 대한 시각적 확장으로 간주된다.

이를 바탕으로 '실제이동'과 '가상이동'의 도식을 나타내면 다음과 같다(Langacker 2008: 529-530).

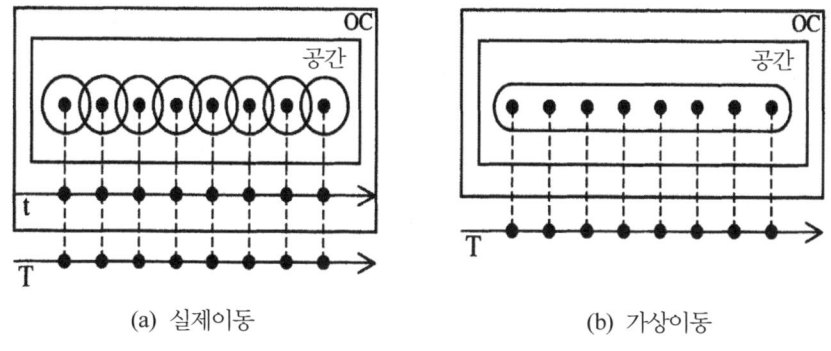

〈그림 2-1〉 '실제이동'과 '가상이동'의 도식

<그림 2-1>는 동일한 '객관적 내용(OC)'과 '처리시간(T)'을 가진다. 우선 <그림 2-1a>는 '실제이동'의 도식으로, 소문자 t는 '개념화 시간'을 나타내는데, '개념화 시간(conceptualization time)'이란 그 시간에 따른 이동의 주사를 말한다. 즉, <그림 2-1a>에서 개념화자는 이동체가 경로를

동일하게 '주사(scanning)'하는 것으로 인식한다. 다음으로 <그림 2-1b>는 '가상이동'의 도식으로, 개념화자는 각 위치들의 경로를 따라 주사하지만 그 경로는 전체적인 형상을 나타낸다. 즉, 개념화자는 <그림 2-1b>에서 관찰 대상인 비이동체의 형상을 구축한 후에 나타나는 경로를 따라 주사한다.

<그림 2-1>의 도식을 통해 '가상이동'은 한정된 공간에서 객관적 상황에 둘러싸여 있고, 처리 시간에 따라 어떤 방향으로 이동하고 있는 것으로 인식된다. 그리고 각각의 대상은 전체로 인식된다. 반면 '실제이동'은 각각의 대상이 독립적이고, 연결되어 있는 것으로 인식된다. 이를 통해 '가상이동'은 '처리시간(T)'에 따라 이동하고 있는 것으로 이해된다.

'실제이동'에서 나타나는 속성은 '이동 사건(motion event)'의 틀에서 그 의미를 파악할 수 있다(Fillmore 1982, 1985; Talmy 1985, 1991, 1996, 2000; Choi & Bowerman 1991, 임지룡 2000, 임태성 2012, 2013, 2015a, b). Talmy(1985: 61)는 '이동 사건'의 틀에서 나타나는 의미 속성[4]을 [전경], [배경], [경로], [이동] 및 [방식], [원인]으로 나누어 살펴보았는데, 이것을 정리하면 다음과 같다.

(2) a. 전경(figure): 다른 물체와 관련하여 실제 움직이거나 움직이지 않고 한 장소에 위치한 물체.
b. 배경(ground): 전경의 참조점으로 기능하며 전경의 경로나 장소를 특징지어 주는 정지된 환경.
c. 이동(motion): 사건에서 이동 또는 처소의 존재.

---

[4] 이 글에서는 Talmy(2000)의 논의에 따라 '의미 속성(meaning component)'이라는 용어를 사용하지만, 이전 연구에서는 '의미역(semantic role)'이라는 용어로 사용되었다(Quirk et al. 1972, Fillmore 1968, 1971, Chafe 1970, 최창렬 1980 참조).

d. 경로(path): 배경과 관련하여 전경이 따라간 행로 또는 위치한 장소.
e. 이동방식/원인(manner/cause): 이동의 방법 및 이동 사건을 발생시킨 원인.

(2)는 '이동 사건'에 나타나는 의미 속성들로, 이 속성들에서 [전경], [배경], [이동], [경로]는 필수적 속성, [이동방식/원인]은 부가적 속성으로 분류된다(Talmy 2000: 25-27).[5] 이 속성들은 이동의 인식에서 나타나는 보편적인 것으로, '실제이동'뿐만 아니라 '가상이동'에서도 유사하게 나타난다. 다음 예를 살펴보자.

(3) a. **기차가**　　대구에서 서울로　　**간다**.
　　　[전경]　　　[경로]　　　　　　[이동]
　　b. **이 길이**　　대구에서 서울로　　**간다**.
　　　[전경]　　　[경로]　　　　　　[이동]

예문 (3)은 (1)에서 제시한 '실제이동'과 '가상이동'의 예를 '이동 사건'의 의미 속성을 통해 분석해 본 것이다. (3)에서 볼 수 있듯이, '실제이동'과 '가상이동'에 나타난 의미 속성이 동일하다. 단지 '기차', '이 길'로 나타나는 [전경]의 속성이 이동체 혹은 비이동체이냐에 따라 개념화자의 이동 인식이 달라지게 된다. 즉, '이동 사건'의 속성 중에서 [전경]은 '가상이동' 인식에서 중요한 속성 중 하나로 간주된다.

---

[5] '이동 사건' 틀을 통해 어휘화 양상을 살펴본 연구는 Talmy(1975, 1985, 1991, 2000)의 연구에서부터 Slobin(1996, 2003, 2004)에서 보완되었고, 한국어(Choi and Bowerman 1991, 임지룡 2000, Im 2002), 중국어(陳賢 2010, 최규발·신경미 2013), 일본어(Matsumoto 1996, Nakazawa 2006), 그리고 기타 언어(Zlatev & David 2004, Wechsler 2008, Pourcel & Kopecka 2006) 등에서 이동 사건의 속성을 통해 어휘화되는 양상들을 연구해 오고 있다.

'가상이동'의 인식은 <표 1-1>에서 제시한 '해석'과 관련이 있다. '해석(construal)'이란 장면을 개념화해서 표현하는 '개념화자(conceptualizer)'의 선택으로, 의사소통의 효율성을 위한 개념화자의 적극적, 능동적, 주체적 인지 능력(임지룡 2008: 416)을 말한다.[6] '가상이동'과 직접적으로 관련되는 부분은 '주의/현저성'인데, '주의'는 인간의 감각 기관 중 시각 능력에 의해 가장 쉽게 예시되는 복합적인 심리 능력(Croft & Cruse 2004: 47)으로, 사고의 확장을 돕는 기제이다.

이러한 '주의'의 기제는 '가상이동'과 같은 '비사실적 현상'을 실재로 인식할 수 있게 해 주는데, 개념화자가 동일한 상황에서 어느 대상에 '주의'를 주느냐와 관련된다. '가상이동'은 '주의'의 하위 유형 중 '역동성'과 관련 있으며, 이것에 더해 관찰 대상을 판단하는 '전경-배경(figure-ground)' 현상이나, '역동성' 하위에 대상을 인식하는 방식인 '주사(scanning)', 그리고 '사상(mapping)'과 관련된다. 다음 예를 살펴보자.

(4) 창으로 **풍경이 지나간다**.

예문 (4)는 '풍경'을 '지나가다'와 함께 나타낸 '가상이동'의 예이다. (4)에서 전경은 '풍경'으로, 배경은 '풍경'을 제외한 나머지 부분이 된다. 실제로 '풍경'은 전체 배경의 일부이며, 개념화자의 '주의'에 의해 전경으로 인식된 것이다. 즉, '가상이동'에서 '전경'은 실제 대상 중 '개념화자'의 인식에서 전경화되었다. 이러한 현상은 '전경-배경'이 역전되는 것과 관련 있다.

---

6 '해석(construal)'은 발화과정에서 지각된 사태를 분절하여 의미 있는 것으로 구축하는 창조적 활동을 말하고, 반면 '해석(interpretation)'은 발화된 언어 표현을 이해한다는 의미를 말한다(임지룡 외 옮김 2004: 250-251).

첫째, '전경-배경' 역전이란 개념화자의 주의가 선택적으로 집중되어 나타난 경우로, 개념화자는 관찰 대상을 '전경화'[7]한다. '전경화(foregrounding)'란 한 장면을 전경으로 두드러지게 하는 인지 작용으로(Evans & Green 2006: 321), '가상이동'에서 비이동체인 '길'은 개념화자에 의해 '전경화'되고, 이동하는 것으로 인식된다. 그리고 '가상이동'에서 이동 주체는 배경화된다. 즉, '가상이동'에 대한 인식에서 실제 배경은 '전경'으로 이동의 속성을 부여 받는다.

둘째, '가상이동'은 이동체와 비이동체 간의 '사상'으로 인식된다. '사상(mapping)'은 '개념적 은유(Conceptual Metaphor)'에서 언급되었는데, '가상이동'에서 이동을 비이동체로 투사시키는 인지 기제이다. '가상이동'에서 개념화자는 정지한 채로 전경을 관찰하고 있으며, 이 전경은 이동체인 참조점을 따라 이동하는 것으로 인식된다. 이때 개념화자의 시선은 참조점의 이동을 전경에 '사상'한다.[8] 다음 그림을 살펴보자.

---

[7] '전경화'라는 용어는 Fillmore(1976, 1982)에서 '부각(highlighting)', Langacker(1987)에서 '윤곽부여(profiling)'라는 용어로 사용되었다. 이 글에서는 실제 '배경'이 '주의'를 받아 '전경'의 속성을 가지게 된다는 점에서 '전경화'라는 용어를 사용할 것이다.

[8] '개념적 은유 이론'에서 제시한 영역 간의 '사상'은 '가상이동'에서 유사하게 나타난다. 즉, 개념화자는 참조점인 이동체의 이동을 정지 상태의 전경에 '사상'한다. 대신 '개념적 은유'와 '가상이동'을 비교해 보면, '개념적 은유'에서 '목표영역'은 추상물인데, '가상이동'에서 목표영역은 구체물이고 이동이 인식된다는 점에서 차이가 나타난다. 예를 들어, '마음이 달려간다'와 같은 경우, 전경인 '마음'은 추상물이므로 '개념적 은유'로 이해된다.

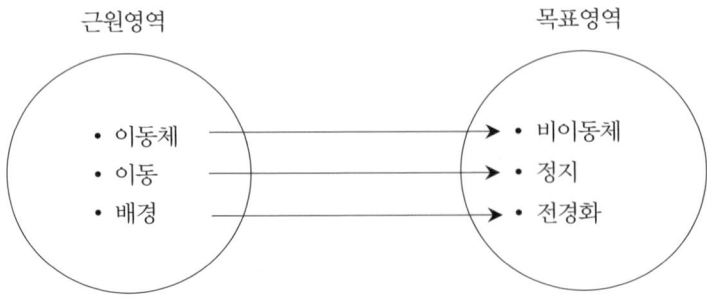

〈그림 2-2〉 '가상이동'에서 사상

<그림 2-2>는 '가상이동'을 이해하는 방식으로, '근원영역'에서 '이동체', '이동', '배경'은 '목표영역'에서 '비이동체', '정지', '전경화'에 대한 이해를 돕는다. 예를 들어, '산이 달리다'와 같은 표현에서 '산'은 정지된 비이동체인데, 근원영역에서 제시한 이동의 틀을 통해 이동하는 것으로 인식 가능하다.[9]

---

9 Kövecses(2015: 25-26)에서 지적한 대로, *The road is winding through the valley* 와 같은 '가상이동'의 예를 '개념적 은유'의 사상으로 나타내기에는 부족한 부분이 있다. 다음 그림을 살펴보자.

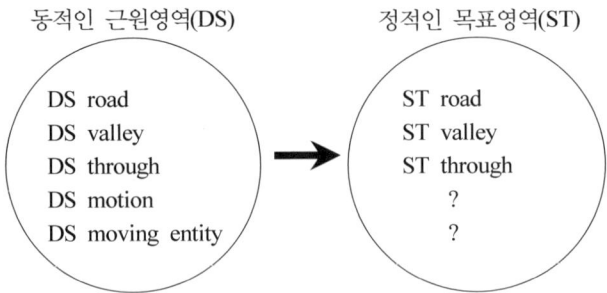

〈그림〉 개념적 은유에서 '가상이동'

<그림>에서 *The road is winding through the valley*라는 표현을 엄격하게 '개념적 은유'의 '사상(mapping)'을 통해 처리하려고 할 때, '목표영역'에서 물음표와 같이 불완전한 속성이 나타난다. 즉, '이동'의 속성을 목표영역에서 '이동의 부재(lack

셋째, '주사(scanning)'는 개념화자가 어떤 장면에 주의를 두고 시간 흐름을 인식하는 방식이다. 이 '주사'의 방식은 '가상이동'에서 이동 인식으로 나타난다. 다시 말하면, '순차 주사'는 '실제이동'을 인식할 수 있는 상황에서 비이동체를 이동으로 인식하는 경우에, '요약 주사'는 '실제이동' 없이 비이동체를 이동으로 인식하는 경우에 적용된다. 다음 예를 살펴보자.

(5) a. 연안을 따라 **철로가 달린다**.
　　b. **산등성이가** 내륙을 향해 **달린다**.

예문 (5)는 '가상이동'의 예로 이동 인식에서 차이를 보인다. (5a)에서 개념화자는 '달리다'를 통해 이동을 인식할 수 있고, '연안'은 이동체이면서 배경으로 나타난다. 그리고 '철로'는 비이동체이면서 전경을 나타낸다. 여기에서 개념화자는 '순차 주사'에 따라 '연안'의 이동을 관찰하면서, '철로'를 이동하는 것으로 인식한다. 반면, (5b)에서 개념화자는 '달리다'를 통해 이동을 인식할 수 있고, '산등성이'는 비이동체이면서 전경을 나타낸다. 여기에서 개념화자는 '요약 주사'에 따라 '산등성이'를 심리적으로 이동하는 것으로 인식한다. 이러한 인지 작용은 '가상이동'을 순간적인 시간성으로 이해하는 인지 기제로 작용한다.

다음으로, '가상이동'은 개념화자의 인식이나 표현상의 제약이 나타난다. 다음 예를 살펴보자.

(6) a. **기차가** 대구에서 서울로 (빠르게/느리게) **간다**.

---

of motion)'로 사상된다는 식의 설명은 분명하지 않다. 그리고 근원영역에서 '이동체(moving entity)'의 속성이 나타나는데, 이것은 전적으로 목표영역에 사상되지 않는다. 따라서 '가상이동'은 '개념적 은유'를 통해 설명되는 면도 있지만 충분하지 않다.

b. **이 길이** 대구에서 서울로 (빠르게/²느리게) **간다**.

　예문 (6)은 (6a)에서 '실제이동', (6b)에서 '가상이동'을 나타낸다. (6)에서 속도를 나타내는 표현들을 함께 제시했을 때, (6a)의 '실제이동'은 속도를 나타내는 표현들과 제약 없이 공기하는 것을 볼 수 있다. 이것은 전경이 이동체인 경우, 이동체 스스로 속도 조절이 가능하다는 것을 말한다. 반면, (6b)의 '가상이동'은 '빠르게'만 공기한다는 것을 살펴볼 수 있다. 이것은 '가상이동'에서 이동 인식이 의미적으로 이동의 '쏜살같은 (fleeting)' 유형을 내포한다(Langacker 1986, 1987, Matsumoto 1996)는 것을 말한다.

　또한 '가상이동'에서 동사의 속성은 표현상 제약이 나타난다. 다음 예문을 살펴보자.

　(7) a. **이 길이** 대구에서 서울로 (빠르게/²느리게) **간다**.
　　　b. **이 길이** 대구에서 서울로 (빠르게/느리게) **지나간다**.

　예문 (7)은 '가상이동'의 예로 동사의 쓰임이 다르게 제시되었다. (7a)에서 '가다'와 (7b)의 '지나가다'는 그 속성이 다르다는 것을 살펴볼 수 있다. (7a)에서 '가다'는 목적지에 주의를 두므로 이동의 속도가 '빠르게'만 공기가 가능한 반면, (7b)에서 '지나가다'는 이동 경로에 주의를 두므로 이동의 속도에 관계없이 사용 가능하다. 이상에서 '가상이동'의 표현상 제약을 속도, 동사의 쓰임을 간략하게 살펴보았는데, 이 제약들은 임지룡(2008: 307-309)에서 다음과 같이 제시되었다.

　(8) a. 관찰 대상의 이동 유무

b. 동사의 실현 양상
　　c. 부사어와 공기제약

　(8)은 '가상이동'의 인식 및 표현상 제약을 나타낸다. 첫째, (8a)는 관찰 대상이 실제로 정지되었으나 이동하는 것으로 인식할 수 있음을 말한다. 이것은 뒤에서 '가상이동'을 '상대적 이동'과 '심리적 이동'으로 분류하여 살펴볼 때 동일하게 나타나는 현상으로, 정지한 대상을 이동하는 것으로 간주하는 개념화자의 인식이 반영된 것이다.
　둘째, (8b)는 '가상이동'의 유형에 따라 동사의 속성에 따른 특성이 있다는 것을 말한다. 예를 들어, 동사 단일형인 '가다', '오다'는 직시소의 정보가 포함된 동사로, 개념화자를 참조점으로 [이동]의 의미 속성을 가진다. 또한 동사 합성형의 경우, [이동]의 의미뿐만 아니라 여러 의미 속성이 내포된다. 다음 예를 살펴보자(임지룡 2000: 33-39).

　(9)　a. [방향+경로]+가다: 나가다/들어가다, 나아가다/물러가다, 내려가다/올라가다, (되)돌아가다 등
　　　b. [배경+경로]+가다: 거쳐가다, 건너가다, 넘어가다, (빙)돌아가다, 지나가다, 둘러가다, 비켜가다, 에워가다, 질러가다 등
　　　c. [이동+방식]+가다: 걸어가다, 굴러가다, 기어가다, 날아가다, 달려가다, 뛰어가다, 저어가다, 헤엄쳐가다 등
　　　d. [부대방식[10]]+가다: 따라가다, 몰려가다, 옮겨가다, 잡아가다, 쫓아가다, 찾아가다, 흘러가다 등
　　　e. [원인]+가다: 끌려가다, 날려가다, 밀려가다, 쫓겨가다 등

---

[10] '부대방식'은 Talmy(2000)에서 제시되지 않은 의미 속성으로 이동의 다양한 양태를 나타낸다. 이것은 팔다리나 손발의 사용 등과 같이 이동체의 이동 수단을 나타내는 '방식'의 의미 속성과는 구별된다(임지룡 2000: 35).

예문 (9)는 동사 합성형 중에서 'V-어가다'를 대상으로 한국어에 나타난 동사들을 분석해 본 결과이다.[11] (9)에서 볼 수 있듯이, 동사 합성형은 [이동]의 의미 속성뿐만 아니라, [방향], [경로], [배경], [방식], [원인] 등의 다양한 의미 속성들을 함께 갖는 것으로 나타난다. 즉, 한국어에서 '가다', '오다'와 합성된 동사들은 그 내적인 의미들을 가진다는 것을 알 수 있다.

(9)를 따라, '가상이동'이 나타나는 동사 목록에서 제시한 동사들 중 공간 위치의 변화를 나타내는 동사들을 '이동'의 속성을 생략하고, '이동 사건'의 의미 속성에 따라 분류해 보면 다음과 같다.

(10) a. [직시소]: 가다
   b. [직시소+직시소]: 오-가다
   c. [경로]: 다다르다, 닥치다, 닿다, 스치다, 이르다
   d. [방식]: 닫다, 달리다, 비끼다, 스미다, 흐르다
   e. [방향]: 내리다, 솟다
   f. [방향+경로]: 가로-지르다
   g. [방식+경로]: 돌아-다니다
   h. [경로+방식]: 건너-뛰다, 꿰-뚫다, 맴-돌다
   i. [경로+직시소]: 다가-오다, 지나-가다
   j. [직시소+경로]: 뒤-따르다, 잇-달다

예문 (10)은 (10a, c, d, e)의 단일형과 (10b, f, g, h, i, j)와 같이 합성형으로 구분된다. (10)에서 동사들의 속성을 살펴보면, [직시소], [경로], [방

---

[11] 이 예는 Talmy(2000)에서 제시한 동사 분류 방식과 달리, 이동동사의 합성형 내에서 다양한 의미 속성들이 결합될 수 있음을 알 수 있다. 이를 통해 임지룡(2000)은 Talmy(1985)에서 제시한 언어 유형론의 유형들 중에 어디에도 속하지 않는 제3의 유형으로 분류되는 증거로 제시하였다(임지룡 2000: 41-42).

식], [방향]이 나타나는데, [방식]의 속성을 제외하고는 [경로]에 포함될 수 있다. 그리고 [경로]의 속성이 나타난다는 점은 '가상이동'에서 '상대적 이동'과 '심리적 이동'을 구분하는 요인 중 하나로 작용한다. 즉, '상대적 이동'에서는 일반적으로 경로가 제시되지 않고, '심리적 이동'에서는 경로가 상세하게 제시되는 경향이 있다.

'가상이동'의 동사 목록 중에서 (10)에서 제시하지 않는 동사들은 '늘어뜨리다', '막다', '멀어지다', '뻗다', '쏘다', '이어지다', '포개다', '향하다', '훑다'로 서술 대상의 상태나 피동형 그리고 시선의 관찰을 나타낸다. 이 동사들은 '가상이동'을 나타낼 때, 전경과 경로의 속성에 의해 [이동]의 의미를 획득하는 것으로 간주된다. 다음 예를 살펴보자.

(11) a. **천연백사장이** 일직선으로 **뻗다**.
b. 수도원 입구까지 **자갈길은 이어져** 있었다.

예문 (11)은 '뻗다', '이어지다'가 문장에서 나타난 예들로, 이 동사들은 전형적으로 '공간의 위치 변화'라는 의미를 가지지 않는다. 하지만 (11)과 같은 '가상이동' 표현에서, 이 문장들은 [이동]의 의미가 인식되는데, 이것은 전경 및 경로의 속성과 관련 있다. (11)에서 전경은 (11a)에서 '백사장', (11b)에서 '자갈길'로 나타나는데, 이 전경들은 마치 선과 같은 형상을 띤다. 그리고 (11)에서 경로가 (11a)에서 '일직선으로', (11b)에서 '입구까지'로 나타난다. 이 경로는 전경과 함께 가상적으로 주사된다. 이것은 동사의 쓰임과 함께 개념화자에게 경로로 인식되고, 그 경로를 따라 이동하는 것으로 인식된다. 즉, 전경의 선적 형상과 경로는 동사가 이동의 의미를 가지도록 유도한다.

'가상이동'에서 동사 활용형의 제약이 나타나는데, '뻗다'의 예를 살펴보면 다음과 같다.

(12) a. 영수의 팔이 {뻗어 있다/뻗었다/*뻗고 있다/?뻗는다}.
b. 줄기가 {뻗어 있다/뻗었다/*뻗고 있다/?뻗는다}.
c. 이 길이 {뻗어 있다/뻗었다/*뻗고 있다/뻗는다}.

예문 (12)는 (12a, b)에서 이동체의 움직임을, (12c)에서 '가상이동'을 나타낸다. (12a, b)의 경우, 과거의 상태가 지속되는 '뻗어 있다', '뻗었다'는 그 표현이 자연스러운 반면, 현재 진행형이나 현재형을 나타내는 표현에서 부자연스럽게 보인다. 이것은 '뻗다'의 속성이 주체가 움직이는 상황을 묘사하는 것보다는 어떤 상태의 변화를 묘사하는 것이 자연스럽게 인식된다는 것을 말한다. 반면 (12c)에서 '길'은 모든 동사의 활용형에서 쓰임이 가능한데, 이를 통해 개념화자의 '가상이동' 인식의 범위가 '실제이동'보다 더 넓다는 것을 나타낸다. (12)에서 '-고 있다'의 쓰임은 제약을 받는데, '뻗다'가 전형적인 이동동사가 아님을 보여준다. 이러한 동사 활용형의 상적 쓰임은 개념화자의 '가상이동' 인식을 나타내 준다.

셋째, (8c)는 '가상이동'에서 표현상 제약을 말하는데, 특히 시간 표현의 부사어의 쓰임에 제약이 있다는 것을 말한다. '실제이동'에서는 부사어의 쓰임이 다양한데, 다음을 살펴보자(임태성 2012: 91-107).

(13) a. 아저씨네 순철이와 순금이도 **건넌방에서** 달려 나왔습니다.
b. **8백m 트랙을** 달리는 육상 선수로 말하자면 지금 반쯤 왔습니다.
c. 그녀는 **언덕길을** 달리면서 그런 생각을 했다.
d. 기관차는 모두 **시속 3백km 이상으로** 달리고 있다.
e. **두어 시간 정도** 달렸을까.
f. ○○○ 실장은 **맨 오른쪽에서** 달리고 있었다.

g. 옛날 볕에 그을린 아이들이 **맨발로** 달리던 들녘은 산성독을 품은 채 앓고 있다.
  h. 택시는 달성군 **옥포면으로** 달렸다.

예문 (13)은 '달리다'에 나타난 '실제이동'의 예문으로, [경로]를 나타내는 표현과 함께 제시되었다. 여기에서 경로는 다시 하위 분류되는데, (13a)에서 '시작점', (13b)에서 '거리', (13c)에서 '장소', (13d)에서 '속력', (13e)에서 '시간', (13f)에서 '상대적 위치', (13g)에서 '수단', (13h)에서 '도착점'의 하위 속성들을 갖는다(임태성 2012: 91-92). 이처럼 '실제이동'에서는 시공간적 표현들이 경로에서 다양하게 나타날 수 있는 것으로 살펴볼 수 있다.

반면 '가상이동'에서는 '실제이동'에 비해 표현상 제약이 나타나며, 이러한 제약은 '가상이동'의 하위 분류인 '상대적 이동'과 '심리적 이동'에 따라 사용 양상이 다르게 나타난다. 다음 예를 살펴보자(임지룡 2008: 311, 316).

  (14) a. 지리산이 **날아가고** 있다.
       b. 비행기가 **날아가고** 있다.

  (15) a. ?고속도로가 달리고 있다.
       b. 고속도로가 **남쪽으로** 달리고 있다.
       c. 소년이 (남쪽으로) 달리고 있다.

(14a)는 '상대적 이동'을, (15a, b)는 '심리적 이동'을 나타내는 예문이다. (14a)는 (14b)의 '실제이동'과 동일하게 부사어 쓰임이 선택적이다. 반면 (15a, b)는 (15a)의 '실제이동'과 비교해 보면 부사어 쓰임이 필수적

임을 살펴볼 수 있다. 즉, '실제이동'에 다양하게 나타나는 부사어의 쓰임은 '가상이동'에서 제약이 있는 것으로 나타나는데, 시작점이나 도착점과 같은 [경로]에서 위치와 위치를 연결하는 것으로 나타난다.

'이동'은 시간과 밀접한 관련이 있고, '가상이동'에서도 관련된다. 예를 들어, '가상이동'에서 순간적, 지속적인 시간을 나타내는 표현인 '갑자기', '내내'와 같은 어휘들과의 공기 관계를 통해 그 특성을 살펴볼 수 있다.

표현상 '전경'에 따른 제약이 있다. 이것은 한 어휘에 대한 '백과사전적[12] 지식'에 근거하여 전경인 '산', '길', '선' 등에 대한 인식이 다름을 나타낸다. '백과사전적 지식'은 실제 경험에 기초하는데, 예를 들어, '길'이 수평적으로 쭉 이어진 대상을, '산'이 수직적으로 솟은 대상이라는 것을 안다는 것은 우리의 보편적인 지식에 근거한다. 이러한 대상에 대한 이해는 '가상이동' 표현을 인식하는 데 반영된다.

(16) a. 산이 솟아 있다.
　　 b. ?길이 솟아 있다.

예문 (16)에서 전경 '길'과 '산'은 동사 '솟다'에 의해 제약이 나타난다. '솟다'는 수직적으로 이동을 나타내는 동사이므로, (16b)에서 '길'은 그 쓰임이 자연스럽지 않다.

또한 '가상이동'에서 전경에 따라 그 인식이 달라지는 경우가 있다. 예를 들어, '선'은 '가상이동'에서 '고압선, 구획선, 노선, 변경선, 임신선, 전선, 케이블, 행렬' 등으로 나타난다. 여기에서 '고압선, 임신선, 전선, 케

---

[12] '백과사전적(encyclopaedic)' 의미관은 의미가 본질적으로 백과사전적이며, 단어에 대한 지식이 다른 사람들과의 상호작용 및 우리 주위 세계와의 상호작용에 근거를 둔다고 주장한다(Evans & Green 2006: 206).

이블, 행렬' 등은 실제 눈으로 관찰 가능하지만, '구획선, 노선, 변경선' 등과 같이 눈으로 관찰 불가능한 대상이 있다. 후자의 예는 개념화자가 그 경로를 따라 심리적으로 주사하는 가상적 선으로 인식되며, 이 전경들은 '가상이동'에서 동사의 쓰임보다는 그 어휘 속성에 따라 이동 인식이 달라지는 것으로 이해된다. 또한 '산'은 '가상이동'에서 수평적, 수직적으로 인식 가능하다. 예를 들어, '산'을 한 개체로 인식할 때에는 그 모습을 수직적으로 인식하고, '산'을 개체들의 연속으로 인식할 때에는 수평적으로 인식한다.

지금까지 살펴본 '가상이동'의 표현상 제약을 정리하면 다음과 같다.

(17) a. 관찰 대상의 이동 유무
　　 b. 전경의 의미 속성
　　 c. 동사의 실현 양상
　　 d. 부사어와 공기제약

(17)은 임지룡(1998, 2008)의 내용을 수정한 것으로, (17b)는 이 글에서 새로 추가된 내용이다. (17b)는 '가상이동'에서 '전경'의 의미 속성에 따라 그 이동의 양상이 결정될 수 있다는 것을 말한다. 물론 '가상이동' 표현에서 '전경'과 함께 나타나는 동사나 부사어의 제약 또한 '가상이동'을 이해하는 데 필수적으로 검토할 사항이다.

마지막으로 '가상이동' 표현은 '은유'나 '의인'과 같은 비유법들과 구별된다.

(18) a. 내 **마음은 호수요**
　　 b. 내 **마음이** 화살같이 **달린다.**

(19) **산은** 사람들과 **친하고** 싶어서.

(20) **이 길은** 대구에서 서울로 **간다**.

예문 (18)-(20)은 비유 표현들로, 그 표현 방식에 차이가 있다. (18a)는 전형적인 은유 표현으로 추상적 대상인 '마음'을 '호수'로, (18b)에서 '달리는 대상'으로 비유하였다. 이것은 <마음이 호수이다>, <마음이 이동체이다>와 같은 개념적 은유를 통해 이해된다. (19)는 의인법을 나타내는 표현으로, '산'이라는 대상에 사람과 같은 인격을 부여하여 '친하다'라는 서술어와 함께 표현되어 나타난다. (18), (19)는 한 대상을 다른 대상에 빗대어, 익숙한 것으로 추상적인 대상을 설명한다. 즉, 목표 영역이 추상적이다.

반면 (20)은 객관적인 대상에 이동성을 부여하는 것으로, 객관적 대상인 '길'을 이동동사 '가다'를 통해 나타냄으로써, '이동'에 대한 인식의 확장으로 살펴볼 수 있다. 이것은 추상적 대상을 이해하는 (18), (19)와는 다르게, 직접적인 경험의 산물로, 다른 비유 표현보다 한결 유기적이며 언어를 사용하고 이해하는 인간의 경험을 풍부하게 해 주는 자연스러운 기제라고 할 수 있다(이종열 1998: 111-112). 이것을 정리하면 다음과 같다.

(21) a. **가상이동**은 비이동체를 이동하는 것으로 인식한다.
    b. **가상이동**에서 이동은 물리적 이동의 의미를 내포한다.
    c. **가상이동**에서 전경은 실제 지각 가능한 대상이다.

(21)에서 '가상이동'은 '이동'에 대한 인식이 확장된 결과로, '실제이동'에서 나타난 이동의 경험이 '가상이동'에서도 인식이 된다. 그리고 '가상이동'은 전경의 이동성과 상관없이 동사와 경로를 통해 [이동]의 의미

를 가상적으로 이동하는 것으로 인식하도록 해 준다. 그리고 '가상이동'에 나타나는 전경은 실제 지각 대상으로, 개념화자의 이동 인식이 전경인 비이동체로 전이된 것으로 살펴볼 수 있다.

지금까지 이 절에서는 '가상이동'의 개념에 대해 살펴보았는데, '가상이동'은 비이동체를 이동으로 인식할 수 있는 인지 능력으로, '실제이동'의 이동 경험이 확장되어 나타난 현상으로 간주되었다.

'가상이동'은 '이동 사건'의 틀을 통해 분석 가능하며, 그 속성으로는 [전경], [배경], [경로], [이동] 등이 있었다. 이러한 분석을 통해 '가상이동'의 특성을 살펴볼 수 있었다.

'가상이동'의 인식은 '해석'에서 '주의' 현상과 관련되며, '가상이동'의 하위 범주를 해석하는데, '전경-배경' 역전, '사상', 그리고 '주사'의 인지 기제로 설명 가능하다는 것을 살펴보았다.

'가상이동'에서 표현상 제약은 관찰 대상의 이동 유무, 전경의 속성, 동사의 양상, 부사어와 공기제약 등으로 나누어 살펴볼 수 있었고, 이 제약들을 통해 '가상이동'의 의미적 특성 및 하위 유형들의 제약을 살펴보는 데 사용될 것이다.

2. 가상이동의 유형

'가상이동'은 '상대적 이동'과 '심리적 이동'으로 나누어진다.[13] 첫째,

---

[13] 영어에서 '가상이동'에 대한 분류는 Talmy(2000)의 연구가 대표적이다. Talmy(2000)는 가상적 이동의 여섯 가지 유형을 분류하였는데, 이 범주들에는 '발산(emanation)', '패턴 경로(pattern paths)', '틀 상대적 이동(frame-relative motion)', '도래 경로(advent paths)', '접근 경로(access paths)', '동연 경로(coextension

'상대적 이동'이란 개념화자가 이동 가능한 참조점을 통해 고정된 대상을 이동하는 것으로 인식하는 현상이다. 다음 예를 살펴보자(임지룡 2008: 310-311).

> (22) a. 맥빠진 시선을 창 밖으로 돌렸다. 황량한 겨울 **들판이** 천천히 **흘러 가고** 있었다. (이동하 1990: 146, 『우울한 귀향』, 벽호.)
> b. 여기서부터 하동까지 팔십리 **길은 강물과 함께 간다**. (김용택 1986: 20, 『맑은 날』, 창작과 비평사.)

예문 (22)는 '상대적 이동'의 예로, (22a)는 개념화자가 탈것에 위치하면서 비이동체인 '들판'을 이동하는 것으로 인식하여 표현하였다. 여기에서 참조점은 개념화자가 된다. (22b)는 개념화자가 정지한 상태에서 비이동체

---

paths)'가 해당된다. 이 중에서 '동연 경로'는 Talmy(1983)에서 '허구적 이동 (virtual motion)'으로, Jackendoff(1983)에서 '확장(extension)'으로, Langacker (1987)에서 '추상적 이동(abstract motion)'으로, Matsumoto(1996)에서 '주관적 이동(subjective motion)'으로 명명했다(Talmy 2000: 103). Talmy(2000)에서 제시한 다음 예를 살펴보자.

> a. This fence goes from the plateau to the valley.
> (이 울타리는 고원에서 계곡까지 간다.)
> b. The cliff wall faces toward/away from the island.
> (그 절벽은 섬으로부터 안쪽/바깥쪽을 향한다.)
> c. I looked out past the steeple.
> (나는 철탑을 지나서 바라보았다.)
> d. The vacuum cleaner is down around behind the clothes-hamper.
> (그 청소기는 빨래 광주리 뒤쪽에 놓여 있다.)
> e. The scenery rushed past us as we drove along.
> (그 풍경은 우리가 운전하는 경로를 따라 우리를 따라왔다.)

이 예에서 전경은 비이동체로 나타난다. 하지만 영어에서는 전치사와 함께 동사의 의미를 살펴봄으로 한국어와는 다른 양상을 나타낸다. 따라서 이 글에서는 '가상이동'을 살펴보는데, 비이동체인 전경과 이동의 의미를 내포한 동사에 나타난 표현들을 대상으로 한다.

인 '길'을 이동 가능한 '강물'에 상대하여 이동하는 것으로 인식하여 표현하였다. 여기에서 참조점은 '강물'이 된다. 이것을 정리하면 다음과 같다.

(23) 상대적 이동
    a. 현실적 상황: 대상→ 정지, 개념화자→ 이동 혹은 정지
    b. 언어적 상황: 대상→ 이동
    c. 참조점: 개념화자 혹은 이동체

예문 (23)은 '상대적 이동'의 특징을 나타낸 것으로, 현실적 상황에서 비이동체는 정지되어 있고, 개념화자는 이동 혹은 정지한 상태로 비이동체를 관찰한다. 현실적 상황은 언어적 상황에서 역전되는데, 비이동체는 이동하는 것으로 인식된다. '상대적 이동'에서 참조점은 개념화자 혹은 이동체로, 개념화자는 그 참조점의 이동 영상을 비이동체에 개념적으로 전이한다(임지룡 2008: 310).[14] 즉, '상대적 이동'에서 이동 인식의 동기는 개념화자가 이동하거나 이동체의 이동을 통해서인데, 개념화자는 이동하는 참조점을 따라 전경을 상대적으로 이동하는 것으로 인식한다.

'상대적 이동'에 대한 지각은 다음 그림과 같다(임지룡 2008: 427).

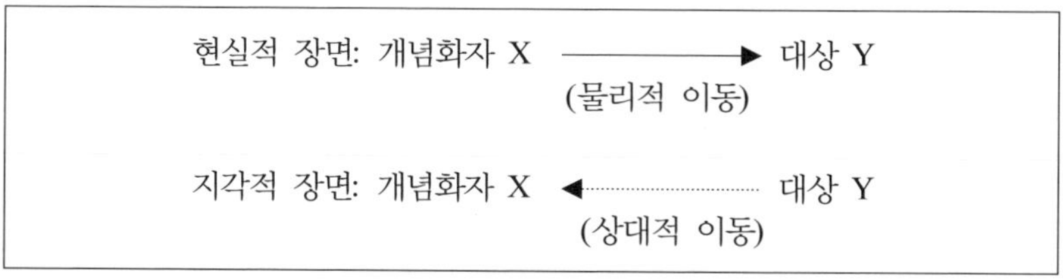

| 현실적 장면: 개념화자 X   ————▶   대상 Y |
| (물리적 이동) |
| 지각적 장면: 개념화자 X   ◀·········   대상 Y |
| (상대적 이동) |

〈그림 2-3〉 '상대적 이동'의 지각

---

[14] '개념적 전이'는 '사상'과 밀접한 관련이 있다. '사상(mapping)'은 두 영역 간의 대응관계를 나타내는 말로(임지룡 2008: 175), '개념적 은유'에서 '목표영역'과 '근원영역'을 이어주는 인지 기제이다.

<그림 2-3>은 '상대적 이동'에 대한 지각을 나타낸다. 이 그림에서 '현실적 장면'과 '지각적 장면'이 있는데, '현실적 장면'에서는 개념화자가 대상에게로 이동한다. 이것은 물리적 이동으로 'X→Y'로 제시된다. 반면 지각적 장면에서는 대상이 개념화자에게로 이동하는 역전이 일어난다. 이것은 상대적 이동으로 'X←Y'로 제시된다. 즉, '상대적 이동'의 지각 장면에서 대상 Y는 개념화자의 X쪽으로 이동하는 것으로 인식된다. 이것은 '상대적 이동'이 '실제이동'을 참조점으로 나타나는 비이동체에 이동의 인식을 나타낸다는 것으로 이해된다.
　'상대적 이동'은 3장에서 상세하게 살펴볼 것인데, 아래 그림과 같이 하위 분류된다.

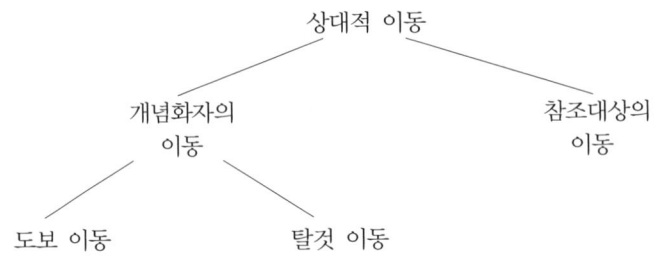

〈그림 2-4〉 '상대적 이동'의 분류

　<그림 2-4>에서 보듯이, '상대적 이동'은 '개념화자의 이동'과 '참조대상의 이동'으로 하위분류된다. 우선 '개념화자의 이동'은 (22a)와 같이 개념화자가 이동하면서 전경을 이동하는 것으로 인식하는 경우이다. '개념화자의 이동'의 특징은 이동하면서 관찰되는 대상에 주의를 두는 것으로, 개념화자는 시간 흐름에 따른 이동을 인식하고 있지만, 문장에서 경로가 구체적으로 나타나지는 않는다.

'개념화자의 이동'은 '도보 이동'과 '탈것 이동'으로 하위분류된다. '도보 이동'은 개념화자가 직접 걸어가면서 관찰되는 대상에 주의를 두는 경우, '탈것 이동'은 개념화자가 탈것에서 관찰되는 대상에 주의를 두는 경우를 말한다. 두 이동은 개념화자의 시간 흐름의 인식에서 차이가 나타나는데, '도보 이동'은 시간의 흐름이 느린 반면, '탈것 이동'은 빠른 시간의 흐름을 나타낸다. 다음 예를 살펴보자.

(24) a. 성큼성큼 걸음들이 빠르다. **산이 지나가고** 개천이 지나가고
 b. 차는 한 곳에 정지되어 있는 것처럼 보인다. **흘러가는** 것은 **도로**다.

예문 (24)는 '도보 이동'과 '탈것 이동'의 예로, 이동의 수단이 문장을 통해 제시된다. (24a)에서 '걸음'이라는 표현은 도보로 이동하고 있음을 나타내고, (24b)에서 '차'는 탈것으로 이동하고 있음을 나타낸다. 그리고 서술어의 쓰임을 통해 이동 중임을 알 수 있는데, (24a)에서 '지나가다', (24b)에서 '흘러가다'처럼 '가다'와 함께 합성형으로 나타나는 서술어는 이동의 상태가 진행 중임을 나타낸다. 즉, '개념화자의 이동'은 문장에서 제시되는 표현들을 통해 이동 중임을 알 수 있으며, 서술어가 주로 합성형으로 나타난다.

다음으로 '참조대상의 이동'은 (24b)와 같이 개념화자가 정지 상태에서 이동체인 참조점을 통해 전경의 이동을 인식하는 것이다. '참조대상의 이동'의 특징은 참조점의 이동을 통해 관찰되는 대상에 주의를 두는 것으로, 시간의 흐름에 따른 이동이 전제되며, 문장에서 참조점이 구체적으로 나타난다.

'참조대상의 이동'에서 개념화자는 참조점과 전경을 동시에 관찰하면서, 참조점의 이동을 전경에 전이시킨다. '참조대상의 이동'의 특징은 정

지 상태에서 관찰되는 대상에 주의를 두는 것으로, '개념화자의 이동'과 마찬가지로 시간의 흐름에 따른 이동이 전제되지만, 문장에서 경로가 구체적으로 나타나지 않는다. 다음 예를 살펴보자.

(25) 연안을 따라 **시베리아 철도가 달린다**.

예문 (25)는 '참조대상의 이동'의 예로, 참조점이 문장을 통해 제시된다. '연안을 따라'라는 표현에서 '연안'은 참조점으로 이동체이다. 그리고 전경은 '철도'로 참조점의 이동이 전이된다. 즉, '참조대상의 이동'은 문장에서 참조점이 제시되며, 전경이 참조점과 함께 이동하는 것으로 인식된다.

개념화자의 '상대적 이동' 인식은 '전경-배경 역전', '순차 주사', '사상'과 관련 있다. 첫째, '상대적 이동'에서 '개념화자의 이동'은 '전경-배경 역전'과 관련 있다. (24)에서 제시한 예문을 다시 살펴보자.

(24') a. 성큼성큼 걸음들이 빠르다. **산이 지나가고** 개천이 지나가고.
　　　 b. 차는 한 곳에 정지되어 있는 것처럼 보인다. **흘러가는** 것은 **도로**다.

예문 (24')은 '개념화자의 이동'으로, 현실적 상황에서 비이동체를 언어적 상황에서 이동하는 것으로 인식하여 나타난다. 여기에서 개념화자는 이동하는 상황에서, 지각 가능한 대상인 '산', '도로'에 주의를 두고 있다. 그리고 '지나가다', '흘러가다'와 같은 동사의 쓰임은 그 전경에 이동성을 부여한다. 즉, 현실적 상황에서 배경인 '산', '도로'는 주의를 받아 전경화되었다.

둘째, '상대적 이동'에서 '참조대상의 이동'은 '순차 주사'와 관련 있다. (25)에서 제시한 예문을 다시 살펴보자.

(25') 연안을 따라 **시베리아 철도가 달린다**.

예문 (25')은 '참조대상의 이동'으로, 현실적 상황에서 이동체와 비이동체를 언어적 상황에서 이동체를 참조점으로 비이동체를 이동하는 것으로 인식하여 나타냈다. 여기에서 개념화자는 정지한 상태로 참조점인 '연안'의 이동을 보면서, 지각 가능한 대상인 '철도'에 주의를 둔 것이다. 즉, 참조점의 이동은 비이동체인 전경에 전이된다.

셋째, '상대적 이동'에서 '참조대상의 이동'은 참조점인 이동체의 이동이 전경인 비이동체로 '사상'된 것으로 이해된다. '참조대상의 이동'에서 전경인 '이동체'의 속성은 '비이동체'로 부분적으로 사상되며, 개념화자는 전경을 이동하는 것으로 인식한다.

그리고 개념화자는 '상대적 이동'에서 참조점의 시간적 이동에 따라 전경을 이동하는 것으로 인식한다. 이것은 '순차 주사'와 관련 있는데, '순차 주사'를 도식으로 나타내 보면 다음 그림과 같다.

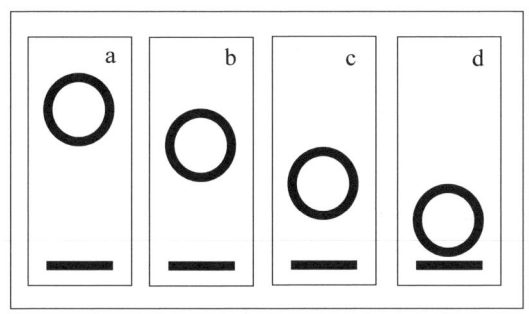

〈그림 2-5〉 '순차 주사'의 도식

<그림 2-5>는 '상대적 이동'이 '순차 주사'의 도식으로 인식됨을 나타낸다. 그림에서 보듯이 '순차 주사'는 a에서 d로 이동하고 있으면 이동에

따른 각각의 위치가 인식되어 나타난다. 그리고 시간 흐름에 따라 a-d로 갈수록 그 대상의 위치가 변화하는 것으로 살펴볼 수 있다. 즉, '참조대상의 이동'에서 개념화자는 이동체인 참조점의 이동에 따라 전경을 순차적으로 주사한다.

둘째, '심리적 이동'은 개념화자의 시선 이동을 통해 비이동체를 이동하는 것으로 인식한 현상이다. 다음 예를 살펴보자(임지룡 2008: 314-315).

> (26) a. 산 아래 자락에서 위를 보니 까마득한 산정을 향해 **도로가 달리고 있었다**. (박상희 1997: 115, 『달과 빈 대야』, 한국관광공사.)
> b. 발갛게 물들어 가는 **단풍나무들이** 하나 둘 아래로 **내려오고** (안도현 1994: 24, 『외롭고 높고 쓸쓸한』, 문학동네.)

예문 (26)은 '심리적 이동'의 예로, (26a)는 개념화자가 정지 상태에서 전경인 '도로'를 이동으로 인식하여 표현하였다. (26b)는 개념화자가 정지 상태에서 전경인 '단풍나무들'의 단풍이 떨어진 패턴을 이동으로 인식하여 나타냈다. 이것을 정리하면 다음과 같다.

> (27) 심리적 이동
> a. 현실적 상황: 대상 → 정지, 개념화자 → 정지
> b. 언어적 상황: 대상 → 이동
> c. 참조점: 이동의 경로

(27)은 '심리적 이동'의 특징을 간단하게 나타낸 것으로, 현실적 상황에서 비이동체는 정지되어 있고, 개념화자는 이동하면서 비이동체를 관찰한다. 현실적 상황의 특징은 언어적 상황에서 역전되는데, 개념화자는 대상의 상태 혹은 진행 과정을 이동하는 것으로 인식한다. 즉, '심리적 이

동'에서 이동 인식의 동기는 심리적으로 이동으로 인식할 수 있는 인지 능력으로, 이동 경험의 심리적인 확장이다. 이 이동에서 '실제이동'은 인식되지 않으며 개념화자는 단지 경로의 흐름을 따라 '심리적 이동'을 인식하게 된다.

'심리적 이동'은 4장에서 상세하게 살펴볼 것인데, 아래 그림과 같이 하위분류된다.

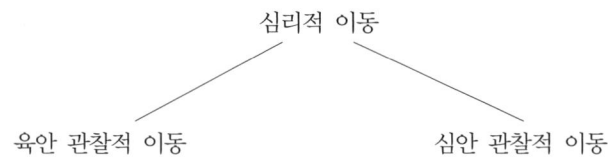

〈그림 2-6〉 '심리적 이동'의 분류

<그림 2-6>에서 보듯이, '심리적 이동'은 '육안 관찰적 이동'과 '심안 관찰적 이동'으로 하위 분류된다. 우선 '육안 관찰적 이동'은 (26a)와 같이 개념화자가 정지한 상태로 전경을 이동으로 인식하는 경우이다. '육안 관찰적 이동'의 특징은 어떤 장면의 상태를 이동으로 인식하는 것이고, (26a)에서 '산정을 향해'와 같이 경로가 구체적으로 나타난다.

다음으로 '심안 관찰적 이동'은 (26b)와 같이 개념화자가 정지 상태에서 전경을 이동을 인식하며, '심안 관찰적 이동'의 특징은 어떤 장면의 진행 과정을 이동으로 인식하는 것이고, (26b)에서 '아래로'와 같이 경로가 나타난다. 즉, '육안 관찰적 이동'과 '심안 관찰적 이동'의 차이점은 '육안 관찰적 이동'은 어떤 장면의 상태를 이동으로 인식하는 것이고, '심안 관찰적 이동'은 어떤 장면의 진행 과정 이동으로 인식한다는 점이다.

개념화자의 '심리적 이동' 인식은 '요약 주사'와 관련 있다. 다음 예를 살펴보자.

(28) a. **산등성이가** 내륙을 향해 **달린다**.
　　 b. 쭉 곧은 **도로가** 종점에서 위로 **뻗고 있다**.

예문 (28)은 '심리적 이동'으로, (28a)는 '육안 관찰적 이동', (28b)는 '심안 관찰적 이동'을 나타낸다. 이것은 현실적 상황에서 비이동체를, 언어적 상황에서는 이동하는 것으로 인식하고 있음을 나타낸다. 개념화자는 정지한 상태로 지각 가능한 대상인 '산등성이', '도로'에 주의를 둔다. (28b)에서 '-고 있다'의 쓰임은 개념화자가 심리적으로 전경인 '도로'의 이동이 진행 중인 것으로 인식한다는 것을 나타낸다.

'심리적 이동'에서 개념화자는 전체 장면을 주사하면서, 그 중에 전경을 이동하는 것으로 인식한다. 이것은 '요약 주사'와 관련 있는데, '요약 주사'를 도식으로 나타내 보면 다음 그림과 같다.

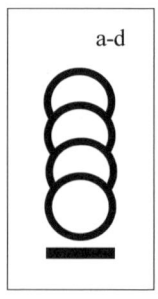

〈그림 2-7〉 '요약 주사'의 도식

<그림 2-7>은 '요약 주사'의 도식으로, 시간 흐름에 상관없이 한 장면을 통합적으로 파악한다는 것을 나타낸다. 그림에서 a-d는 동일 선상에서 동시에 인식되며, 관찰 대상인 비이동체의 형상을 구축한 후에 나타나는 경로를 따라 주사한다(Langacker 2008: 530). 즉, '심리적 이동'에서 개념화자는 전경을 요약적으로 주사한다.

　지금까지 이 절에서는 '가상이동'의 유형을 살펴보았다. '가상이동'은 '상대적 이동'과 '심리적 이동'으로 나누어지는데, 이 두 이동은 참조점으로 나타나는 이동체의 존재 유무에 따라 구별된다. 우선 '상대적 이동'은 참조점인 이동체가 존재하며, '개념화자의 이동'과 '참조대상의 이동'으로 하위 분류되고, '개념화자의 이동'은 '도보 이동'과 '탈것 이동'으로 하위 분류된다.

　'상대적 이동'에서 '개념화자의 이동'은 개념화자가 참조점으로 비이동체를 이동으로 인식하는 경우이고, '참조대상의 이동'은 개념화자가 참조점인 이동체를 따라 비이동체를 이동으로 인식하는 경우이다. '상대적 이동'은 3장에서 상세하게 다룰 것이다.

　다음으로 '심리적 이동'은 개념화자가 참조점 없이 비이동체를 이동으로 인식하는 경우로, '육안 관찰적 이동'과 '심안 관찰적 이동'으로 하위 분류된다. '심리적 이동'은 4장에서 상세하게 다룰 것이다.

3. 가상이동의 도식

　'가상이동'은 비이동체를 이동동사와 함께 이동체로 인식하는 것으로, 복잡한 인지 체계의 산물이다. '가상이동'에서 나타나는 의미 구성은 두 가지 인식 공간이 필요한데, '이동' 공간과 '정지' 공간에 대한 인식이다. 이러한 두 공간은 혼성되며, 이 의미 구성은 '개념적 혼성'의 도식으로 나타낼 수 있다.

<그림 2-8>은 '가상이동'을 '개념적 혼성'으로 나타낸 것이다(임태성 2013: 233). '가상이동'은 현실적 장면에서 비이동체를 지각적 장면에서 이동체로 인식하는 현상이다. 이것은 한 공간에서는 '이동'을 인식하고, 다른 공간에서는 '정지'를 인식한다. 각각의 공간은 현실적으로 함께 나타날 수 없지만, 개념화자는 이 두 공간을 함께 지각한다. 여기에서 발생하는 불일치는 혼성을 통해 해소가 된다. 각각의 공간에 나타나는 요소들을 살펴보면, '이동'에서는 '이동자', '출발지', '경로', '목적지'가 나타나며(김동환 2013: 240), '정지'에서는 '이동자', '장소'가 나타난다. '가상이동'에서 두 공간의 혼성은 새로운 '발현구조'를 발생시키는데, 비실체를 이동으로 인식하는 것이다. 이것은 '가상이동'에서 '심리적 이동'에 해당되는 예로, 그 확장의 다양성을 나타내 준다.

<그림 2-8>에서 '가상이동'이 발생할 때 전제되는 '이동', '정지' 공간의 각각의 요소들이 나타나고, 두 공간이 혼성되어 '가상이동'이 나타나는 '혼성공간'이 있다. <그림 2-8>에서 '입력공간$_1$'과 '입력공간$_2$'는 각각 '실제이동'과 '정지'의 상태를 나타낸다. 각각의 '입력공간'에서 '입력공간$_1$'은 '이동' 공간을 나타내는데, '이동체', '배경$_1$', '이동'의 의미 성분으로 나타난다.

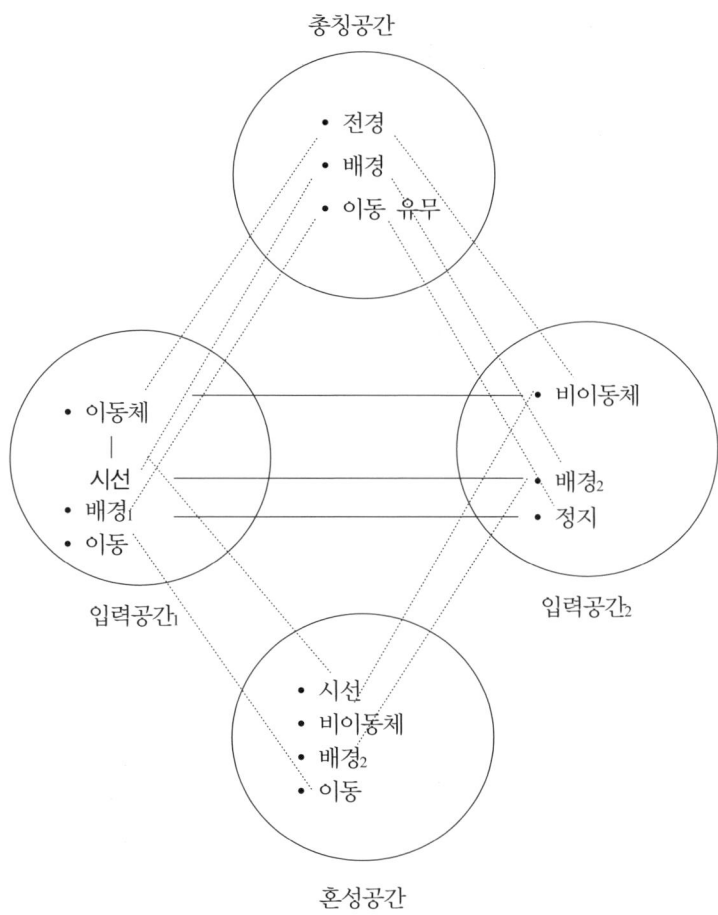

〈그림 2-8〉 개념적 혼성으로 나타낸 '가상이동'

입력공간₁에서 '이동체'와 '시선' 사이의 수직으로 된 실선은 '(개념적) 환유'[15]의 기제를 통해 우리 몸의 일부분인 눈이 대상의 움직임을 인식한

---

[15] '개념적 환유(Conceptual Metonymy)'는 "동일한 영역 내에서 한 실체가 다른 실체에 정신적 접근을 환기하는 인지과정(임지룡 2008: 194)"으로 <그림 22>에서 입력공간₁에서 '이동체'는 그 일부인 시선을 통해 '가상이동'을 인식한다.

다는 것을 나타낸다. '입력공간$_2$'의 '정지' 공간은 정지된 사물에 대한 인식을 나타내는데, 이 공간에서는 '비이동체', '배경$_2$', '정지'의 의미 성분이 나타난다. 일반적으로 사람은 '이동'의 속성을 가지므로, '입력공간$_2$'인 정지 공간에서 '비이동체'는 관찰자, 여기에서는 '입력공간$_1$'의 시선에 의해 인식되는데, '관찰자'는 '비이동체'를 (개념적으로) 관찰한다.

'총칭공간'은 각 입력공간의 공통 속성이 나타난 것으로 '전경', '배경', '이동 유무'로 나타난다. 그리고 '혼성공간'은 우리가 '가상이동'과 같은 표현을 이해할 때, 각 '입력공간'의 의미 성분 중에서 '시선', '비이동체', '배경$_2$', '이동'이 '혼성공간'에서 나타난다. 여기에서 '시선'이란 '입력공간'에서 '이동체'의 속성이 비대응적으로 투사되는 것을 말한다. 즉, '이동체' 전부가 혼성공간에 투사되는 것이 아니라, '이동체'의 '시선'이라는 한 부분만이 혼성공간에 투사된다. 이러한 성분들이 혼합되어 나타날 때, 우리는 '가상이동'을 자연스럽게 인식할 수 있다. 다음 '가상이동'의 예를 살펴보자.

(29) **산등성이가** 완만하게 내륙을 향해 **달렸다**.

예문 (29)는 '가상이동'의 예로, 비이동체인 '산등성이'를 이동동사 '달리다'와 함께 나타낸 표현이다. 여기에서 '산등성이'와 관련된 속성들은 '정지' 공간의 요소들을 형성하며, '내륙을 향해', '달리다'와 관련된 속성들은 '이동' 공간의 요소들을 형성한다. 각각의 공간은 혼성되어 '가상이동'이 인식된다.

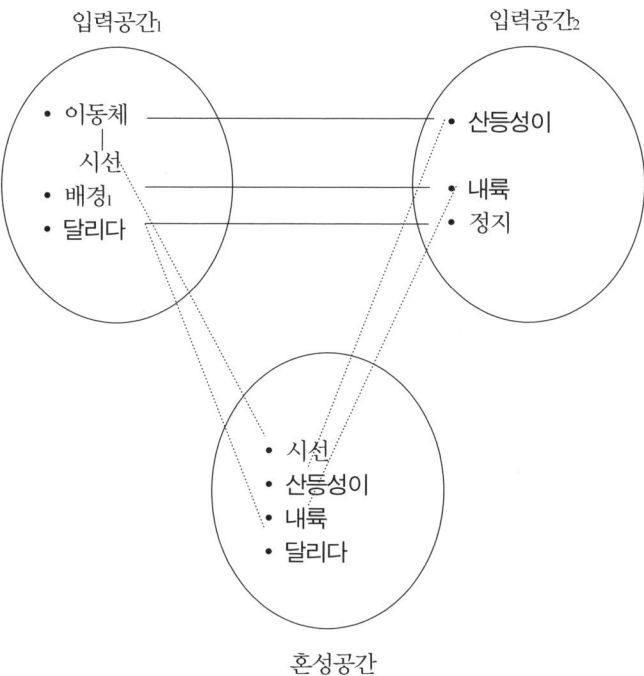

〈그림 2-9〉 '산등성이가 완만하게 내륙을 향해 달렸다'의 도식

<그림 2-9>는 예문 (29)를 '개념적 혼성'의 도식으로 나타낸 것이다(임태성 2013: 235-236). <그림 2-9>에서 '이동'의 '입력공간₁'과 '정지'의 입력공간₂'가 있다. 이것이 혼성되면, '입력공간₁'에서 시선의 관찰은 '입력공간₂'를 '이동'으로 인식하게 한다. '혼성공간'에서는 '입력공간₁'에서 '시선'과 '달리다'가, '입력공간₂'에서 '산등성이'와 '내륙'이 혼성되어 개념화자는 이 표현을 '이동'으로 인식하게 된다.

이처럼 '개념적 혼성 이론'은 두 개의 입력공간과 혼성공간에서 나타나는 새로운 의미를 도식화하여 보여줄 수 있다는 점에서, '가상이동'과 같이 실제로 정지한 대상을 이동으로 인식하는 점을 시각적으로 명확하

게 보여준다는 점에서 효과적이다.

　지금까지 이 절에서는 '가상이동'의 도식을 나타낼 수 있는 '개념적 혼성'을 살펴보았다. 이 이론은 '가상이동'과 같이 '한 개인의 인지체계 내에서의 불일치' 현상을 제시하는 적절한 도식을 제공해 준다. 이 도식에서는 '이동'과 '정지'라는 두 가지 공간이 나타나는데, 각 공간들은 고유의 속성을 가지며, 이 속성들이 '가상이동'의 인식에서 혼성된다. 그리고 '개념적 혼성'의 도식은 의미의 동적인 구성을 나타내 보여주는데, 이것은 3, 4장에서 제시될 '상대적 이동'과 '심리적 이동'에서 그 차이를 살펴볼 수 있을 것이다.

　2장에서는 '가상이동'의 개념, 유형 및 도식을 살펴보았다. 아래에서는 2장의 틀을 바탕으로 '상대적 이동'과 '심리적 이동'으로 나누어 '가상이동'의 양상과 의미 특성을 살펴볼 것이다. 여기에서 살펴볼 동사들은 개념화자의 이동을 나타내는 동사들 중에서 '지나다', '달리다', '흐르다'와 상태 변화를 나타내는 동사들 중에서 '뻗다', '잇다', '솟다'의 동사를 대상으로 각 이동의 양상을 살펴볼 것이다.

제3장
상대적 이동

 '상대적 이동'은 개념화자가 참조점인 이동체를 통해 비이동체의 이동을 인식하는 것을 말한다. '상대적 이동'에서 이동 인식은 문장 표현에서 주로 서술어를 통해 나타나며, 개념화자는 전경의 이동을 순차적으로 주사하며 관찰한다. '상대적 이동'은 '개념화자의 이동'과 '참조대상의 이동'으로 나누어지며, 아래에서는 전경에 따라 나타나는 동사의 특성과 그 의미 양상을 살펴볼 것이다.

1. 개념화자의 이동

 '상대적 이동'에서 '개념화자의 이동'은 개념화자의 이동을 참조점으로 비이동체를 이동으로 인식하는 것을 말한다. '개념화자의 이동'에서 개념화자는 이동 중에 나타나는 대상에 주의를 두며, 그 대상을 순차적으로 주사한다. 개념화자의 이동 방식에는 '도보' 이동과 '탈것' 이동으로 나누어진다.

1.1. 도보 이동에 따른 양상

'도보' 이동은 개념화자가 걷는 과정 중에 나타나는 비이동체에 이동성을 부여한 것을 말한다. '도보' 이동은 문장에서 도보로 이동한다는 정보가 나타나며, 서술어는 '가다', '오다'가 합성된 동사 형태를 띤다. 여기에서 '가다'는 개념화자의 이동 방향과 일치하며, '오다'는 개념화자의 이동 방향의 반대로 이동하고 있는 것으로 인식된다.

다음은 전경이 '길'로 나타나는 '도보' 이동이다.

    (1) 우리의 발자국을 기다리는 **길들이** 저 멀리서 **흘러오네요.**

예문 (1)에서 동사는 '흘러오다'로 '오다'를 통해 [이동]의 속성을, '흐르다'는 [방식]의 속성을 나타낸다. 이 동사의 속성은 전경이 이동해 오는 것으로 이해된다.

(1)에서 전경인 '길'은 이동 경로 중 나타나는 대상 중 하나로, 개념화자는 이 대상들에 주의를 두고 이동하며, 개념화자는 이동 중에 나타나는 전경인 '길'을 '흘러오다'와 함께 쓰인 표현들을 통해 전경이 개념화자에게로 이동하고 있는 것으로 인식한다.

다음은 전경이 '자연물'로 나타나는 도보 이동이다.

    (2) 성큼성큼 걸음들이 빠르다. **산이 지나가고** 개천이 지나가고.

예문 (2)에서 동사는 '지나가다'로 '가다'를 통해 [이동]의 속성을, '지나다'는 [경로]의 속성을 나타낸다. 이 동사의 속성은 전경이 이동의 경로를 거쳐 이동해 가는 것으로 이해된다. (2)에서 '걸음'은 도보로 이동 중임을 나타낸다.

(2)에서 전경인 '산', '개천'은 이동 경로 중 나타나는 대상 중 하나로, 개념화자는 이 대상들에 주의를 두고 이동하며, 개념화자는 이동 중에 나타나는 전경인 '길'을 '지나가다'와 함께 쓰인 표현들을 통해 전경이 이동하는 것으로 인식한다.

이처럼 '도보' 이동은 그 용례가 다양하게 나타나진 않지만, 개념화자가 걷는 과정 중에 비이동체인 전경에 주의를 두어 이동성을 인식하는 것으로 살펴볼 수 있다. 우선 '도보' 이동은 경로가 제시되지 않고, 주로 서술어를 통해 이동을 인식하는 것으로 살펴볼 수 있다. '도보' 이동에 나타나는 동사는 '흘러오다', '지나가다'로, '가다', '오다'의 쓰임을 통해 개념화자는 전경이 개념화자에게 혹은 개념화자에게로 이동하는 것으로 인식한다. 또한 '가다', '오다'의 사용은 개념화자를 중심으로 이동 방향을 나타내는 것으로 살펴볼 수 있다.

다음으로 '도보' 이동에 나타나는 전경은 '길'과 '자연물'이다. 이 전경들은 도보로 인해 개념화자의 인식에서 구체적으로 인식되며, 각 동사의 내적 속성에 따라 이동의 방식이 이해된다. '길'의 경우, '흘러오다'와 함께 개념화자의 인식에서 구체적으로 이동해 오는 것으로 인식된다.

1.2. 탈것 이동에 따른 양상

'탈것' 이동은 개념화자가 탈것으로 이동 중에 나타나는 비이동체에 이동성을 부여한 것을 말한다. '탈것' 이동은 문장에서 탈것으로 이동한 다는 정보가 나타나며, 서술어는 단일형과 합성형이 모두 나타난다. 여기에서 단일형의 동사 형태는 이동에만 주의를 두고 있으며, 합성형의 동사 형태는 이동과 그 경로에 주의를 두고 있는 것으로 나타난다.

우선 전경이 '길'로 나타나는 '탈것' 이동이다.

(3) a. 구불구불 산허리를 **달리는 도로** 양편에는 신록이 만든 푸른 그늘이 드리워져 있고 그 가운데를 달리는 자동차 앞 유리창으로 하얀 버드나무 씨앗이 눈송이처럼 부딪쳐 온다.
 b. 해변을 따라 꼬불꼬불 춤추면서 내 눈앞을 **달리다가**, 바다로 향해 기세 있게 돌입(突入)한 언덕바위로 인해 막히고 말았다.
 c. **길은** 다시 제법 가파르게 **치달리고** 있었다.

예문 (3)에서 동사는 '달리다', '치달리다'로, 이 동사들은 [이동], [방식]의 속성을 나타낸다. 이 동사의 속성은 전경이 빠른 속도로 이동하는 것으로 이해된다. (3)에서 나타나는 경로는 (3a)는 '자동차 앞 유리창으로'라는 표현을 통해 탈것을 통해 이동 중임을 알 수 있고, '산허리'라는 장소를 제시하여 이동 경로를 제시하였다. (3b)는 '내 눈앞을'이라는 표현을 통해 이동 중임을 알 수 있고, '해변을 따라'라는 표현을 통해 '길'이 이동하는 것으로 나타냈다. (3b)는 개념화자가 이동하면서 이동체를 참조점으로 비이동체를 이동으로 인식한다는 것을 나타낸다.[1] (3c)는 '치달리다'[2]를 통해 위쪽으로의 빠른 이동이 인식되며, '다시'라는 표현을

---

1 예문 (3b)와 같은 예는 다음 절에서 보겠지만, 개념화자가 이동체를 참조점으로 비이동체를 이동으로 인식하는 것에 동기를 부여한다. 여기에서는 '개념화자의 이동'에 더 주의를 두는 것으로 간주한다.
2 '치달리다'는 사전상 "아래에서 위로 향하여 달리다."로 정의되어 있다. 이 글에서

통해 이동 경로가 '치달리다'와 함께 내리막길에서 오르막길로 이동하는 것으로 나타난다.

(3)에서 개념화자는 이동 중에 나타나는 전경인 '길'을 '달리다'와 함께 쓰인 표현들을 통해, 전경의 빠른 이동으로 인식하며, '치달리다'를 통해 전경의 빠른 이동과 특정 방향으로의 이동으로 인식한다.

(4) 차는 한 곳에 정지되어 있는 것처럼 보인다. **흘러가는** 것은 **도로**다.

예문 (4)에서 동사는 '흘러가다'로, '가다'를 통해 [이동]의 속성을, '흐르다'는 [방식]의 속성이 나타난다. 이 동사의 속성은 전경이 이동해 가는 것으로 이해된다. '차'라는 표현을 통해 이동 중임을 나타낸다.

(4)에서 전경인 '도로'는 이동 중 나타나는 대상 중 하나로, 개념화자는 이동 중에 나타나는 전경인 '도로'를 '흘러가다'와 함께 쓰인 표현들을 통해 전경이 개념화자의 이동 경로를 따라 이동하는 것으로 인식한다.

다음은 전경이 '산'으로 나타나는 '탈것' 이동이다.

(5) 그리고 지금 버스가 달리고 있는 길을 에워싸며 버스를 향하여 **달려오고** 있는 **산줄기**의 저편에 바다가 있다는 것을 알리는 소금기, 그런 것들이 이상스레 한데 어울리면서 녹아 있었다.

예문 (5)에서 동사는 '달려오다'로, '오다'에서 [이동], '달리다'를 통해 [방식]의 속성이 나타난다. 이 동사의 속성은 전경이 빠르게 이동해 오는 것으로 이해된다. '버스가 달리다'라는 표현은 이동 중임을 나타내고, '버스를 향하여'라는 표현은 전경이 개념화자에게로 이동하는 것으로 이해

───────────
는 '치달리다'가 이동 속도와 그 경로를 함께 나타내는 동사로 간주한다.

된다.

(5)에서 전경인 '산줄기'는 이동 경로 중 나타나는 대상 중 하나로, 개념화자는 이동 중에 나타나는 전경인 '산줄기'를 '달려오다'와 함께 쓰인 표현들을 통해, 전경이 개념화자에게로 이동하는 것으로 인식한다.

다음은 전경이 '식물'로 나타나는 '탈것' 이동이다.

(6) a. 빈약한 **가로수들이** 차창을 **지나쳐간다**.
    b. 오랜만에 기차를 타고 야외로 나오니 창밖으로 **지나가는 나무, 꽃들**을 보는 것만으로도 기분이 상쾌해졌다.

예문 (6)에서 동사는 '지나쳐가다', '지나가다'로, '가다'의 [이동]의 속성과 '지나치다', '지나다'의 [경로]의 속성이 나타난다. 이 동사의 속성은 전경이 이동 경로를 통과해 이동해 가는 것으로 이해된다. (6a)에서 '차창을', (6b)에서 '창밖으로'라는 표현을 통해 이동 중임을 나타낸다. 그리고 전경에서 '들'의 쓰임이 나타나는데, (6a)에서 '가로수들', (6b)에서 '나무, 꽃들'은 전경이 이동 중에 연속적으로 관찰되고 있음을 나타낸다.

(6)에서 전경인 '식물'은 이동 경로 중 나타나는 대상 중 하나로, 개념화자는 이동 중에 나타나는 전경인 '식물'을 '지나쳐가다', '지나가다'와 함께 쓰인 표현들을 통해, 전경이 개념화자를 거쳐 이동해 가는 것으로 인식한다.

다음은 전경이 '인공물'로 나타나는 '탈것' 이동이다.

(7) a. **부산진역이 지나고** 종착역이 다가오고 있었다.
    b. 춘천의 외곽 지대를 꾸미는 **주택가의 그런그런 풍경들이** 차창을 **지나가고** 있었다.

예문 (7)에서 동사는 '지나다', '지나가다'로, '지나다'에서 [이동], [경로]의 속성이, '지나가다'에서 '가다'의 [이동]의 속성과 '지나다'의 [경로]의 속성이 나타난다. 이 동사의 속성은 전경이 이동 경로를 거쳐 이동하는 것으로 이해된다. (7a)에서 '부산진역이 지나다', '종착역이 다가오다', (7b)에서 '차창을'이라는 표현은 개념화자가 이동 중에 있음을 나타낸다.

(7)에서 전경인 '인공물'은 이동 경로 중 나타나는 대상으로, 개념화자는 이동 중에 나타나는 전경인 '인공물'을 '지나다', '지나가다'와 함께 쓰인 표현들을 통해, 전경이 개념화자를 거쳐 이동해 가는 것으로 인식한다.

(8) a. 차창 밖으로 **서울의 불빛이 흘렀다**.
　　 b. ○○의 늘씬한 얼굴 위로 차창에 비친 **도시의 불빛들이 흐른다**.

예문 (8)에서 동사는 '흐르다'로 [이동], [방식]의 속성을 나타낸다. 이 동사의 속성은 전경이 천천히 이동하는 것으로 이해된다. (8a)에서 '차창 밖으로', (8b)에서 '차창에 비친'이라는 표현을 통해 이동 중임을 나타낸다.

(8)에서 전경인 '인공물'은 이동 경로 중 나타나는 대상 중 하나로, 개념화자는 이동 중에 나타나는 전경인 '불빛'을 '흐르다'와 함께 쓰인 표현들을 통해, 전경이 개념화자를 따라 이동하는 것으로 인식한다.

다음은 전경이 '자연물'로 나타나는 '탈것' 이동이다.

(9) a. 간혹 길 왼편으로 **구릉지대가 지나고** 목초지대가 펼쳐지기도 했었다.
　　 b. 창가에 앉아 해안선을 따라 **지나치는 섬들**을 바라보며 맥주를 마셨는데, 그 맛이 기막혔다.

예문 (9)에서 동사는 '지나다', '지나치다'로, [이동], [경로]의 속성을 나타낸다. 이 동사의 속성은 이동 경로를 거쳐 이동하는 것으로 이해된다.

(9a)에서 '길 왼편으로', (9b)에서 '창가에 앉아'라는 표현을 통해 이동 중에 있음을 나타낸다. 그리고 (9b)에서 '해변을 따라'라는 표현은 이 대상을 따라 '길'이 이동하는 것으로 나타냈다. 이것은 개념화자가 이동하면서 이동체를 참조점으로 비이동체를 이동으로 인식한다는 것을 나타낸다.3

(9)에서 전경인 '자연물'은 이동 경로 중 나타나는 대상 중 하나로, 개념화자는 이동 중에 나타나는 전경인 '자연물'을 '지나다', '지나치다'와 함께 쓰인 표현들을 통해, 전경이 개념화자를 거쳐 이동해 가는 것으로 인식한다.

(10) ○○은 차창 밖을 내다보았다. 차 안에서 바라본 **달리는 풍경** 같은 것.

예문 (10)에서 동사는 '달리다'로, [이동], [방식]의 속성을 나타낸다. 이 동사의 속성은 전경이 빠르게 이동하는 것으로 이해된다. (10)에서 '차 안에서 바라본'이라는 표현은 이동 중임을 나타낸다.

(10)에서 전경인 '풍경'은 이동 경로 중 나타나는 대상 중 하나로, 개념화자는 이동 중에 나타나는 전경인 '풍경'을 '달리다'와 함께 쓰인 표현들을 통해, 전경이 개념화자를 따라 빠르게 이동하는 것으로 인식한다.

마지막으로 전경이 여러 대상으로 나타나는 '탈것' 이동이다.

(11) 고속도로 양옆으로 **똑같은 야자수와 집들과 거리가** 스쳐 **지나가고** 있을 뿐이었다.

예문 (11)에서 동사는 '지나가다'로, '가다'를 통해 [이동]의 속성을,

---

3   예문 (9b)와 같은 예는 다음 절에서 보겠지만, 개념화자가 이동체를 참조점으로 비이동체를 이동으로 인식하는 것에 동기를 부여한다. 여기에서는 '개념화자의 이동'에 더 주의를 두는 것으로 간주한다.

'지나다'는 [경로]의 속성을 나타낸다. 이 동사의 속성은 이동 경로를 거쳐 이동해 가는 것으로 이해된다. (11)에서 '고속도로 양옆으로'라는 표현은 이동 중임을 나타낸다.

(11)에서 전경은 이동 경로 중 나타나는 대상 중 하나로, 개념화자는 이동 중에 나타나는 전경인 '야자수', '집', '거리'를 '지나가다'와 함께 쓰인 표현들을 통해, 전경이 개념화자를 거쳐 이동해 가는 것으로 인식한다.

이처럼 '탈것' 이동은 개념화자가 탈것으로 이동 중에 관찰되는 대상 중 비이동체인 전경에 주의를 두는 것으로 살펴볼 수 있다. 우선 '탈것' 이동은 경로가 선택적으로 제시되며, 서술어와 장소를 나타내는 부사어를 통해 이동이 인식되는 것으로 살펴볼 수 있다. '탈것' 이동에 나타나는 동사는 '달리다', '치달리다', '달려오다', '흐르다', '흘러가다', '지나다', '지나치다', '지나쳐가다', '지나가다'로, 동사 단일형은 동사 내적인 속성이 부각되는데 반해, 동사 합성형은 '가다', '오다'의 쓰임을 통해 [이동]의 속성과 이동의 방향이 나타난다.

다음으로 '탈것' 이동에 나타나는 전경은 '길', '산', '식물', '인공물', '자연물'이다. 이 전경들은 탈것의 이동으로 인해 개념화자의 인식에서 빠르게 인식되며, 각 동사의 내적 속성에 따라 이동의 방식이 이해된다. '길'의 경우, 두 가지 이동 인식이 나타나는데, '달리다'와 함께 쓰여 빠르게 이동하는 것으로 인식되거나 '흘러가다'와 함께 쓰여 이동 방향과 함께 느리게 이동하는 것으로 인식된다.

1.3. 개념화자의 이동 도식

'개념화자의 이동'에서 개념화자는 '도보' 혹은 '탈것'을 통해 이동하며, 이동 중에 전경에 주의를 두어 이동성을 부여한다. '개념화자의 이동'을 도식으로 나타내면 다음과 같다.

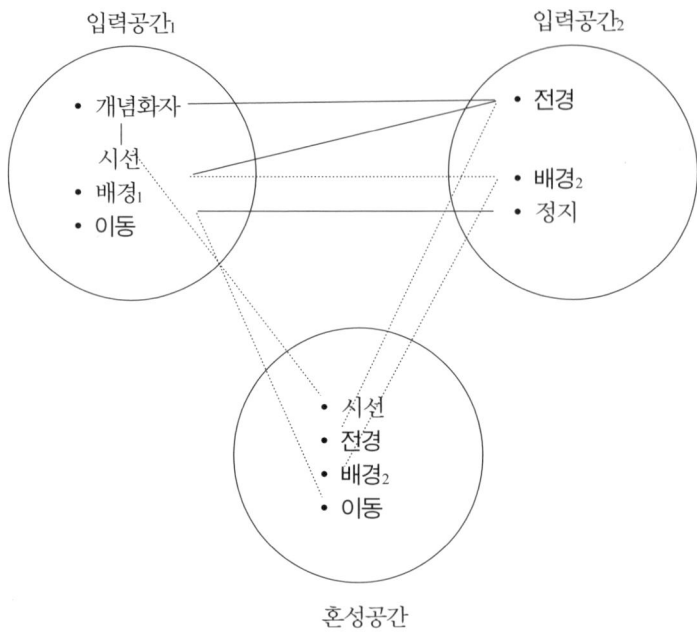

〈그림 3-1〉 개념적 혼성으로 나타낸 '개념화자의 이동'

'개념화자의 이동'에서 개념화자는 이동 중에 시선의 이동을 통해 대상을 관찰하며, 전경은 실제 배경의 한 부분으로 이해된다. '도보' 이동에서는 주로 동사 복합형으로 나타나며, '가다', '오다'의 쓰임을 통해 개념화자가 전경 간의 개념적 거리를 나타냈다. 그리고 '탈것' 이동에서는 동사 단일형과 합성형이 함께 나타나며, 단일형은 개념화자가 이동에만 주의를 두고 있으며, 합성형은 개념화자가 이동과 그 경로에 주의를 두고 있는 것으로 나타났다.

<그림 3-1>은 '개념화자의 이동'을 '개념적 혼성'의 도식으로 나타낸 것이다. '입력공간$_1$'은 '이동' 공간으로 '개념화자', '배경$_1$', '이동'의 속성이 나타난다. 여기에서 '개념화자'는 이동 중에 전경을 관찰하며, 그 관찰은 환유적으로 개념화자의 '시선'을 통해서이다. 그리고 개념화자가 이동 중에 나타나는 '배경$_1$', 개념화자의 '이동'의 속성이 나타난다.

'입력공간$_2$'는 '정지' 공간으로 '전경', '배경$_2$', '정지'의 속성이 나타난다. 여기에서 '전경'은 '입력공간$_1$'에서의 배경 즉, 실제 배경의 일부분으로 개념화자의 주의를 받는 속성이다. '배경$_2$'는 전체 배경에서 '전경'을 제외한 배경을 나타낸다. '정지'는 전경의 실제 상태를 나타낸다.

'혼성공간'은 각 '입력공간'에서 개념화자의 '시선', '전경', '배경$_2$', '이동'의 속성이 나타난다. 여기에서 '전경', '배경$_2$'는 '입력공간$_1$'의 '배경$_1$'과 동일하며, 주의를 받는 '전경'은 실선으로, 그 나머지 배경은 점선으로 입력공간들을 연결하였다. '혼성공간'에서 나타나는 속성들을 통해, 개념화자는 이동 중에 '가상이동'을 인식한다.

이 도식을 실제 예에 적용해 보면 다음과 같다.

(12) 우리의 발자국을 기다리는 **길들이** 저 멀리서 **흘러오네요**

예문 (12)는 '도보' 이동에서 전경인 '길'을 이동하는 것으로 인식하는 예로이다. 이 예문에서 '발자국'이라는 어휘를 통해 개념화자가 이동 중임을 나타내고, '길'은 비이동체인 전경을 나타낸다. 그리고 동사는 '흘러오다'가 사용되었는데, '흐르다'는 물이 흐르는 것처럼 그 이동의 흐름이 느린 것을 나타내고, '오다'의 사용은 비이동체인 전경 '길'이 개념화자에게로 이동해 오는 것으로 인식된다. 여기에서 개념화자는 자신이 정지해 있고, 전경이 이동하는 것으로 인식한다. 이 예를 '개념적 혼성' 도식으로 나타내 보면 다음 그림과 같다.

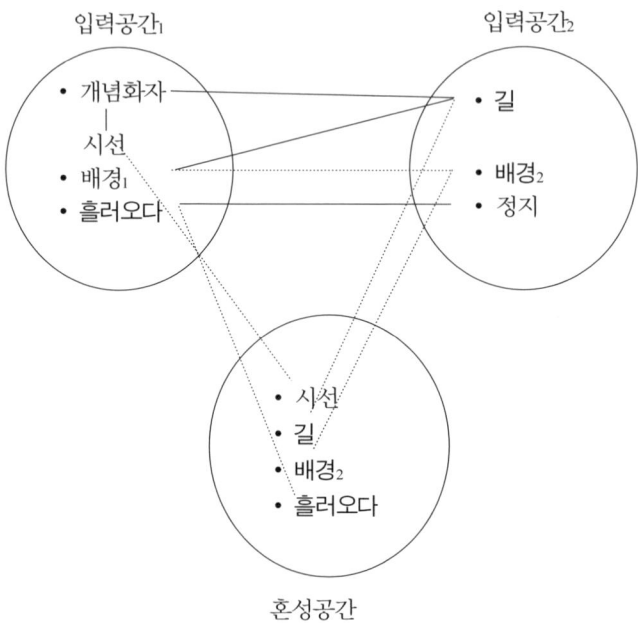

〈그림 3-2〉 '우리의 발자국을 기다리는 길들이 저 멀리서 흘러오네요'의 도식

<그림 3-2>는 예문 (12)를 '개념적 혼성' 도식으로 나타낸 것이다. (12)는 '도보' 이동으로 비이동체인 전경에 이동성을 부여하는 예로, <그림 3-2>에서 전경 '길'이 '흘러오다'와 함께 나타나는 의미 구성을 살펴볼 수 있다. <그림 3-2>에서 '혼성공간'을 살펴보면, 개념화자의 '시선'이 '길'을 관찰하여 이동성을 부과하고 있으며, '흘러오다'를 통해 이동을 나타냈다. 이를 통해 개념화자는 '길'이 이동하여 오는 것으로 인식한다.

지금까지 '개념화자의 이동'을 '개념적 혼성'의 도식으로 나타내 보았다. 이 도식을 통해 개념화자는 '이동' 공간에서 배경의 속성이 '정지' 공

간에서 전경으로 인식하며, 그 전경에 이동성을 부여하였다. 이것은 '전경-배경 역전 현상'으로 살펴볼 수 있으며, 배경에 주의를 두어 그 대상을 현저하게 나타내는 개념화자의 인지적 양상이다.

2. 참조대상의 이동

'상대적 이동'에서 '참조대상의 이동'은 개념화자가 정지한 상태에서, 참조점인 이동체를 통해 비이동체를 이동하는 것으로 인식하는 것을 말한다. '참조대상의 이동'에서 개념화자는 참조점인 이동체를 따라 나타나는 대상에 주의를 두며, 그 대상을 이동 경로에 따라 순차적으로 주사한다.

2.1. 참조대상의 이동 양상

'참조대상의 이동'은 문장에서 '-을 따라'와 같이 참조점인 이동체에 대한 정보가 나타나며, 서술어는 단일형과 합성형이 모두 나타난다. 여기에서 단일형의 동사 형태는 참조점의 이동에만 주의를 두고 있으며, 합성형의 동사 형태는 이동과 경로에 주의를 두고 있는 것으로 나타난다. 이 참조점들은 자연물인 경우가 대다수로, 전경에 상대적으로 배경으로 기능한다. 개념화자는 참조점인 이동체의 이동을 전경인 비이동체에 투사한다.

우선, 전경이 '길'로 나타나는 '참조대상의 이동'이다.

(13) a. **장항선 철도가** 상정천과 나란히 **달리고** 있고, 내륙인 청양과 천수만 건너의 안면도에 이르는 육로, 해로가 있어 교통이 편리하다.
b. 와타라세 강줄기를 따라서 **달리는** 아시오까지의 **철도**와, 닛코로 통

하는 국도를 따라 인가가 드문드문 있는 조그만 마을이 바로 우리 마을인데….
c. 연안을 따라 **시베리아 철도가 달린다**.
d. **이 국도는** 미군의 북상 경로 중 최서단에 있으며 멀리 떨어진 유프라테스 강과 평행을 이루며 **달리는** 길이다.

예문 (13)에서 동사는 '달리다'로, [이동], [방식]의 속성이 나타난다. 이 동사의 속성은 전경이 빠른 속도로 이동하는 것으로 이해된다. (13)에서 참조점은 (13a)에서 '상정천과 나란히', (13b)에서 '강줄기를 따라서', (13c)에서 '연안을 따라', (13d)에서 '강과 평행을 이루며'로 나타난다.

(13)에서 개념화자는 정지 상태에서 전경인 '길'을 이동 방식의 '달리다'와 함께 쓰인 표현을 통해, 전경이 참조점의 이동 경로를 따라, 빠르게 이동하는 것으로 인식한다.

(14) a. 특히 북한강변을 따라 곧게 **뻗어 있는 이 도로는** 가족이나 연인과 함께 드라이브 즐기기에 최적의 코스
b. 나는 합천호를 끼고 거의 일직선으로 **뻗어 있는 200여 미터의 도로**를 서성이며 사고 당시의 상황을 상상해 보려 애썼다.
c. 그 여자는 냇물을 따라서 **뻗어 나간 길**로 가야 했고 나는 곧장 난 길로 가야 했다.

예문 (14)에서 동사는 '뻗어 있다', '뻗어 나가다'로, '뻗다'는 [이동], '-어 있다'는 [상태], '-어 나가다'는 [방향]의 속성이 나타난다. 이 동사의 속성은 전경이 이동하는 상태 혹은 이동해 가는 것으로 이해된다. (14)에서 참조점은 (14a)에서 '북한강변을 따라', (14b)에서 '합천호를 끼고', (14c)에서 '냇물을 따라서'로 나타난다. (14a, b)에서 서술어 '뻗어 있다'

는 '길'의 모양에 이동성을 부여한 것으로, (14a)에서 '곧게', (14b)에서 '일직선으로'라는 형태를 통해 나타냈다. 그리고 (14c)에서 '뻗어 나가다'는 '길'의 이동 방향을 나타냈다.

(14)에서 개념화자는 전경인 '길'을 '뻗어 있다', '뻗어 나가다'와 함께 쓰인 표현을 통해, 전경이 '참조대상의 이동' 경로를 따라, 이동하는 상태 혹은 이동하고 있는 것으로 인식한다.

  (15) 해안을 따라서 **도로가** 남북으로 **이어지고**, 영동선 철도와 영동 고속도로가 지나고 있어 교통이 편리한 편이다.

예문 (15)에서 동사는 '이어지다'로, [이동]의 속성이 나타난다. 이 동사의 속성은 전경의 이동으로 이해된다. (15)에서 참조점은 '해안을 따라서'로 나타난다. 그리고 '남북으로'라는 표현은 이동 경로 중 방향을 나타낸다.

(15)에서 개념화자는 전경인 '도로'을 '이어지다'와 함께 쓰인 표현을 통해, 전경이 '참조대상의 이동' 경로를 따라, 그 경로 방향을 따라 이동하는 것으로 인식한다.

다음은 전경이 '산'으로 나타나는 '참조대상의 이동'이다.

  (16) a. 한반도의 남북 간은 동해안을 따라 **달리는 산맥이** 험하여, 지방 사람들이 매우 불편한 생활을 했기 때문에 지방민의 복지를 생각해서 한 일이다.
  b. 낭림산맥에서 갈라져 압록강을 따라 동서로 **달리는 강남산맥** 가운데 있는 주요 봉우리의 하나이다.

예문 (16)에서 동사는 '달리다'로, [이동], [방식]의 속성이 나타난다.

이 동사의 속성은 전경이 빠른 속도로 이동하는 것으로 이해된다. (16)에서 참조점은 (16a)에서 '동해안을 따라', (16b)에서 '압록강을 따라'로 나타난다.

(16)에서 개념화자는 정지 상태에서 전경인 '산맥'을 이동 방식의 '달리다'와 함께 쓰인 표현을 통해, 전경이 참조점의 이동 경로를 따라, 빠르게 이동하는 것으로 인식한다.

(17) 서부 해안을 따라 **화산성의 바리산 산맥이 뻗어 있어** 동해안은 습지를 이루고 있으며, 중부 고원에 인구가 집중되어 있다.

예문 (17)에서 동사는 '뻗어 있다'로, '뻗다'는 [이동], '-어 있다'는 [상태]의 속성이 나타난다. 이 동사의 속성은 전경이 이동하는 상태를 나타내는 것으로 이해된다. (17)에서 참조점은 '해안을 따라'로 나타난다. 서술어 '뻗어 있다'는 '산맥'의 모양에 이동성을 부여한 것으로 나타난다.

(17)에서 개념화자는 전경인 '산맥'을 '뻗어 있다'와 함께 쓰인 표현을 통해, 전경이 '참조대상의 이동' 경로를 따라, 이동하는 상태를 인식한다.

다음은 전경이 '인공물'로 나타나는 '참조대상의 이동'이다.

(18) 강을 따라 **뻗어 있는** 긴 **둑도** 걸어 다닐 만하게 보인다.

예문 (18)에서 동사는 '뻗어 있다'로, '뻗다'는 [이동], '-어 있다'는 [상태]의 속성이 나타난다. 이 동사의 속성은 전경이 이동하는 상태를 나타내는 것으로 이해된다. (18)에서 참조점은 '강을 따라'로 나타난다. 서술어 '뻗어 있다'는 '둑'의 모양에 이동성을 부여한 것으로 나타난다.

(18)에서 개념화자는 전경인 '둑'을 '뻗어 있다'와 함께 쓰인 표현을 통

해, 전경이 '참조대상의 이동' 경로를 따라 이동하는 상태를 인식한다. 다음은 전경이 '자연물'로 나타나는 '참조대상의 이동'이다.

    (19) 비포장도로를 달려가는 아버지의 자전거. 열 지어 선 **가로수가** 천천히 **지나간다**.

예문 (19)에서 동사는 '지나가다'로, '가다'를 통해 [이동], '지나다'는 [경로]의 속성을 나타낸다. 이 동사의 속성은 전경이 경로를 거쳐 이동하는 것으로 이해된다. (19)에서 참조점 '자전거'로 나타나며, 개념화자는 전경인 '가로수'를 '지나가다'와 함께 쓰인 표현을 통해, '참조대상의 이동' 경로를 따라 전경이 '참조대상'을 거쳐 이동하는 것으로 인식한다.

이처럼 '참조대상의 이동'은 개념화자가 정지 상태에서 참조점인 이동체를 따라 전경에 주의를 두는 것으로 살펴볼 수 있다. 우선 '참조대상의 이동'은 참조점이 경로로 제시되며, 그밖에 '남북으로', '동서로'와 같이 이동의 방향을 나타내는 표현을 통해 이동이 인식되는 것으로 살펴볼 수 있다. '참조대상의 이동'에 나타나는 동사는 '달리다', '뻗어 있다', '이어지다', '지나가다'로 단일형인 '달리다'는 그 이동의 방식이 부각되며, 합성형인 나머지 동사들은 이동의 상태나 경로를 나타냈다.

다음으로 '참조대상의 이동'에 나타나는 전경은 '길', '산', '인공물', '자연물'이다. 이 전경들은 개념화자의 이동 인식에 따라 문장에서 동사의 속성에 따라 그 이동 방식이 이해된다. '길'의 경우, 두 가지 이동 인식이 나타나는데, '달리다'와 함께 쓰여 빠르게 이동하는 것으로 인식되거나, '뻗어 있다'와 함께 쓰여 그 이동의 상태를 나타내는 것으로 인식된다.

'참조대상의 이동'은 문장에서 제시된 참조점과 전경을 통해 둘 다에 '주의'를 둘 수 있는데, 이것은 문장에서 경로가 제시된 것으로 비추어 살펴볼 수 있다. 이 경로의 인식은 전경이 이동하도록 하는 동기를 제공한다.

2.2. 참조대상의 이동 도식

'참조대상의 이동'에서 개념화자는 정지 상태에서 참조점인 이동체를 통해, 비이동체인 전경에 이동성을 부여한다. 개념화자는 정지 상태에서 시선의 이동을 통해 대상을 관찰하며, 전경은 참조점의 이동의 속성이 투사된 것으로 이해된다. 이것을 도식으로 나타내 보면 다음과 같다.

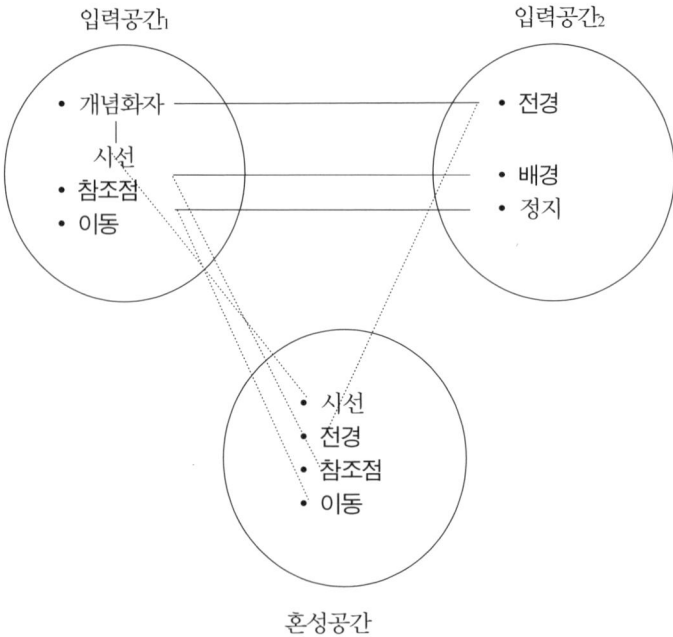

〈그림 3-3〉 개념적 혼성으로 나타낸 '참조대상의 이동'

<그림 3-3>은 '참조대상의 이동'을 '개념적 혼성'의 도식으로 나타낸 것이다. '입력공간₁'은 '이동' 공간으로 '개념화자', '참조점', '이동'의 속성이 나타난다. 여기에서 '개념화자'는 정지한 상태에서 전경을 관찰하며, 그 관찰은 환유적으로 개념화자의 '시선'을 통해 나타난다. 그리고 개념화자의 시선 관찰에서 나타나는 '참조점', 그리고 참조점의 '이동'이라는 속성이 나타난다.

'입력공간₂'는 '정지' 공간으로 '전경', '배경', '정지'의 속성이 나타난다. 여기에서 '전경'은 '입력공간₁'에서 참조점과 함께 나타나며, 개념화자의 주의를 받는 속성이다. '배경'은 전체 배경을 나타낸다. '정지'는 전경의 실제 상태를 나타낸다.

'혼성공간'은 각 '입력공간'에서 개념화자의 '시선', '전경', '참조점', '이동'의 속성이 나타난다. 여기에서 '전경', '참조점'은 개념화자의 주의를 받는 대상이다. '혼성공간'에서 나타나는 속성들을 통해, 개념화자는 이동 중에 '가상이동'을 인식한다. 이 도식을 실제 예에 적용해 보면 다음과 같다.

(20) 연안을 따라 시베리아 **철로가 달린다.**

예문 (20)은 참조점인 '연안'의 이동이 '철로'에 사상되어, '철도'가 이동하는 것으로 인식되는 예이다. 이 예를 '개념적 혼성' 도식으로 나타내 보면 다음 그림과 같다.

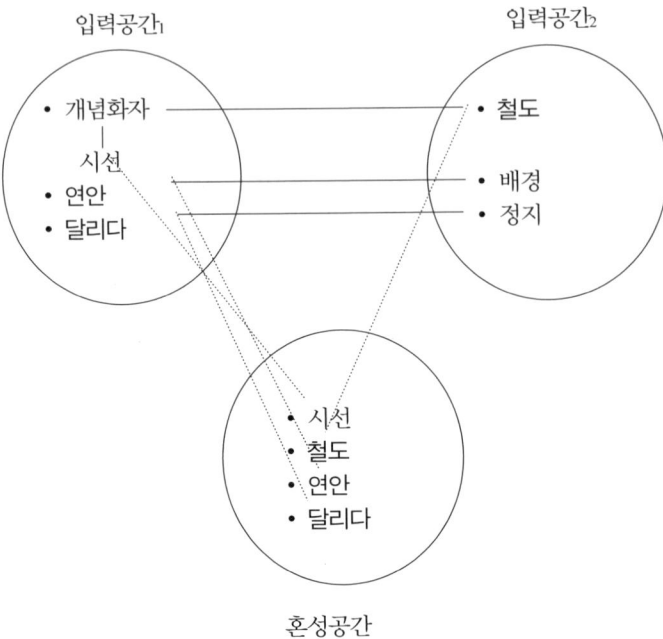

〈그림 3-4〉 '연안을 따라 시베리아 철도가 달린다'의 도식

<그림 3-4>는 예문 (20)을 '개념적 혼성' 도식으로 나타낸 것이다. (20)은 참조점인 '연안'의 이동을 통해, 전경 '철로'가 '달리다'와 함께 나타나는 의미 구성을 살펴볼 수 있다. <그림 3-4>에서 '혼성공간'을 살펴보면, 개념화자의 '시선'이 참조점인 '연안'을 통해 '철도'에 이동성을 부여하고 있으며, 이동을 '달리다'를 통해 나타냈다. 이를 통해 개념화자는 '철로'가 이동하는 것으로 인식한다.

지금까지 '참조대상의 이동'을 '개념적 혼성'의 도식으로 나타내 보았다. 이 도식을 통해 개념화자는 '이동' 공간에서 참조점의 이동을 통해, '정지' 공간에서 전경을 이동으로 인식하며, 그 전경에 이동성을 부여하는 것으로 살펴보았다. 이것은 참조점의 '이동' 속성을 비이동체에 '사상'

하는 것으로, 참조점을 통해 전경을 현저하게 나타내는 개념화자의 인지적 양상이다.

3. 상대적 이동의 의미 특성

'상대적 이동'은 의미적으로 이동체의 이동이 전이되어 비이동체를 이동으로 인식하는 현상을 말한다. 이 절에서는 '상대적 이동'의 하위 범주인 '개념화자의 이동', '참조대상의 이동'에서 나타나는 표현상 제약들을 살펴볼 것이다. 그 제약은 각각의 이동에서 관찰 대상의 이동 유무, 전경의 속성, 동사의 양상 그리고 부사어와 공기제약이다. 이러한 제약을 통해 '상대적 이동'의 인지적 특성을 살펴볼 것이다.

3.1. 언어적 특성

'상대적 이동'은 참조점인 이동체를 통해 이동을 인식한다. 즉, '개념화자의 이동'의 경우 참조점은 개념화자로, '참조대상의 이동'의 경우 참조점은 이동체로 나타난다. 이러한 참조점의 이동은 비이동체인 전경을 이동으로 인식되도록 해 준다.

'상대적 이동'의 표현상 특성은 2.1.절에서 제시한 제약에 따른다. 그 제약은 다음과 같다.[4]

---

[4] 임지룡(2008: 311-312)에서는 '상대적 이동'의 표현상 특성을 '경로의 수의성', '이동 속도', '이동의 일방향성'의 3가지로 제시하였다. 이 글에서는 이 특성들과 함께 동사의 양상도 살펴볼 것이다.

(21) a. 관찰 대상의 이동 유무
 b. 전경의 의미 속성
 c. 동사의 실현 양상
 d. 부사어와 공기제약

첫째, (21a)에서 제시한 '관찰 대상의 이동 유무'를 살펴보면, '상대적 이동'은 이동체인 참조점을 통해 관찰 대상인 전경을 이동으로 인식한다. 여기에서 참조점은 '개념화자의 이동'에서 개념화자, '참조대상의 이동'에서 이동체이다. 이 대상들은 개념화자의 인식에서 전경인 비이동체에 전이되어 이동성을 부여 받는다. 즉, '상대적 이동'에서 전경은 참조점의 이동에 의해 이동성을 부여 받는다.

둘째, (21b)에서 제시한 '전경의 의미 속성'을 살펴보면, 우선 '개념화자의 이동'에서 전경은 '길', '산', '식물', '인공물', '자연물' 등으로 나타난다. 각각의 전경은 개념화자가 이동 중에 관찰하는 대상들로, 이동 중인 개념화자는 이 전경들을 '점', '선'으로 인식한다.

'개념화자의 이동'에서 전경은 이동과 함께 그 방향성을 나타낼 수 있는데, 이 방향성은 개념화자와 같은 방향이거나 반대 방향으로 이동하는 것으로 인식되어 나타낸다. 그리고 그 방향은 수평적 혹은 수직적으로 인식된다. 다음 예문을 살펴보자.

(22) a. 빈약한 **가로수들이** 차창을 **지나쳐간다**.
 b. 차창 밖으로 서울의 **불빛이 흘렀다**.

예문 (22)는 '개념화자의 이동'에서 전경의 속성을 통해 이동의 방향이 수평적인 것으로 나타난다. (22)에서 전경은 (22a)에서 '가로수들', (22b)에서 '불빛'으로 나타난다. (22a)에서 '가로수'는 그 자체로 수직적인 속성을 가지고 있지만, '들'이라는 복수 접미사의 사용은 '가로수'라는 개체들이 연속적으로 이어져 관찰되고 있음을 나타낸다. 이를 통해 '가로수들'은 그 대상들이 이어져 수평적으로 연결되어 있는 것으로 인식된다. (22b)에서 '불빛'은 그 자체로 방향과 관련이 없지만, 이동 중에 개념화자는 '불빛'의 연속을 관찰하며, '불빛'의 나열을 수평적으로 이동하는 것으로 인식한다.

반면 개념화자는 전경의 속성과 관계없이 이동 방식에 따라 전경을 수직적으로 인식 가능하다. 다음 예를 살펴보자.

(23) **길은** 다시 제법 가파르게 **치달리고** 있었다.

예문 (23)에서 '길'은 일반적으로 수평적인 속성으로 인식되지만, 서술어 '치달리다'와 '다시'라는 표현은 '길'의 속성이 상하로 되어 있는 것으로 인식된다. 이것은 실제 '길'의 모습을 정면에서 관찰하여 나타낸 것으로 간주된다. 즉, 개념화자에게 '탈것' 이동에서 차의 창문이라는 제약은 '앞', '옆'에서 관찰할 경우 다르게 인식된다. 보통 '옆'에서 관찰할 때에는 수평적으로, '앞'에서 관찰할 때에는 수평, 수직적으로 관찰 가능하다.

다음으로 '참조대상의 이동'에서 전경은 '길', '산', '인공물', '자연물' 등으로 나타난다. 각각의 전경은 참조점인 이동체와 함께 인식되며, 참조점을 따라 전경의 일부가 인식된다. 개념화자는 정지 상태에서 전경을 참조점과 함께 관찰하므로, 전경은 참조점을 따라 '선'의 이동으로 인식된다.

'참조대상의 이동'에서 전경의 속성은 대체로 참조점의 이동과 동일한 방향을 나타내며, 주로 수평적으로 이동하는 것으로 인식된다. 다음 예문을 살펴보자.

(24) a. 와타라세 강줄기를 따라서 **달리는** 아시오까지의 **철도**….
　　 b. 강을 따라 **뻗어 있는** 긴 둑도 걸어 다닐 만하게 보인다.

예문 (24)는 '참조대상의 이동'에서 참조점을 통해 이동의 방향이 수평적인 것으로 나타난다. (24)에서 참조점은 (24a)에서 '강줄기를 따라서', (24b)에서 '강을 따라'로 나타나며, 이 참조점을 따라 전경이 수평적으로 이동하는 것으로 인식이 가능하다. 개념화자는 참조점의 이동을 비이동체인 전경에 사상한다.

그리고 '참조대상의 이동'에서 문맥을 통해 전경의 이동 방향이 나타난다. 다음 예를 살펴보자.

(25) 비포장도로를 달려가는 아버지의 자전거. 열 지어 선 **가로수가** 천천히 **지나간다**.

예문 (25)에서 전경인 '가로수'는 '지나가다'와 함께 쓰여 '심리적 이동'의 예로 보인다. 하지만 선행 문장에서 전경인 '아버지의 자전거'가 '달려가다'와 함께 쓰여 아버지의 이동이 전경의 참조점으로 나타난다. 이 예에서도 '자전거'의 이동 방향으로 전경이 수평적으로 이동하는 것으로 인식된다.

이처럼 '상대적 이동'에서 전경의 속성은 개념화자가 실제 관찰하고 있는 것으로 인식되는 대상으로, '개념화자의 이동'에서 전경은 '점', '선'으로, '참조대상의 이동'에서 전경은 '선'으로 인식된다. 그리고 '상대적 이동'에서 전경의 이동 방향은 주로 수평적으로 나타나지만, '탈것 이동'에서는 동사와 부사어의 사용을 통해 수직적으로 인식하는 것으로 나타나기도 한다.

셋째, (21c)에서 제시한 '동사의 실현 양상'을 살펴보면 다음과 같다. '개념화자의 이동'에서 '도보 이동'에 나타난 동사들은 '흘러오다', '지나가다'로, '탈것 이동'에 나타난 동사들은 '달리다', '치달리다', '달려오다', '흐르다', '흘러가다', '지나다', '지나치다', '지나쳐가다', '지나가다'로 나타난다. 이 동사들은 모두 전형적으로 이동을 나타낸 동사들로, 개념화자가 직접 이동하면서 관찰하는 대상에 개념화자의 이동성을 부여하는 방식으로 이해된다. 이것을 상세히 살펴보면 다음과 같다.

우선 '도보 이동'에 나타나는 동사들은 '흘러오다', '지나가다'로 동사의 복합형으로 나타난다. 이 동사들은 개념화자가 도보로 이동 중이므로 그 속도가 빠르지 않다. 따라서 '도보 이동'에서 빠른 속도감을 나타내는 '달리다'보다 '흐르다'와 '지나다'의 쓰임이 자연스럽게 인식된다.

그리고 개념화자는 도보로 이동하면서 시선 이동으로 전경에 주의를 두고 있으며, 시선 이동의 방향은 개념화자의 이동 방향과 일치한다. 이것은 동사에서 '가다'와의 쓰임을 통해 나타난다. 반면 '오다'와의 쓰임은 개념화자의 이동 방향과 시선이 반대 방향으로 나타난다는 것을 말한다. 다음 예를 살펴보자.

(26) a. 우리의 발자국을 기다리는 **길들이** 저 멀리서 **흘러오네요**.
   b. 성큼성큼 걸음들이 빠르다. **산이 지나가고** 개천이 지나가고

예문 (26)은 '도보 이동'으로, (26a)에서 전경인 '길들'은 '흘러오다'와 함께 쓰였고, (26b)에서 전경인 '산'은 '지나가다'와 함께 나타났다. '도보 이동'에서는 '가다', '오다'의 쓰임이 모두 나타나는데, '가다'는 개념화자의 이동 방향과 일치하는 경우, '오다'는 개념화자와 반대 방향으로 인식된다. 즉, '가다'에서는 개념화자의 이동이 함께 인식되며, '오다'에서는

개념화자가 정지한 것으로 인식된다.

다음으로 '탈것 이동'에 나타나는 동사들은 '달리다', '치달리다', '달려오다', '흐르다', '흘러가다', '지나다', '지나치다', '지나쳐가다', '지나가다'로 동사의 단일형과 복합형이 두루 나타난다. 이 동사들은 개념화자가 탈것을 통해 이동 중이므로 '도보 이동'에 비해 **빠른 속도감**이 나타난다. 따라서 '달리다', '치달리다', '달려오다'와 같이 이동 방식을 나타내는 동사들의 쓰임이 다양하게 나타나며, 전경 인식에 따라 '달리다'를 제외한 나머지 동사들의 쓰임도 함께 나타난다.

개념화자는 탈것으로 이동하면서 시선 이동으로 전경에 주의를 두고 있으며, 시선 이동의 방향은 개념화자의 이동 인식 방향과 일치한다. 이것은 동사에서 주로 '가다'와의 쓰임을 통해 나타난다. 다음 예를 살펴보자.

(27) 차는 한 곳에 정지되어 있는 것처럼 보인다. **흘러가는** 것은 **도로**다.

예문 (27)은 개념화자가 탈것으로 이동 중에 전경인 '도로'를 '흘러가다'와 함께 나타냈다. 이 예에서 개념화자는 '가다'의 쓰임을 통해 '실제 이동' 방향과 인식 방향을 동일하게 간주한다. 그리고 이동의 주체를 '도로'로, 마치 '차'는 정지된 것으로 인식하였다.

반면, '탈것 이동'에서도 '오다'와의 합성형이 나타난다. 다음 예를 살펴보자.

(28) 그리고 지금 버스가 달리고 있는 길을 에워싸며 버스를 향하여 **달려오고** 있는 **산줄기**의 저편에 바다가 있다는 것을 알리는 소금기, 그런 것들이 이상스레 한데 어울리면서 녹아 있었다.

예문 (28)은 개념화자가 탈것으로 이동 중에 전경인 '산줄기'를 '달려오다'와 함께 나타냈다. 이 예에서 '달리다'의 쓰임은 그 이동의 빠른 속도로 인해, 개념화자가 탈것의 이동을 망각한 채, '산줄기'가 개념화자에게로 이동해 오는 것으로 인식된다. 즉, '산줄기'를 이동의 주체로 인식한 것이다.[5]

'탈것 이동'에서 단일형으로 나타나는 동사들은 문맥을 통해 방향성이 인식된다. 다음 예를 살펴보자.

(29) a. **부산진역이 지나고** 종착역이 다가오고 있었다.
　　 b. ○○은 차창 밖을 내다보았다. 차 안에서 바라본 **달리는 풍경** 같은 것.
　　 c. 해변을 따라 꼬불꼬불 춤추면서 내 눈앞을 **달리다가**, 바다로 향해 기세 있게 돌입(突入)한 언덕바위로 인해 막히고 말았다.

예문 (29)는 개념화자가 탈것으로 이동 중에 동사가 단일형으로 나타난다. (29a, b)에서 전경은 (29a)에서 '역', (29b)에서 '풍경'으로 나타나며, (29c)에서 전경은 문장에서 실현되지 않으며, 문맥상 '길'로 유추된다. 각각에서 동사의 쓰임을 살펴보면, (29a)에서 '지나다'는 '종착역이 다가오다'라는 표현을 통해 '지나가다'의 의미와 유사하게 사용되고 있음을 알 수 있고, (29b)는 일반적으로 '풍경'을 관찰하는 것이 이동의 방향과 동일하게 인식되므로, '달리다'가 '달려가다'와 유사하게 사용되는 것으로 이해된다. 그리고 (29c)에서 '달리다'는 '해변을 따라'라는 표현을 통해 '달려가다'와 유사하게 사용되는 것으로 이해된다.

5　이것은 '상대적 이동'에서 전경의 특성에서 언급한 것처럼 개념화자의 관찰 방향과 관련 된다. 즉, 탈것에서 창을 통해 보이는 전경은 '앞', '옆'에 따라 이동 인식이 다르게 나타난다.

다음으로 '참조대상의 이동'에서 나타난 동사들은 '달리다', '뻗어 있다', '이어지다', '지나가다'로 나타난다. 이 동사들은 이동이나 이동의 상태를 나타낸 동사들로, 참조점인 이동체의 이동에 따라 전경에 개념화자의 이동성을 부과하는 한 방식으로 이해된다.

'참조대상의 이동'에서 개념화자는 정지 상태에서 전경에 주의를 두고 있으며, 시선 이동은 참조점의 이동 방향과 일치한다. 여기에서 참조점을 통해 이동 방향은 나타나지만 구체적으로 경로를 나타내는 표현은 나타나지 않는다. 다음 예를 살펴보자.

(30) a. 연안을 따라 **시베리아 철도가 달린다**.
b. 낭림산맥에서 갈라져 압록강을 따라 동서로 **달리는 강남산맥**….

예문 (30)은 개념화자가 참조점의 이동을 관찰하며 전경에 이동성을 부과한다. (30)에서 전경은 (30a)에서 '철도', (30b)에서 '산'으로 나타나며, '달리다'와 함께 쓰였다. '참조대상의 이동'에서 '가다', '오다'와 같은 예는 나타나지 않는다. 이것은 개념화자가 참조점의 '실제이동'의 방향보다는, 참조점의 이동에만 주의를 두며 전경에 이동성을 부여하는 것으로 살펴볼 수 있다.

대신에 '참조대상의 이동'에서는 이동의 상태를 나타내는 표현들이 나타난다. 다음 예를 살펴보자.

(31) a. 해안을 따라서 **도로가** 남북으로 **이어지고**….
b. 강을 따라 **뻗어 있는** 긴 둑도 걸어 다닐 만하게 보인다.

예문 (31)은 개념화자가 참조점의 이동을 관찰하며 전경에 이동성을 부과한다. (31)에서 전경은 (31a)에서 '도로', (31b)에서 '둑'으로 나타나며, '이어지다', '뻗다'와 함께 쓰였다. 여기에서 구체적인 방향성은 나타나지 않으며, 이동의 상태만을 나타낸다. (31a)에서 '남북으로' 역시 그 방향만 나타낼 뿐이다. 즉, 참조점은 개념화자의 인식에서 [이동]의 속성만 주의를 받는다.

반면, 참조점이 '실제이동' 중일 때, 이동의 방향성이 인식될 수 있다. 다음 예를 살펴보자.

(25') 비포장도로를 달려가는 아버지의 자전거. 열 지어 선 **가로수**가 천천히 **지나간다**.

예문 (25')에서 참조점은 '아버지의 자전거'이며, 이를 통해 전경인 '가로수'가 이동하는 것으로 인식된다. 그리고 개념화자는 '지나가다'의 쓰임을 통해 '가로수'가 '자전거'의 이동 방향으로 이동하고 있음으로 인식한다.

'참조대상의 이동'에서 이동 방향에 대한 다른 인식은 정보성의 차이로 간주된다. 다시 말해, 앞서 살펴본 (30), (31)의 참조점들은 '물'의 흐름과 관련된 것으로, 이 참조점은 이미 구축된 한정된 공간에서의 이동을 나타낸다. 반면 (25')에서 '아버지의 자전거'는 신정보로 개념화자의 시선은 참조점의 이동 방향을 따라 이동하는 것으로 간주된다.

이처럼 '상대적 이동'에서 동사는 개념화자의 이동 방식이나 방향과 관련된 속성을 나타내며, '개념화자의 이동'에서 동사는 전형적으로 이동을 나타내는 동사들로 개념화자가 실제로 이동 중임을 나타내준다. '참조대상의 이동'에서 동사는 이동이나 이동의 상태를 나타내는 동사들로 개념화자가 정지 상태에서 관찰 중임을 나타낸다.

'상대적 이동'에서 동사의 실현 양상을 정리해 보면, '개념화자의 이동'에서 '도보 이동'은 '가다'의 쓰임으로 개념화자의 이동 방향과 관찰 방향이 동일하게 인식된다. '탈것 이동'은 이동의 빠른 속도가 전제되며 '가다', '오다'의 쓰임이 나타난다. 탈것이라는 제약은 그 내부에서 어느 방향에서 관찰하느냐에 따라 그 이동 방향의 인식이 달라지는 것으로 나타난다. '가다'는 탈것의 측면에서 관찰하며, 전경을 수평적으로 인식한다. '오다'는 탈것의 정면에서 관찰하며, 전경을 수직적으로 인식한다. 또한 탈것의 빠른 속도감은 이동 방향이 나타나지 않는 경우가 나타나는데, 이러한 경우 문맥을 통해 유추 가능하다.

'참조대상의 이동'에서 개념화자의 방향 인식은 나타나지 않았다. 이것은 참조점의 제약으로 간주되며, 동사는 이동성을 나타내는 데에만 사용되었다. 하지만 참조점이 신정보일 경우, 그 참조점을 따라 이동의 방향이 나타났다.

넷째, (21d)에서 제시한 '부사어와 공기제약'을 살펴보면 다음과 같다. '개념화자의 이동'은 '도보 이동'과 '탈것 이동'으로 분류되며, 속도를 나타내는 부사어와 함께 공기할 수 있음을 말한다. 여기에서 속도는 전경과 관련될 수 있고, 개념화자의 인식과 관련될 수 있다. 다음 예를 살펴보자(임지룡 2008: 311).

(32) a. 황량한 겨울 들판이 **천천히** 흘러가고 있었다.
　　　b. 강물이 **천천히** 흘러가고 있었다.

예문 (32a)는 '상대적 이동'의 예로, (32b)에서 제시한 '실제이동'의 예와 같이 속도를 나타내는 표현과 함께 나타난다(임지룡 2008: 311). 여기에서 속도를 나타내는 '천천히', '빠르게'는 개념화자의 인식에 나타난 속도로, (32b)에서 제시한 '실제이동'의 속도와는 차이가 있다. 이것은 '상대적 이동'에서 동일한 전경에 '천천히', '빠르게'가 모두 나타날 수 있는 것으로 설명 가능하다. 다음의 예를 살펴보자.

(33) a. 연안을 따라 **고속도로가** (빠르게/천천히) 달린다.
　　 b. 연안을 따라 **육상 선수가** (빠르게/?천천히) 달린다.

예문 (33)은 동사 '달리다'를 통해 나타나는 이동 인식의 예이다. (33a)는 '상대적 이동'을, (33b)는 '실제이동'을 나타내는데, '달리다'는 빠르게 달리는 상황으로 인식된다. 이것은 (33b)와 같이 '실제이동'에서 '천천히'라는 표현은 어색하게 인식되는 것으로, '달리다'의 속성이 나타난다. 하지만 (33a)에서 전경인 '고속도로'에 대해서는 '빠르게', '천천히'가 '달리다'와 함께 사용 가능한 것으로 나타난다. 아래에서는 '개념화자의 이동'과 '참조대상의 이동'에서 부사어의 쓰임을 상세히 살펴볼 것이다.

우선 '개념화자의 이동'에서 개념화자는 이동 중이며, 그 이동의 속도는 표현상 제약이 나타난다. 다음 예를 살펴보자.

(34) a. 우리의 발자국을 기다리는 **길들이** 저 멀리서 (*빠르게/천천히) **흘러오네요**.
　　 b. 빈약한 **가로수들이** 차창을 (빠르게/*천천히) **지나쳐간다**.

예문 (34)는 개념화자가 도보 혹은 탈것으로 이동 중이다. (34a)는 '길들'의 이동을 인식하는 예로, 도보로 이동한다는 점은 '빠르게'보다는 '천천히'와의 공기가 자연스럽게 간주된다. 반면 (34b)는 '가로수들'의 이동을 인식하는 예로, 탈것으로 이동한다는 점은 '느리게'보다는 '빠르게'와의 공기가 자연스럽게 간주된다. 이러한 방식은 앞에서 살펴본 (21c)에서 제시한 '동사의 실현 양상'에서, '도보 이동'은 '달리다'와 같이 이동 방식의 동사가 나타나지 않은 것으로 유추해 볼 수 있다.

하지만 문맥에 따라 '개념화자의 이동'에서 속도의 부사어와의 공기가 결정될 수 있다. 다음 예를 살펴보자.

(35) a. 성큼성큼 걸음들이 빠르다. **산이** (빠르게/˚천천히) **지나가고** 개천이 지나가고
　　 b. 차는 한 곳에 정지되어 있는 것처럼 보인다. (˚빠르게/천천히) **흘러 가는** 것은 **도로**다.

예문 (35)는 개념화자가 도보 혹은 탈것으로 이동 중이다. (35a)는 '산'의 이동을 인식하는 예로, 도보로 이동하지만 선행 문장에서 '빠르다'라는 표현을 통해 '빠르게'와의 공기가 자연스럽게 간주된다. 반면 (35b)는 '도로'의 이동을 인식하는 예로, 탈것으로 이동하지만 '흐르다'라는 동사의 쓰임은 '천천히'와의 공기가 자연스럽게 간주된다.

다음으로 '참조대상의 이동'에서 개념화자는 정지 상태이며, 여기에서 속도를 나타내는 부사어는 개념화자의 인식에 따라 제약을 받는다. 다음 예를 살펴보자.

(36) a. 연안을 따라 시베리아 **철도가** (빠르게/˚천천히) **달린다**.
　　 b. 해안을 따라서 **도로가** 남북으로 (˚빠르게/˚천천히) **이어지고**….

예문 (36)은 '참조대상의 이동'으로 (36a)는 참조점 '연안'을 따라 '철도'의 이동을 인식한 예로, '달리다'라는 표현을 통해 '빠르게'와의 공기가 자연스러우며, '천천히'와도 사용될 수 있는 것으로 보인다. 그리고 (36b)는 참조점인 '해안'을 따라 '도로'의 이동을 인식하는 예로, '이어지

다'와 같이 이동의 상태를 나타내므로, 속도의 부사어와는 공기하지 않는 것으로 보인다.

그리고 문맥에 따라 '참조대상의 이동'에서 속도의 부사어와의 공기가 결정되기도 한다. 다음 예를 살펴보자.

(25″) 비포장도로를 달려가는 아버지의 자전거. 열 지어 선 **가로수가** 천천히 **지나간다.**

예문 (25″)은 '아버지의 자전거'를 따라 '가로수'를 이동을 인식한 예로, 이미 문장에서 '천천히'라는 표현이 나타나며, '실제이동'의 속도라기보다 개념화자의 인식 내에서의 속도 인식으로 살펴볼 수 있다. 이것은 이 문장에서 '천천히' 대신에 '빠르게'라는 표현도 가능하다는 점으로 살펴볼 수 있다.

이뿐만 아니라 '이동'의 속성은 그 자체로 시간의 흐름과 관련 있으며, 시간을 나타내는 표현들의 공기관계를 '상대적 이동'에서 살펴볼 것이다. 여기에서는 시간 부사 중에서 순간성을 나타내는 '갑자기', 지속성을 나타내는 '내내', 결과성을 나타내는 '마침내'와의 공기 양상을 살펴볼 것이다.[6] 다음 예를 살펴보자.

---

6 손남익(1995: 37)은 시간 부사를, '순간적', '지속적', '무시제형'으로 분류하였다.

   a. 순간적인 시간 부사: 갑자기, 냉큼, 담박, 대뜸, 대번, 돌연히, 문뜩, 별안간, 잠시, 편뜻, 홀연
   b. 지속적인 시간 부사: 가으내, 겨우내, 그사이, 내내, 당분간, 밤낮, 밤새, 시종, 여름내, 연일, 줄곳, 진종일, 한참
   c. 무시제형 시간 부사: 당초에, 드디어, 마침내, 먼저, 살아생전, 어느덧, 어느듯, 어느새, 언제, 언제나, 언제든지, 언제인가, 얼마간, 일찍

(37) a. 강물이 (갑자기/내내/마침내) 흘러온다.
　　　b. 자동차가 (갑자기/내내/마침내) 달린다.
　　　c. 열차가 (갑자기/?내내/마침내) 지나간다.

　예문 (37)은 '실제이동'의 예로, (37a, b)에서 '흐르다', '달리다'와 같이 이동의 지속을 나타내는 동사들은 시간 부사와의 쓰임에서 아무런 제약을 받지 않는 것으로 나타난다. 반면 (37c)에서 '지나다'와 같이 경로의 한 부분을 나타내는 동사들은 지속을 나타내는 시간 부사와의 제약이 나타난다. 이를 바탕으로 '상대적 이동'을 '개념화자의 이동'과 '참조대상의 이동'으로 나누어 살펴보면 다음과 같다.
　우선 '개념화자의 이동'에서 개념화자는 이동 중이다. 여기에서 이동은 시간의 지속과 관련 된다. 다음 예를 살펴보자.

(38) a. 길이 (*갑자기/내내/*마침내) 흘러온다.
　　　b. 산이 (*갑자기/내내/*마침내) 지나간다.

　예문 (38)은 '개념화자의 이동'의 예로, 순간적인 시간 부사의 쓰임은 제약을 받는 반면, 지속적이나 결과적인 시간 부사와의 쓰임은 자연스러운 것으로 인식된다. 즉, 개념화자는 전체 배경 중에서 전경에 '주의'를 두고 이동 중에 있으므로, 지속성의 시간 부사와의 쓰임이 자연스럽다.
　다음은 '참조대상의 이동'으로, 개념화자는 정지 상태이다. 여기에서 시간 인식은 참조점의 이동과 관련 있는데, 개념화자는 참조점의 이동을 인식한 후에 전경으로 이동성을 전이한다. 따라서 개념화자의 인식 속에서의 시간과 관련 된다. 다음 예를 살펴보자.

(39) a. 길이 <u>강을 따라</u> (*갑자기/내내/*마침내) 달린다.

b. 도로가 강을 따라 (*갑자기/내내/*마침내) 흘러간다.
c. 산이 강을 따라 (*갑자기/내내/*마침내) 지나간다.

　예문 (39)는 '참조대상의 이동'의 예로, 순간적이나 결과적인 시간 부사의 쓰임은 제약을 받는 반면, 지속적인 시간 부사와의 쓰임은 자연스러운 것으로 인식된다. 즉, 개념화자는 참조점과 함께 전체 배경 중에서 전경에 '주의'를 두고 이동 중에 있으므로, 지속성의 시간 부사와의 쓰임이 자연스럽다.
　이처럼 '상대적 이동'에서 속도와 시간을 나타내는 부사어와의 공기는 '실제이동'이나 개념화자의 인식과 관련된 속성을 나타낸다. '개념화자의 이동'에서 개념화자는 이동 중으로, 그 속도가 빠르지 않다. 대신 문맥에서 그 속도감은 개념화자의 인식에 따라 빠르게 인식된다.
　'참조대상의 이동'에서 개념화자는 참조점을 통해 이동을 인식하므로, 그 속도감이 나타나지 않았다. 하지만 '달리다'와 같이 동사의 속성에 따라 그 이동의 속도가 함께 인식되기도 하였다. 그리고 '상대적 이동'에서 순간적이나 결과적인 시간 부사의 쓰임보다는 지속적인 시간 부사의 쓰임이 자연스러운 것으로 살펴볼 수 있었다.
　지금까지 이 절에서는 '상대적 이동'의 표현상 제약을 살펴보았다. 그 결과를 요약하면 다음 표와 같다.

〈표 3-1〉 '상대적 이동'의 언어적 특성

	개념화자의 이동	참조대상의 이동
관찰 대상의 이동	비이동체 (참조점: 개념화자)	비이동체 (참조점: 이동체)
전경의 속성	점, 선으로 인식 수평, 수직적으로 인식	선으로 인식 수평적으로 인식

동사의 양상		이동	이동 및 이동의 상태
부사어 공기제약	속도	개념화자의 이동을 인식	참조점의 이동을 인식
	시간	지속성	

<표 3-1>에서 볼 수 있듯이 '상대적 이동'에서 언어적 특징은 다음과 같다. 첫째, '상대적 이동'에서 관찰 대상의 이동 유무는 '개념화자의 이동'은 개념화자가 이동하는 것으로, '참조대상의 이동'은 배경인 이동체가 이동하는 것으로 살펴볼 수 있었다. 이처럼 '상대적 이동'에서는 '실제 이동' 대상에 빗대어 전경을 이동으로 인식한다.

둘째, '상대적 이동'에서 전경은 실제 관찰 가능한 대상으로, 참조점을 기준으로 '개념화자의 이동'에서는 전경을 '점', '선'으로 인식하였고, '참조대상의 이동'에서는 '선'으로 인식하였다.

'개념화자의 이동'에서 전경은 '가다', '오다'의 동사를 통해 이동 방향이 수평적으로 개념화자와 같거나 반대 방향으로 인식되었다. 또한 '탈것 이동'에서 수직 방향으로의 이동도 인식 가능한데, 이것은 '탈것' 속이라는 제약이 언어를 통해 반영된다는 것을 살펴보았다. 그리고 '참조대상의 이동'에서 전경은 이동체인 참조점을 따라 수평적으로 이동하는 것으로 나타났다.

셋째, '상대적 이동'에서 동사는 '개념화자의 이동'과 '참조대상의 이동'에 따라 차이가 나타난다. '개념화자의 이동'에서는 전형적으로 이동을 나타내는 동사들만 사용되었고, '개념화자의 이동'에서 '도보 이동'은 '달리다'의 쓰임이 나타나지 않았으며, '탈것 이동'은 '달리다'의 다양한 형태가 나타났다. 그리고 '참조대상의 이동'에서는 이동과 이동의 상태를 나타내는 동사들이 함께 사용되었다.

넷째, '상대적 이동'에서 부사어의 공기제약은 '속도', '시간'을 나타내는 표현들을 살펴보았다. '개념화자의 이동'에서 '속도' 부사어는 '실제이동'과 맞물려 제약을 받았다. '도보 이동'에서는 '천천히'와, '탈것 이동'에서는 '빠르게'와의 공기가 자연스럽게 나타났다. 그리고 문맥에 따라 반대로 나타나는 경우도 있었다. 반면 '참조대상의 이동'에서 '속도'는 동사 '달리다'를 제외하고는 공기하지 않는 것으로 나타났다.

다음으로 '상대적 이동'에서 '시간' 부사어는 '개념화자의 이동'과 '참조대상의 이동' 모두 지속적인 시간 표현과의 공기가 자연스럽게 나타났고, 순간적, 결과적인 시간 표현과는 공기하지 않는 것으로 나타났다.

3.2. 인지적 특성

'상대적 이동' 표현에 나타난 특성을 통해 그 인지적 특성을 살펴볼 수 있다. '상대적 이동'은 다음과 같은 언어적 특성을 가진다. 첫째, 참조점의 이동이 있다. 둘째, 이동의 장면은 한정된다. 셋째, 속도감이 있다. 넷째, 지속적인 시간 인식을 가진다. 이를 바탕으로 '상대적 이동'의 도식을 나타내 보면 다음 그림과 같다.

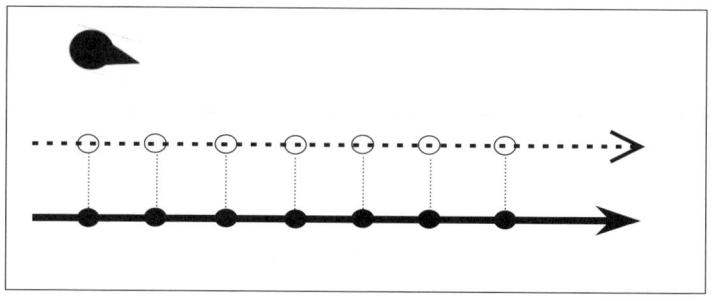

〈그림 3-5〉 '상대적 이동'의 도식

<그림 3-5>에서 '상대적 이동'은 참조점의 '실제이동'에 따라 전경이 이동하는 것으로 나타난다. <그림 3-5>에서 굵은 실선은 '실제이동'을 나타내고, 굵은 실선에서 각각의 원은 이동 중에 관찰 대상을 나타낸다. 개념화자는 이 참조점을 바탕으로 전경의 이동을 인식하게 된다.

  전경은 점선 화살표로 나타나는데, 참조점을 따라 이동의 방향이 나타나고, 각각의 전경은 점으로 혹은 점들의 집합인 선으로 인식된다. 또한 참조점의 이동을 따라 인식되는 전경은 지속성을 가진다.

  <그림 3-5>에서 제시한 도식을 바탕으로 '상대적 이동'을 살펴보면, 우선 전경의 인식이다. '상대적 이동'에서 전경은 참조점 이동의 영향을 받는데, '개념화자의 이동'에서 전경은 '전경-배경 역전 현상'을 통해, '참조대상의 이동'에서 '사상'을 통해 인식된다.

  '전경-배경 역전 현상'은 개념화자가 대립적으로 비이동체에 주의를 부여하는 인지 과정이다. 즉, '개념화자의 이동'에서 이동체는 개념화자 자신이다. 하지만 개념화자의 시선은 개념화자의 이동보다는 이동 중에 나타나는 여러 대상에 주의를 두게 된다. 이 때 배경 중에서 개념화자의 주의를 받는 대상이 '개념화자의 이동'에서 전경이 된다. 즉, 개념화자는 비이동체인 배경 중에서 한 부분에 주의를 두어 '전경'으로 인식한다. 이러한 현상은 '개념화자가 대상 세계를 보다 더 적극적이고 의도적으로 의미를 부여(임지룡 2008: 436)'하는 행위로 간주된다.

  다음으로 '사상'은 '참조대상의 이동'에서 전경을 인식하게 해 주는 인지 기제이다. 이 이동에서 개념화자는 정지한 채로 전경을 관찰하고 있으며, 이 전경은 이동체인 참조점을 따라 이동하는 것으로 인식된다. 이때 개념화자의 시선은 참조점의 이동을 전경에 '사상'한다. '참조대상의 이동'에서 개념화자는 참조점인 이동체의 이동을 정지 상태의 전경에 '사상'한다. 다음 그림을 살펴보자.

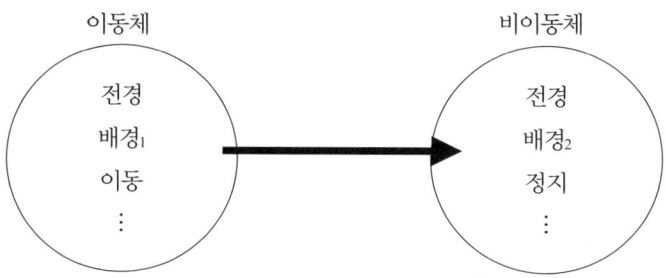

〈그림 3-6〉 '참조대상의 이동'에서 사상

<그림 3-6>은 '참조대상의 이동'에서 이동체의 이동 속성이 비이동체로 사상되는 것을 나타내는 도식으로, '사상'은 한 영역과 다른 영역을 이어주는 인지 기제의 역할을 한다.[7] <그림 3-6>에서 '이동체'의 속성은 '비이동체'로 부분적으로 사상된다. 이를 통해 개념화자는 '참조대상의 이동'에서 전경을 이동하는 것으로 인식한다.

'상대적 이동'에서 참조점을 따라 이동하는 것으로 인식되는 전경은 지속성을 띠는데, 이것은 해석에서 '주사(scanning)'와 관련되며, 그 중에서 '순차 주사(sequential scanning)'와 관련된다. '상대적 이동'에서 개념화자는 이동체인 참조점을 통해 전경을 관찰한다. 이동체를 통해 이동을 인식한다는 것은 그 이동체의 이동이 있고, 그 이동에서 시간성이 함께 인식된다는 것을 말한다. 이에 따라 '상대적 이동'에서 전경은 시간 순서에 따라 이동하는 것으로 인식되고, '순차 주사'를 통해 이해된다.

이상과 같이 '상대적 이동'은 '개념화자의 이동'에서 '전경-배경 역전

---

[7] '참조대상의 이동'에서 '사상'은 구체물에서 구체물로의 개념적 전이라는 점에서 '개념적 은유' 이론에서 주로 다루는 '목표영역'과는 차이가 있다.

현상', '참조대상의 이동'에서 '사상' 관계를 통해 이동의 의미가 확장되어 나타났다. 그리고 시간 흐름에 따른 '순차 주사'의 방식을 통해 개념화자는 '상대적 이동'의 장면을 관찰한다는 것을 살펴보았다.

제4장
심리적 이동

'심리적 이동'은 개념화자가 정지 상태에서 비이동체의 이동을 인식하는 것을 말한다. '심리적 이동'에서 이동 인식은 문장 표현에서 주로 서술어와 경로로 제시되며, 개념화자는 전경의 이동을 요약적으로 주사하며 관찰한다. '심리적 이동'은 '육안 관찰적 이동'과 '심안 관찰적 이동'으로 나누어지며, 아래에서는 전경에 따라 나타나는 동사의 특성과 그 의미 양상을 살펴볼 것이다.

1. 육안 관찰적 이동

1.1. 육안 관찰적 이동 양상

'심리적 이동'에서 '육안 관찰적 이동'은 개념화자가 육안으로 비이동체를 이동으로 인식하는 것을 말한다. '육안 관찰적 이동'에서 개념화자는 정지 상태에서 대상에 주의를 두며, 그 대상을 요약적으로 주사한다. 특히 '육안 관찰적 이동'은 문장에서 구체적인 경로가 나타난다.

다음은 전경이 '길'로 나타나는 '육안 관찰적 이동'이다.

(1) a. 중앙대로가 뻗은 자리엔 **철로가 지나고** 있었고 지금 빌딩들로 둘러싸인 제법 넓은 광장엔 역이 있었다.
b. **영동고속도로가** 이곳을 **지나고** 있어 교통이 편리하며, 부근에는 오대산 국립공원 및 대관령 등의 명승고적이 많이 있어서 좋은 관광 휴양지로도 이용되고 있다.
c. 사랑마당 앞엔 텃밭이 있었고, 텃밭 너머론 동구 밖으로 **지나는 길이** 지나가고 있었고, 그 길 건너가 논이었다.
d. 철도는 없으나 **영동고속도로가** 동서로 **지나고** 있어 서울, 강릉권과의 교통이 편리하다.
e. **장항선이 지나** 교통이 편리하며, 북쪽에 삽교호가 만들어지고부터 농지의 가뭄과 짠물 피해를 크게 덜게 되었다.
f. 또 북측 경계를 따라 **서울외곽순환고속도로가**, 동측 경계를 따라 분당~수서 **도시고속화도로가 지나고** 있으며 신도시 남북을 가로지르는 양재~영덕 도시고속화도로가 입주 이전인 2006년 말 개통될 예정이다.

예문 (1)에서 동사는 '지나다'로, 전경인 '길'이 개념화자를 지나 이동하는 상황을 나타낸다. 이 동사의 속성은 전경이 이동의 경로를 따라 이동하는 것으로 이해된다.

(1)에서 나타나는 경로는 (1a)에서 '중앙대로가 뻗은 자리에'라는 위치, (1b)에서 '이곳을'이라는 장소, (1c)에서 '동구 밖으로'라는 도착점, (1d)에서 '동서로'라는 방향의 속성이 나타난다. 그리고 (1e)에서 경로에 대한

표현이 없지만, 문맥을 통해 특정 장소가 상기되고, (1f)는 '상대적 이동'에서 '개념화자의 관찰'에 대한 인식이 확장되어, 비이동체인 참조점을 따라 이동하는 전경을 나타낸 예이다. (1)에서 개념화자는 전경인 '길'을 '지나다'와 함께 쓰인 표현들을 통해 수평적으로 쭉 펼쳐진 대상 중에 한 부분을 이동하는 것으로 인식한다.

(2) a. 중국에서는 **도로가 지나가는** 마을마다 관리원들을 두어 도로의 보수를 맡도록 하였다.
     b. 인천신공항과 마찬가지로 단군 이래 최대의 공사라고 자처하는 경부고속철도 이외에도 **호남과 동서고속철도가 지나가는** 지역 역시 국책사업의 열기에 휩싸일 것이다.

예문 (2)에서 동사는 '지나가다'로, '가다'의 [이동]의 속성과 '지나다'의 [경로]의 속성이 동사를 통해 나타난다. 이 동사의 속성은 전경이 개념화자의 관찰 지점에서 다른 방향으로 이동해 가는 경로를 나타내는 것으로 이해된다. 여기에서 전경은 '가다'를 통해 개념화자의 시선에서 멀어지는 상황을 나타낸다.

(2)에서 나타나는 경로는 (2a)에서 '마을'이라는 장소, (2b)에서 '지역'이라는 장소의 속성이 나타난다. (2a, b)는 장소라는 속성이 동일한데, 그 어휘의 속성에 따라 인식의 범위가 달라진다. (2)에서 개념화자는 전경인 '길'을 '지나가다'와 함께 쓰인 표현들을 통해 수평적으로 쭉 펼쳐진 대상이 개념화자를 거쳐 이동하는 것으로 인식한다.

(3) a. 산골짜기를 누비며 **달리는 고개길**과 길 좌우에 있는 화단에는 춘향이 고개 · 춘향 화단 · 춘향이 버선밭 · 춘향각 휴게소 · 이도령 고개 · 도령 화단 등의 이름을 붙여 푯말을 세웠다.

b. 경부선과 함께 우리나라의 남북을 **달리는 간선 철도**였으나, 휴전선에 막혀 지금은 경기도 문산까지만 운행되고 있다.
c. l번 **국도가** 프놈펜을 향해 **달리다** 마침내 멈추는 곳이고 시장 앞은 1번 국도를 따라 동쪽으로 향하는 모든 종류의 교통편이 손님을 기다리는 곳이다.
d. 17일 오후 11시경 경춘가도를 타고 가평군 외서면 상천리까지 **달리는 약 30㎞의 길은** 마치 도심 속 유흥가를 관통하는 기분이었다.
e. 싱가포르, 방콕, 호치민 시티, 하노이, 중국의 광주(廣州), 홍콩과 북경 그리고 터키를 거쳐 유럽으로 **달리는 고속도로**이다.
f. 사방 천지로 **길은 달리고** 있건만 제 초라한 몸을 붙일 산천은 아무 데도 없었다.
g. 리키는 이런 생각에 완전히 정신을 빼앗기고 있었으므로, 운동장과 나란히 **달리고 있는 기찻길**에 발이 걸려 넘어질 뻔했습니다.

예문 (3)에서 동사는 '달리다'로, [이동], [방식]의 속성이 나타난다. 이 동사의 속성은 전경이 빠르게 이동하는 것으로 이해된다.

(3)에서 나타나는 경로는 (3a)에서 '산골짜기를'이라는 장소, (3b)에서 '남북을'이라는 장소, (3c)에서 '프놈펜을 향해'라는 도착점, (3d)에서 '상천리까지'라는 도착점, (3e)에서 전체 경로, (3f)에서 '사방 천지로'라는 방향의 속성이 나타난다. 그리고 (3g)는 '상대적 이동'에서 '개념화자의 관찰'에 대한 인식이 확장되어, 비이동체인 참조점을 따라 이동하는 전경을 나타낸 예이다. (3a, b)는 장소라는 속성이 동일한데, 그 어휘의 속성에 따라 인식의 범위가 달라진다. (3)에서 개념화자는 전경인 '길'을 '달리다'와 함께 쓰인 표현들을 통해 수평적으로 쭉 펼쳐진 대상의 빠른 이동으로 인식한다.

(4) ○○ 국민학교의 블록 담벼락 밑을 **흘러가고** 있는 **보도**에는 웬일인지

여느 때보다 통행인이 훨씬 불어나 있었다.

예문 (4)에서 동사는 '흘러가다'로, '가다'를 통해 [이동], '흐르다'를 통해 [방식]의 속성이 나타난다. 이 동사의 속성은 전경이 개념화자의 관찰 지점에서 다른 방향으로 천천히 이동하는 것으로 이해된다. 여기에서 전경은 '가다'를 통해 개념화자의 시선에서 멀어지는 상황을 나타낸다.

(4)에서 나타나는 경로는 '담벼락 밑을'이라는 장소의 속성이 나타난다. (4)에서 개념화자는 전경인 '길'을 '흘러가다'와 함께 쓰인 표현들을 통해 수평적으로 쭉 펼쳐진 대상이 개념화자를 거쳐 이동하는 것으로 인식한다.

(5) a. 대문 밖도 평탄한 골목길이 아니고 인왕산으로 통하는 오르막길에서 가지를 **뻗**은 좁은 막다른 **길**이어서 사람이 드나들 수 있는 길 밖은 곧 낭떠러지였다.
b. 내 옆으로 **뻗**은 **강변도로**엔 조그만 차들이 유성처럼 질주하고 있었다.
c. 분장실로 **뻗**은 **통로**를 분주하게 오가며 상황 보고를 하던 ○○○이 말했다.
d. 창밖으론 물을 뺀 겨울 수영장과 호텔을 휘감고 동북으로 **뻗**은 **아스팔트길**이 보이고 길과 평행으로 겨울 강이 고여 있는 것처럼 나른히 누워 있었다.
e. 수성전화국에서 수성못 쪽으로 **뻗**은 **들안길**[1]은 각양각색의 음식을 내는 대형 음식점들이 즐비한 고급 먹거리촌이다.
f. 곧게 **뻗**은 **고속도로**로 쾌속 질주.

예문 (5)에서 동사는 '뻗다'로 [경로], [이동]의 속성을 나타낸다. 이 동

----

[1] '들안길'은 대구의 대표적인 먹거리 골목을 나타내는 지명으로 고유명사로 사용된다. 하지만 '길'의 속성은 인식되는 것으로 간주한다.

사의 속성은 전경이 경로를 따라 이동하는 것으로 이해된다.

(5)에서 나타나는 경로는 (5a)에서 '오르막길에서'라는 시작점, (5b)에서 '내 옆으로'라는 방향, (5c)에서 '분장실로'라는 방향, (5d)에서 '동북으로'라는 방향, (5e)에서 '전화국에서 수성못 쪽으로'라는 시작점과 방향의 속성이 나타난다. 특히 (5b-d)는 방향의 속성이 공통적으로 나타나지만, '나', '분장실', '동북'과 같이 크기 인식이 다르다. 그리고 (5f)는 경로가 제시되지 않았고, '도로'의 모습을 '곧게'라는 표현을 통해 나타냈다. (5)에서 개념화자는 전경인 '길'을 '뻗다'와 함께 쓰인 표현들을 통해 수평적으로 쭉 펼쳐진 대상이 이동하는 상태로 인식한다.

(6) a. 양호실은 이층에 자리 잡고 있어서 남쪽으로는 운동장과 그 아래 통일로로 **내뻗은 도로가**, 북쪽 복도 너머엔 학교 뒷산이 손바닥에 잡혀들 듯 빤히 내다보였다.
b. 따뜻한 봄볕이 길게 **내뻗은 보둑길**을 조용히 쬐어 주고 있습니다.
c. 수레가 다닐 수 있도록 내놓은 **농로는** 산굽이를 돌고 내를 건너고 들판을 건너 **뻗치어** 있었다.

예문 (6)에서 동사는 '내뻗다, 뻗치다'로, [이동]의 속성이 강조되어 나타난다. 이 동사의 속성은 전경이 경로를 따라 이동을 강조하여 나타내는 것으로 이해된다.

(6a, b)에서 '내뻗다'는 '안에서 밖으로'라는 방향성을 가지고 이동하는 상태를 나타내며, (6a)에서 '통일로로'라는 방향, (6b)에서 전경을 '길게'라는 표현으로 강조하여 나타낸다. 그리고 (6c)는 '뻗치다'를 통해 나타나는데, '산굽이, 내, 들판'이라는 전체 경로를 제시하였다. (6)에서 개념화자는 전경인 '길'을 '내뻗다, 뻗치다'와 함께 쓰인 표현들을 통해 수평적

으로 쭉 펼쳐진 대상의 상태를 이동하는 것으로 인식한다.

(7) a. 대륙국이어서 철도가 발달하여 국내 각지와 이웃한 여러 나라로까지 이어지는 **노선이** 이곳에서부터 부챗살처럼 **뻗어 있다**.
b. **그 길들은** 제각기 따로 **뻗어 있으나** 다 같은 숲속에 있는 것이다.
c. 2만 5천 평의 넓은 갈대 메밀밭, 그 사이로 **뻗어 있는** 울퉁불퉁한 **흙길**.
d. 말끔히 단장된 **아스팔트길이** 시 중심지를 향해 쭉 곧게 **뻗어 있고**, 이층 삼층 오층 이런 빌딩들이 잇따라 서 있고, 어느 상점이나 커다란 유리문이 달려 있었다.
e. 러시아인 지휘관으로 그의 친구였고 그와 함께 전사하였던 꼰스딴띤 자빠린의 이름을 붙인 **거리는** 칼 맑스 거리와 레닌 거리를 가로질러 동서로 **뻗어 있다**.
f. **교통 경부선 철도가** 시 중앙을 남북으로 **뻗어 있고**, 서울과의 사이는 전철화 되어 시간 거리가 1시간대로 좁혀졌다.
g. 또 4개의 가로가 갈라져 결국 도합 **8개의 가로가** 방사선형으로 쭉 **뻗어 있는** 것을 보게 된다.

예문 (7)에서 동사는 '뻗어 있다'로, 이동의 상태를 나타낸다. 이 동사의 속성은 전경이 이동하는 상태를 나타내는 것으로 이해된다.

(7)에서 나타나는 경로는 (7a)에서 '이곳에서부터'라는 시작점, (7b)에서 '숲속에'라는 위치, (7c)에서 '메밀밭'이라는 장소, '그 사이로'라는 방향, (7d)에서 '시 중심지를 향해'라는 도착점, (7e)에서 '동서로'라는 방향, (7f)에서 '시 중앙을'이라는 장소, '남북으로'라는 방향의 속성이 나타난다. 그리고 (7g)에서 전경의 모양을 '방사선형으로'라는 표현을 통해 제시하였다. (7)에서 개념화자는 전경인 '길'을 '뻗어 있다'와 함께 쓰인 표현들을 통해 수평적으로 쭉 펼쳐진 대상을 이동의 상태로 인식한다.

(8) a. 또한 간선에서 **뻗어 나간 지선**을 간발(間撥)이라 하는데, 이들은 대개 서발과 북발에만 있다.
   b. 나는 내 앞으로 **뻗어 나간 길이** 산모퉁이를 돌아 사라져 가는 것을 보며 물었다.

예문 (8)에서 동사는 '뻗어 나가다'로, '뻗다'에서 [경로], '나가다'에서 [이동]의 속성을 나타낸다. 이 동사의 속성은 전경이 경로를 따라 이동하는 것으로 이해된다.

(8)에서 나타나는 경로는 (8a)에서 '간선에서'라는 시작점, (8b)에서 '내 앞으로'라는 방향의 속성이 나타난다. (8)에서 개념화자는 전경인 '길'을 '뻗어 나가다'와 함께 쓰인 표현들을 통해 수평적으로 쭉 펼쳐진 상태의 대상을 이동하는 것으로 인식한다.

(9) a. **철길이** 차도와 **이어지며** 시커먼 암흑의 문 속으로 뻗쳐들었다.
   b. 들판의 길들은 길게 뻗어 있고 농부들은 일하고 있지만 **그 길은** 언제나 들판으로 **이어져** 있어 사람들은 부지런히 갈 뿐 돌아볼 길이 없다.
   c. 수도원 입구까지 **자갈길은 이어져** 있었다.
   d. 바그다드, 비잔티움, 베를린으로 **이어지는 이 철도는** 식민쟁탈에 막 눈을 뜬 독일제국의 3B정책에 의해 건설된 것이었다.
   e. 대륙국이어서 철도가 발달하여 국내 각지와 이웃한 여러 나라로까지 **이어지는 노선이** 이곳에서부터 부챗살처럼 뻗어 있다.

예문 (9)에서 동사는 '이어지다'로, [경로], [이동]의 속성이 나타난다. 이 동사의 속성은 전경이 연결되어 이동하는 것으로 이해된다.

(9)에서 나타나는 경로는 (9a)에서 '차도와'라는 경로의 일부, (9b)에서 '들판으로'라는 도착점, (9c)에서 '수도원 입구까지'라는 도착점, (9d)에

서 '바그다드, 비잔티움, 베를린으로'라는 장소와 도착점, (9e)에서 '각지와 여러 나라로까지'라는 장소와 도착점이 나타난다. (9)에서 개념화자는 전경인 '길'을 '이어지다'와 함께 쓰인 표현들을 통해 수평적으로 쭉 펼쳐진 대상들을 연결하여 이동하는 것으로 인식한다.

다음은 전경이 '산'으로 나타나는 '육안 관찰적 이동'이다.

(10) a. 주의 한가운데를 **애팔래치아 산맥이 지나가서** 산의 서쪽과 동쪽을 연결하는 도로가 부실한 것도 현실이다.
b. 해서(황해도)를 횡으로 가르고 **지나가는 멸악산맥(滅惡山脈)의 연이은 산줄기는** 구월산 줄기처럼 깊은 골짜기와 숲이 많고.

예문 (10)에서 동사는 '지나가다'로, '가다'에서 [이동], '지나다'에서 [경로]의 속성이 나타난다. 이 동사의 속성은 전경이 이동의 경로를 거쳐 이동해 가는 것으로 이해된다. 여기에서 '가다'는 전경이 개념화자의 시선에서 멀어지는 상황을 나타낸다.

(10)에서 나타나는 경로는 (10a)에서 '주의 한가운데를'이라는 장소, (10b)에서 '해서를'이라는 장소의 속성이 나타난다. (10)에서 개념화자는 전경인 '산'을 '지나가다'와 함께 쓰인 표현들을 통해, 전경 '산'에서 선으로 인식되는 대상이 개념화자를 거쳐 이동하는 것으로 인식한다.

(11) a. 낭림산맥 북부에서 갈라져 나와 강남산맥과 묘향산맥 사이를 **달리는 산맥**으로 길이는 약 250km이고, 높이는 800~1,500m이다.
b. 시의 남동쪽 경계를 **차령산맥이 달리고**, 그 중에 치악산이 높이 솟아 있다.
c. 압록강과 가지런히 평안북도 북쪽을 남서로 **달리는 산맥**.
d. **산등성이가** 완만하게 내륙을 향해 **달렸다**.

  e. 과천시와 서울특별시의 경계선은 관악산 정상에서 북동 능선으로, 그리고 정상에서 진남으로 **달리는 능선**이며, 후자는 안양시와의 경계선이 되어 있다.
  f. **광주산맥은** 한강을 넘어 남남서 방향으로 **달리면서** 그 고도가 더욱 낮아져 구릉성의 산지를 이루는데, 주요한 산봉으로는 청계산, 남한산, 광교산, 관악산 등 500m 내외의 산들이 있다.

 예문 (11)에서 동사는 '달리다'로 [이동], [방식]의 속성이 나타난다. 이 동사의 속성은 전경이 빠르게 이동하는 것으로 이해된다.
 (11)에서 나타나는 경로는 (11a)에서 '강남산맥과 묘향산맥 사이를'이라는 장소, (11b)에서 '시의 남동쪽 경계를'이라는 장소, (11c)에서 '남서로'라는 방향, (11d)에서 '내륙을 향해'라는 방향, (11e)에서 '정상에서 진남으로'라는 시작점 및 도착점, (11f)에서 '한강을 넘어'라는 이동 중 경로, '남남서 방향으로'라는 방향의 속성이 나타난다. (11)에서 개념화자는 전경인 '산'을 '달리다'와 함께 쓰인 표현들을 통해, 전경 '산'에서 선으로 인식되는 대상의 빠른 이동으로 인식한다.

  (12) a. 북서쪽에 **소백산맥이 달리고 있어** 산세가 험하고 탄광이 많다.
   b. 군의 한가운데를 **광주산맥이 달리고 있어** 거의 산지로 이루어져 있다.
   c. 이 하천 좌우로는 **산줄기가** 남북으로 **달리고 있고** 그 사이의 협곡으로 평야지대가 펼쳐지고 있다.
   d. **요동 방향의 산맥들은** 중국의 요동 반도와 나란히 **달리고 있는** 산맥들을 말한다.

 예문 (12)에서 동사는 '달리고 있다'로, '달리다'에서 [이동], [방식], '-고 있다'를 통해 그 이동이 진행 중임을 나타낸다. 이 동사의 속성은 전경이 빠르게 이동하는 과정으로 이해된다.

(12)에서 나타나는 경로는 (12a)에서 '북서쪽에'라는 위치, (12b)에서 '군의 한가운데를'이라는 장소, (12c)에서 '남북으로'라는 방향의 속성이 나타난다. 그리고 (12d)는 '상대적 이동'에서 '개념화자의 관찰'에 대한 인식이 확장되어, 비이동체인 참조점을 따라 이동하는 전경을 나타낸 예이다. (12)에서 개념화자는 전경인 '산'을 '달리고 있다'와 함께 쓰인 표현들을 통해, 전경 '산'에서 선으로 인식되는 대상을 이동의 상태로 인식한다.

(13) a. 운부는 처음에 전주 쪽으로 가려던 발길을 돌려 서해를 향하여 **치달린 변산**을 바라고 걸었다.
  b. 그는 탑 고개 위에 올라서서 은율 쪽의 깊은 골짜기와 안악으로 **치달려 솟은 구월산의 삐죽삐죽한 연봉들**을 번갈아 바라보았다.

예문 (13)에서 동사는 '치달리다'로, [이동], [방식], [방향]의 속성이 나타난다. 이 동사의 속성은 전경이 위로 빠르게 가는 것으로 이해된다.

(13)에서 나타나는 경로는 (13a)에서 '서해를 향하여'라는 도착점, (13b)에서 '깊은 골짜기와 안악으로'라는 장소와 도착점의 속성이 나타난다. (13)에서 개념화자는 전경인 '산'을 '치달리다'와 함께 쓰인 표현들을 통해, 전경 '산'에서 선으로 인식되는 대상의 상태에 집중하여 이동하는 것으로 인식한다.

(14) a. **청계산은** 남쪽으로 그 세력을 **뻗으면서** 국사봉, 바라산, 백운산, 광교산 등을 형성하다가 수원시에 이르러 그 세력이 약해진다.
  b. **태백산맥의 한 줄기가 뻗어** 산지가 많으나, 중앙부를 흐르는 양산천이 유역에 평야를 이루면서 남서쪽 경계에서 낙동강으로 흘러든다.

예문 (14)에서 동사는 '뻗다'로, [경로], [이동]의 속성이 나타난다. 이 동사의 속성은 전경이 경로를 따라 이동하는 것으로 이해된다.

(14)에서 나타나는 경로는 (14a)에서 '남쪽으로'라는 방향의 속성이 나타난다. 그리고 (14b)는 경로가 제시되지 않았고, 문맥을 통해 그 경로가 유추된다. (14)에서 개념화자는 전경인 '산'을 '뻗다'와 함께 쓰인 표현들을 통해, 전경 '산'에서 선으로 인식되는 대상의 상태를 이동하는 것으로 인식한다.

(15) a. 중요한 산맥들의 자리잡고 있음과 그 달리는 방향들은 본란의 지도상에 그려져 있는데, 그 지도를 조금 관심 있게 살펴보면 크게 보아 3개의 방향으로 **산맥들이 뻗어 있음**을 알 수 있을 것이다.
b. **산들은** 나지막하고 옆으로 길게 **뻗어 있으며**, 수면을 따라 전개되는 공간은 폐쇄 됨이 없이 끝없이 펼쳐져 있다.

예문 (15)에서 동사는 '뻗어 있다'로, 이동의 상태를 나타낸다. 이 동사의 속성은 전경이 이동하는 상태를 나타내는 것으로 이해된다.

(15)에서 나타나는 경로는 (15a)에서 '3개의 방향으로'라는 방향, (15b)에서 '옆으로'라는 방향, '산'의 모습을 '길게'라는 표현을 통해 나타냈다. 특히 (15a)는 지도의 도면을 보면서 산의 전체 모습 중 일부를 기술했는데, 이것은 '요약주사'의 전형적인 예로 간주된다. (15)에서 개념화자는 전경인 '산'을 '뻗어 있다'와 함께 쓰인 표현들을 통해, 전경 '산'에서 선으로 인식되는 대상을 이동의 상태로 인식한다.

(16) a. 북부에는 함경산맥이 있고, 거기에서 **뻗어 내린 지맥들이** 동부 경계에 마천령 산맥, 중앙부에 만탑 산맥, 서부 경계에 마운령 산맥을 이룬다.

b. 월성군 천북면 오야리 뒷산은 험한 돌산으로 되어 있는데 **두 갈래의 산발이** 마을로 **뻗어 내려** 있다.

예문 (16)에서 동사는 '뻗어 내리다'로, '뻗다'에서 [경로], '내리다'에서 [이동], [방향]의 속성이 나타난다. 이 동사의 속성은 전경이 아래쪽으로 이동하는 것으로 이해된다.

(16)에서 나타나는 경로는 (16a)에서 '거기에서'라는 시작점, (16b)에서 '마을로'라는 방향의 속성이 나타난다. (16)에서 개념화자는 전경인 '산'을 '뻗어 내리다'와 함께 쓰인 표현들을 통해, 전경 '산'에서 선으로 인식되는 대상이 아래쪽으로 이동하는 것으로 인식한다.

(17) 신경준이 지은 "산경표(山經表)"라는 조선 후기의 한국 산·산맥에 관한 책과 그외 풍수적 논리들에 의하면 백두산은 한국 모든 산들의 으뜸인 조산(祖山) 또는 조종산(祖宗山)이요, 거기로부터 **큰 산맥이** 한반도에로 **뻗어 나갔으니** 그것이 바로 "백두대간"이라는 것이다.

예문 (17)에서 동사는 '뻗어 나가다'로, '뻗다'에서 [경로], '나가다'에서 [이동], [방향]의 속성이 나타난다. 이 동사의 속성은 전경이 경로를 따라 이동하는 것으로 이해된다.

(17)은 책에 기술된 일부분으로, 그 경로는 '거기로부터'라는 시작점, '한반도에로'라는 도착점의 속성이 나타난다. (17)에서 개념화자는 전경인 '산'을 '뻗어 나가다'와 함께 쓰인 표현들을 통해, 전경 '산'에서 선으로 인식되는 대상이 수평 방향으로 이동하는 것으로 인식한다.

(18) a. 서부에는 로키 산맥과 해안 산맥이 솟아 험준한 산지를 이루며, 동부의 래브라도 반도에도 **애팔래치아 산맥이 이어져** 낮은 산맥이 뻗

어 있다.
b. 북쪽에서 바라보니 이 여섯 개의 **봉우리들이** 동서 방향으로 **이어져** 있는 것이 확연하였다.
c. 서쪽 내륙에 있는 최고봉 비로봉(1638m)에서 동쪽으로 뻗어간 **금강산 산줄기는** 장군봉을 지나고 여기서 갈라져 나가 한쪽이 외금강 구룡연 구역과 선하동 구역 사이로 날카롭고 험준한 바위들과 거대한 바위 능선 봉우리들로 **이어진다**.

예문 (18)에서 동사는 '이어지다'로 [경로], [이동]의 속성이 나타난다. 이 동사의 속성은 전경이 연결되어 이동하는 것으로 이해된다.

(18)에서 나타나는 경로는 (18a)에서 '반도에도'라는 위치, (18b)에서 '동서 방향으로'라는 방향의 속성이 나타난다. 그리고 (18c)에서 시작점에서 도착점까지 전체 경로가 나타난다. (18)에서 개념화자는 전경인 '산'을 '이어지다'와 함께 쓰인 표현들을 통해, 전경 '산'에서 선으로 인식되는 대상을 연결하여 이동하는 것으로 인식한다.

(19) a. **가파른 능선이** 양쪽으로 쭉 **잇대어** 있는 산 밑 골짜기였는데 이미 처형된 이천 여구의 시체가 나뭇단처럼 쌓여 있었고 그들의 몸뚱이에서 흘러내린 피가 막 도착한 죄수들의 발등을 덮었다.
b. 그러나 한국은 문자 그대로 **낮은 산이** 첩첩이 **잇대어** 있다.
c. 노령산맥 남서부의 서쪽 비탈면에서 서해안까지의 지역인데, 동쪽 군계를 따라서 500m를 넘는 **산들이 잇달아** 있다.
d. **산이 잇달아** 길게 줄기를 이룬 지형.

예문 (19)에서 동사는 '잇대다'[2]로, [경로], [이동]의 속성이 나타난다.

---

2   '잇대다'의 사전 정의는 "서로 이어져 맞닿게 하다."로 되어 있다. 이 정의에 따르면, '잇대다'는 상태를 나타내지만, 개념화자의 인식에서 맞닿은 대상이 지속될

이 동사의 속성은 전경이 연결되어 이동하는 것으로 이해된다.

(19)에서 나타나는 경로는 (19a)에서 '양쪽으로'라는 방향의 속성이 나타난다. 그리고 (19b)에서 '첩첩이'라는 표현을 통해 여러 겹으로 겹쳐 있는 모습을, (19c)는 '상대적 이동'에서 '개념화자의 관찰'에 대한 인식이 확장되어, 비이동체인 참조점을 따라 이동하는 전경을 나타낸 예이다. (19d)는 '산'의 모습을 '길게'라는 표현을 통해 나타냈다. 개념화자는 정지한 상태에서 구체적인 경로를 육안으로 관찰하면서 전경을 이동하는 것으로 인식한다. (19)에서 개념화자는 전경인 '산'을 '잇대다'와 함께 쓰인 표현들을 통해, 전경 '산'에서 선으로 인식되는 대상을 지속적으로 연결하여 이동하는 것으로 인식한다.

(20) a. 큰 산괴 지리산(천왕봉)의 **맥이** 남서로 뻗쳐 영신봉에서 다시 **솟고**….

b. 마을의 동쪽에 노고봉(573.6m), 정광산(563m)등으로 이어지는 **높은 산맥이 솟았으며** 이 산지에서 발원한 갈담천이 마을 앞을 지나 서쪽으로 흘러 경안천에 합류한다.

c. 서부에는 **로키 산맥과 해안 산맥이 솟아** 험준한 산지를 이루며, 동부의 래브라도 반도에도 애팔래치아 산맥이 이어져 낮은 산맥이 뻗어 있다.

d. 동으로는 만대산, 서로는 **오도산과 숙성산이** 늠름히 **솟아** 그 산협

경우 이동으로 인식된다. 이것은 심리학에서 '가현 움직임(apparent movement)'이라고 명명하는 현상으로, '가현 움직임'이란 두 개의 자극을 약간의 거리를 두고 번갈아 제시하면, 이 두 자극 사이에 움직임이 생성된다는 것이다(김정오 외 옮김 2011: 232-233).
Talmy(2000)는 이러한 현상들이 나타나는 표현들을 '패턴 경로(pattern paths)'라고 하였고, *As I painted the ceiling, (a line of) paint spots slowly progressed across the floor*와 같은 예를 제시하였다. 이 문장에서 점들은 일정한 간격을 두고 떨어져 있는 상태이지만, 개념화자의 인식에서 하나의 선으로 연결된다.

분지 사이로 줄기를 이루어 강이 흘렀다.
　　e. 따스한 햇볕을 안고 반공중에 뚜렷이 **솟은** 저 **인왕산**….

　예문 (20)에서 동사는 '솟다'로, [이동], [방향]의 속성이 나타난다. 이 동사의 속성은 전경이 위로 이동하는 것으로 이해된다.
　(20)에서 나타나는 경로는 (20a)에서 '영신봉에서'라는 위치, (20b)에서 '마을의 동쪽에'라는 위치, (20c)에서 '서부에는'이라는 위치의 속성이 나타난다. (20a-c)는 모두 위치의 속성들이 나타나는데, 그 어휘의 속성에 따라 인식되는 범주가 달리 나타난다. 그리고 (20d, e)에서 경로의 속성이 나타나지 않는데, 전경에 주의를 둔 것으로 유추된다. (20)에서 개념화자는 전경인 '산'을 '솟다'와 함께 쓰인 표현들을 통해, 전경 '산'에서 선으로 인식되는 대상이 위쪽으로 이동하는 것으로 인식한다.

　　(21) 어떤 동네에 하늘 높이 **치솟은 거대한 산이** 있었는데 사람들은 아침저녁으로 그 산의 봉우리가 구름을 고깔처럼 쓰고 있는 것을 바라보기만 할 뿐, 아무도 거기엔 못 오를 거라 여기고 있었지.

　예문 (21)에서 동사는 '치솟다'로, [이동], [방향]의 속성을 강조하여 나타난다. 이 동사의 속성은 전경이 위로 이동하는 것을 강조하는 것으로 이해된다.
　(21)에서 나타나는 경로는 '그 너머에는'이라는 위치의 속성이 나타난다. (21)에서 개념화자는 전경인 '산'을 '치솟다'와 함께 쓰인 표현들을 통해, 전경 '산'에서 선으로 인식되는 대상이 위쪽으로 힘차게 이동하는 것으로 인식한다.

　　(22) a. 북부에는 지리산 줄기의 높은 **산이 솟아 있고**, 서부의 전라남도 광

양군과의 경계를 흐르는 섬진강과 그 지류 유역 및 남부 해안 지방에는 평야가 펼쳐져 있다.
b. 태백산맥과 광주산맥이 만나는 어름에 있어 가칠봉, 대우산, 대암산 등 1,000m를 넘는 **산들이 솟아 있다.**
c. 草幕(초막)의 집 뒤로 멀리 동산 같은 **산경이 솟아 있다.**

예문 (22)에서 동사는 '솟아 있다'로 [이동], [방향]의 상태를 나타낸다. 이 동사의 속성은 전경이 위로 이동하는 상태를 나타낸 것으로 이해된다.

(22)에서 나타나는 경로는 (22a)에서 '북부에는'이라는 위치의 속성이 나타난다. 그리고 (22b, c)에서 배경 제시 없이 '산'의 모습을 나타냈다. (22)에서 개념화자는 전경인 '산'을 '솟아 있다'와 함께 쓰인 표현들을 통해, 전경 '산'에서 선으로 인식되는 대상이 위쪽으로 이동하는 상태로 인식한다.

(23) 거기서도 **산이 솟아오르고**, 계곡이 범람하고, 몽실몽실 구름이 피어오른다.

예문 (23)에서 동사는 '솟아오르다'로 '솟다'에서 [방향], '오르다'에서 [이동], [방향]의 속성을 나타낸다. 이 동사의 속성은 전경이 위로의 이동을 나타낸 것으로 이해된다.

(23)에서 나타나는 경로는 '거기서도'라는 위치의 속성이 나타난다. (23)에서 개념화자는 전경인 '산'을 '솟아오르다'와 함께 쓰인 표현들을 통해, 전경 '산'에서 선으로 인식되는 대상이 위쪽으로 이동하는 것으로 인식한다.

다음은 전경이 '선'으로 나타나는 '육안 관찰적 이동'이다.

(24) 그러나 **고압선이 지나는** 곳과 송신소 인근 지역 주민들이 곧잘 두통에 시달리고 원인 모를 병에 잘 걸린다거나, 레이더기지 근무자들이 녹내장, 백내장을 앓는 경우가 많은 데 대해 전자파가 그 원인이라는 학설이 있다.

예문 (24)에서 동사는 '지나다'로, [경로], [이동]의 속성이 나타난다. 이 동사의 속성은 전경이 이동의 경로를 거쳐 이동하는 것으로 이해된다. (24)에서 나타나는 경로는 '곳'이라는 위치의 속성이 나타난다. (24)에서 개념화자는 전경인 '선'을 '지나다'와 함께 쓰인 표현들을 통해, 선이 수평적으로 이동하는 것으로 인식한다.

(25) a. 도시 가스 공장 위로는 변전소에서 나가는 15만 4v짜리 **고압선이 지나가고** 이 고압선은 불길과 함께 녹아내려, 넓은 지역에 정전 사태를 빚었다.
   b. 교통 면에서 볼 때 지하철 오호선 목동역과 인접해 있고 **이십 여 개의 버스 노선이** 저희 상가 주위를 **지나가고** 있습니다.
   c. 보통 공중으로 **지나가는 고압선이** 많으나 땅 속으로도 설치한다.

예문 (25)에서 동사는 '지나가다'로, '가다'에서 [이동], '지나다'에서 [경로]의 속성이 나타난다. 이 동사의 속성은 전경이 이동의 경로를 거쳐 이동해 가는 것으로 이해된다.

(25)에서 나타나는 경로는 (25a)에서 '공장 위로는'이라는 위치, (25b)에서 '상가 주위를'이라는 장소, (25c)에서 '공중으로'라는 방향의 속성이 나타난다. (25)에서 개념화자는 전경인 '선'을 '지나가다'와 함께 쓰인 표현들을 통해, 선이 수평적으로 개념화자를 거쳐 이동하는 것으로 인식한다.

(26) 나는 이제 명동 입구 지하도 앞에까지 와 있다. **행렬은** 그 속에까지 **뻗쳐 있다.**

예문 (26)에서 동사는 '뻗쳐 있다'로, [경로], [이동]을 강조하여 나타낸다. 이 동사의 속성은 전경이 이동하는 상태를 강조하여 나타낸 것으로 이해된다.

(26)에서 나타나는 경로는 '그 속에까지'라는 도착점의 속성이 나타난다. (26)에서 개념화자는 전경인 '행렬'을 '뻗쳐 있다'와 함께 쓰인 표현들을 통해, 선이 수평적인 상태에 집중하여 이동하는 것으로 인식한다. 다음은 전경이 '식물'로 나타나는 심리적 이동이다.

(27) 키는 30m 가량이고, **가지가** 사방으로 **뻗어서** 거의 둥글게 자란다.

예문 (27)에서 동사는 '뻗다'로 [경로], [이동]의 속성을 나타낸다. 이 동사의 속성은 전경이 경로를 따라 이동하는 것으로 이해된다.

(27)에서 나타나는 경로는 '사방으로'라는 방향의 속성이 나타난다. (27)에서 개념화자는 전경인 '식물'을 '뻗다'와 함께 쓰인 표현들을 통해, 전경 '가지'에서 선으로 인식되는 대상의 상태를 이동하는 것으로 인식한다.

(28) 그리곤 바깥 낭떠러지 위로 **내뻗은 가지**로 타고 나가라는 것이다.

예문 (28)에서 동사는 '내뻗다'로, [이동]의 속성이 강조되어 나타난다. 이 동사의 속성은 전경이 경로를 따라 안쪽에서 바깥으로 이동하는 것으로 이해된다.

(28)에서 나타나는 경로는 '바깥'이라는 방향, '낭떠러지 위로'라는 방향의 속성이 나타난다. (28)에서 개념화자는 전경인 '가지'를 '내뻗다'와

함께 쓰인 표현들을 통해, 전경 '가지'에서 선으로 인식되는 대상의 상태에 집중하여 이동하는 것으로 인식한다.

(29) **사과나무의 가지가** 위로 **치뻗어 있다.**

예문 (29)에서 동사는 '치뻗어 있다'로, [이동], [방향]의 속성이 강조되어 나타난다. 이 동사의 속성은 전경이 이동하는 상태를 강조하여 나타내는 것으로 이해된다.

(29)에서 나타나는 경로는 '위로'라는 방향의 속성이 나타난다. (29)에서 개념화자는 전경인 '가지'를 '치뻗어 있다'와 함께 쓰인 표현들을 통해, 전경 '가지'에서 선으로 인식되는 대상이 위쪽으로 이동하는 상태로 인식한다.

(30) a. 초가지붕에는 **박 넝쿨이 뻗어 있고**, 비스듬히 세워진 굴뚝하며 흙담이 예전 우리의 고향집과 하나 다를 바 없었다.
　　b. 겨울인데도 새파란 동백나무 가로수가 싱싱하기만 했고 야자수 비슷한 **나무들이** 쭉쭉 **뻗어 있는** 것이 완전히 이국적인 분위기였다.

예문 (30)에서 동사는 '뻗어 있다'로, [경로], [이동]의 상태를 나타낸다. 이 동사의 속성은 전경이 이동하는 상태를 나타내는 것으로 이해된다.

(30)에서 나타나는 경로는 (30a)에서 '초가지붕에는'이라는 위치의 속성이 나타난다. 그리고 (30b)에서 전경인 '나무들'은 환유의 작용으로 '나무들의 가지'를 나타내며, '쭉쭉'이라는 표현을 통해 '나무들'의 모습을 나타낸다. (30)에서 개념화자는 전경인 '식물'을 '뻗어 있다'와 함께 쓰인 표현들을 통해, 전경 '식물'에서 선으로 인식되는 대상을 이동의 상태로 인식한다.

(31) 길 양쪽 **살구꽃이** 30리에 **뻗쳐 있고** 귀인(貴人)의 새로운 말이 날개 돋힌 듯 달려간다.

예문 (31)에서 동사는 '뻗쳐 있다'로, [경로], [이동]을 강조하여 나타낸다. 이 동사의 속성은 전경이 이동하는 상태를 강조하여 나타내는 것으로 이해된다.

(31)에서 나타나는 경로는 '30리에'라는 거리의 속성이 나타난다. (31)에서 개념화자는 전경인 '식물'을 '뻗쳐 있다'와 함께 쓰인 표현들을 통해, 전경 '살구꽃'에서 선으로 인식되는 대상들에 집중하여 이동하는 것으로 인식한다.

(32) 잎새가 몇 개 남지 않은 **나무들이** 삼층 창문 위로 **뻗어 올라** 있었다.

예문 (32)에서 동사는 '뻗어 오르다'로, [경로], [이동], [방향]의 속성이 나타난다. 이 동사의 속성은 전경이 위로 이동하는 상태를 나타내는 것으로 이해된다.

(32)에서 나타나는 경로는 '삼층 창문 위로'라는 도착점의 속성이 나타난다. (32)에서 개념화자는 전경인 '식물'을 '뻗어 오르다'와 함께 쓰인 표현들을 통해, 전경 '나무들'에서 선으로 인식되는 대상을 위쪽으로 이동하는 상태로 인식한다.

(33) a. 등 선반엔 잎을 피우면서 **뻗어 나가는 줄기**.
　　　b. 또한 끝없이 **뻗어 나간** 고랑진 **밭작물**.
　　　c. 철이 바뀌어 꽃이 피는가 하면 열매가 달리고 **가지가 뻗어 나간다**.

예문 (33)에서 동사는 '뻗어 나가다'로, [경로], [이동]의 속성이 나타난다. 이 동사의 속성은 전경이 안에서 밖으로 이동하는 것으로 이해된다.

(33)에서 나타나는 경로는 (33a)에서 '선반엔'이라는 위치의 속성이 나타난다. 그리고 (33b, c)에서는 식물의 모습을 나타내는데, (33b)에서 '끝없이'라는 표현을 통해 '밭작물' 전체의 모습을 나타냈다. (33c)에서 '가지'의 모습은 육안으로 전체 모습을 관찰할 수 있으므로 다른 표현이 나타나지 않았다. (33)에서 개념화자는 전경인 '식물'을 '뻗어 나가다'와 함께 쓰인 표현들을 통해, 전경 '식물'에서 선으로 인식되는 대상을 이동하는 것으로 인식한다.

(34) a. 하늘로 **솟은 나뭇가지가** ○○의 시야에 찬다.
　　 b. 긴 골목을 따라 깊숙이 들어오면, **무궁화나무가** 담 위로 소복이 **솟은** 기와집이 있다.

예문 (34)에서 동사는 '솟다'로, [이동], [방향]의 속성이 나타난다. 이 동사의 속성은 전경이 위로 이동하는 것으로 이해된다.

(34)에서 나타나는 경로는 (34a)에서 '하늘로'라는 방향, (34b)에서 '담 위로'라는 장소의 속성이 나타난다. (34)에서 개념화자는 전경인 '식물'을 '솟다'와 함께 쓰인 표현들을 통해, 전경 '식물'에서 선으로 인식되는 대상이 위쪽으로 이동하는 것으로 인식한다.

(35) 오동나무도 전선(電線)대만큼 굵어진 **줄기가** 곧고 높이 **치솟아** 뻗어나간 가지에 넓은 잎을 펄럭이고 있게 되었다.

예문 (35)에서 동사는 '치솟다'로, [이동], [방향]의 속성이 강조되어 나타난다. 이 동사의 속성은 전경이 위로 이동하는 것을 강조하는 것으로 이해된다.

(35)에서 나타나는 경로는 '곧고'라는 전경의 모양, '높이'라는 방향의 속성이 함께 나타난다. (35)에서 개념화자는 전경인 '식물'을 '치솟다'와 함께 쓰인 표현들을 통해, 전경 '식물'에서 선으로 인식되는 대상이 위쪽으로 힘차게 이동하는 것으로 인식한다.

다음은 전경이 '신체부위'로 나타나는 '심리적 이동'이다.

> (36) 턱은 길쭉하고 피부에는 검붉은 여드름 자국이 덕지덕지 붙어 있고 이마에는 때 이른 깊은 **주름살이** 몇 가닥 **지나가고** 있었다.

예문 (36)에서 동사는 '지나가다'로, '가다'에서 [이동], '지나다'에서 [경로]의 속성이 나타난다. 이 동사의 속성은 전경이 이동의 경로를 거쳐 이동해 가는 것으로 이해된다.

(36)에서 개념화자는 전경인 '신체부위'를 '지나가다'와 함께 쓰인 표현들을 통해, 전경 '주름살'이 개념화자를 거쳐 이동하는 것으로 인식한다.

> (37) a. 흰 베옷, 저고리의 가냘픈 두 어깨에 **흐르는 선**은 기질의 강인함을, 또 쓰러지려는 최참판댁, 그 영욕의 마지막 상징인 듯 이동진 눈에 따갑게 비치었다.
> b. 두 볼에 **흐르는 빛이** 정작으로 고와서 서러워라.

예문 (37)에서 동사는 '흐르다'로, [이동], [방식]의 속성이 나타난다. 이 동사의 속성은 전경이 느리게 이동하는 것으로 이해된다.

(37a)는 '두 어깨에'라는 위치에서 관찰되는 모습을 '선'으로 표현했다. 여기에서 '선'은 어깨를 가리킨다. (37b)는 '두 볼에'라는 위치에서 관찰되는 모습을 '빛'으로 표현했다. 여기에서 '빛'은 눈물을 나타낸다. (37)에서 개념화자는 전경인 '신체부위'를 '흐르다'와 함께 쓰인 표현들을 통

해, 전경 '신체부위'에서 선으로 인식되는 대상이 이동하는 것으로 인식한다.

 (38) a. 그리고 늘 하던 대로 마음껏 **뻗은 몸**을 재빨리 공처럼 둥글려 회전을 했다.
   b. 교복 밑으로 곧게 **뻗은 다리는** 뛰어난 예술가의 솜씨가 발휘된 조각품처럼 유난스럽게 예뻤다.
   c. 쌍꺼풀이 없는 둥그렇고 시원스럽게 **뻗은 눈매가** 흥분인지 설렘인지 알 수 없는 감정으로 가늘게 떨리고 있었다.
   d. 다리가 길고 **허리가** 쭉 **뻗은** 누런 개 한 마리가 호숫가 숲에서 낑낑거렸다.

예문 (38)에서 동사는 '뻗다'로, [이동], [경로]의 속성이 나타난다. 이 동사의 속성은 전경이 경로를 따라 이동하는 것으로 이해된다.

(38)에서 전경은 (38a)에서 '몸', (38b)에서 '다리', (38c)에서 '눈매', (38d)에서 '허리'를 나타냈다. (38)에서 개념화자는 전경인 '신체부위'를 '뻗다'와 함께 쓰인 표현들을 통해, 전경이 선으로 인식되는 대상의 상태를 이동하는 것으로 인식한다.

 (39) a. 산맥의 정상에서 저는 **뻗어 내린** 제 **몸**을 내려다봅니다.
   b. 부드러운 곡선으로 **뻗어 내린 허리와 엉덩이는** 완벽한 조화를 이루고 있었다.

예문 (39)에서 동사는 '뻗어 내리다'로, '뻗다'에서 [경로], '내리다'에서 [이동], [방향]의 속성이 나타난다. 이 동사의 속성은 전경이 아래로 이동하는 것으로 이해된다.

(39)는 신체부위 중에서 (39a)에서 '몸', (39b)에서 '허리와 엉덩이'를

이동을 통해 묘사하였다. 특히 (39b)에서 '부드러운 곡선으로'라는 표현은 전경인 '허리와 엉덩이'의 모양을 나타냈다. (39)에서 개념화자는 전경인 '신체부위'를 '뻗어 내리다'와 함께 쓰인 표현들을 통해, 전경 '신체부위'에서 선으로 인식되는 대상의 상태를 아래쪽으로 이동하는 것으로 인식한다.

(40) 남자도 보았을까. 배꼽 위에서 일직선으로 **뻗어 올라간 갈색 임신선**을.

예문 (40)에서 동사는 '뻗어 올라가다'로, '뻗다'에서 [경로], '올라가다'에서 [방향], [이동]의 속성이 나타난다. 이 동사의 속성은 전경이 위로 이동해 가는 것으로 이해된다.

(40)은 신체부위 중에서 '임신선'을 이동을 통해 묘사하였다. (40)에서 개념화자는 전경인 '신체부위'를 '뻗어 올라가다'와 함께 쓰인 표현들을 통해, 전경 '임신선'에서 대상의 상태를 위쪽으로 이동해 가는 것으로 인식한다.

다음은 전경이 '인공물'로 나타나는 '심리적 이동'이다.

(41) a. 땅에 **철탑이 지나가는** 것은 이미 알고 있었지만 ○ 대통령의 권유로 땅을 사게 됐다.
b. 기억 속의 강물은 도랑물이 되어 흐르고 성곽같이 높던 **담들은** 나의 허리 밑으로 **지나간다**.
c. 특히 **싱크대 배수관이 지나가기** 때문에 효율적인 수납이 어렵다.

예문 (41)에서 동사는 '지나가다'로, '가다'에서 [이동], '지나다'에서 [경로]의 속성이 나타난다. 이 동사의 속성은 전경이 이동의 경로를 거쳐 이동해 가는 것으로 이해된다.

(41)에서 나타나는 경로는 (41a)에서 '땅에'라는 위치, (41b)에서 '나의 허리 밑으로'라는 방향의 속성이 나타난다. 그리고 (41c)에서는 문맥을 통해 어떤 위치가 전제된다는 것을 알 수 있다. (41)에서 개념화자는 전경인 '인공물'을 '지나가다'와 함께 쓰인 표현들을 통해, 전경이 개념화자를 거쳐 이동하는 것으로 인식한다.

(42) a. 소비지와 한참 떨어진 곳에 수천 킬로미터의 생태계를 동강내며 대단위 핵 발전 단지를 만들고 전자파를 내뿜는 **송전탑이 달리는** 섬뜩한 풍광이 전개되는 곳이다.
b. 이제는 시멘트와 바윗덩이로 단단하게 축조된 **방파제가** 길게 ㄷ자로 두 줄 나란히 바다를 향해 **달리고** 있었다.
c. 길옆으로 길과 평행으로 **달리는 북쪽 벽**에는 가로수가 심어져 있었다.
d. 마을 위, 지붕 위에 유해 전자파를 뿌리며 진산 정수리를 밟고 거침없이 **내달리는 송전탑은** 누구를 위한 것일까.

예문 (42)에서 동사는 '달리다', '내달리다'로, [이동], [방식]과 그 강조를 나타낸다. 이 동사의 속성은 전경이 빠르게 이동하는 것으로 이해된다. (42)에서 나타나는 경로는 (42a)에서 '곳'이라는 위치, (42b)에서 '바다를 향해'라는 도착점의 속성이 나타난다. 그리고 (42c)는 '상대적 이동'에서 '개념화자의 관찰'에 대한 인식이 확장되어, 비이동체인 참조점을 따라 이동하는 전경을 나타낸 예이다. (42d)에서 '내달리다'는 달리는 행위를 강조하여 나타내며, '위에'라는 위치의 속성이 나타난다. (42)에서 개념화자는 전경인 '인공물'을 '달리다'와 함께 쓰인 표현들을 통해, 전경이 빠르게 이동하는 것으로 인식한다.

(43) 바다를 향해 꺼질 듯 급하게 **내리 달려** 마치 바다에 안기듯이 야자나

무숲에 평화롭게 잠겨 있는 **도시가** 시하눅빌, 깜뽕사옴이다.

예문 (43)에서 동사는 '내리 달리다'로 [이동], [방식], [방향]의 속성이 나타난다. 이 동사의 속성은 전경이 빠르게 아래로 이동하는 것으로 이해된다.

(43)에서 나타나는 경로는 '바다를 향해'라는 도착점의 속성이 나타난다. (43)에서 개념화자는 전경인 '인공물'을 '달리다'와 함께 쓰인 표현들을 통해, 전경이 아래쪽으로 빠르게 이동하는 것으로 인식한다.

(44) a. 그것은 집에 긴 처마의 지붕을 주고 알맞은 물매로 눈의 무게를 지탱하게 하고, **지붕은** 아래로 길게 **뻗어** 긴 겨울밤의 폭풍으로부터 실내를 막아주게 하였다.
 b. 나는 바다 쪽으로 주욱 **뻗은 방파제** 끝의 작은 등대까지 걸어갈 작정이었다.
 c. 정문으로 들어서자 대강당으로 **뻗은 계단이** 눈에 띈다.
 d. 일반 교량보다 기초 공사비가 많이 들지만, 힘차게 **뻗은 주탑**과 케이블이 어울려 경쾌하고 직선적인 남성미가 특징이다.

예문 (44)에서 동사는 '뻗다'로 [이동], [경로]의 속성을 나타낸다. 이 동사의 속성은 전경이 경로를 따라 이동하는 것으로 이해된다.

(44)에서 나타나는 경로는 (44a)에서 '아래로'라는 방향, (44b)에서 '바다 쪽으로'라는 방향, (44c)에서 '대강당으로'라는 도착점의 속성이 나타난다. (44a, b)의 경우 방향의 속성이 제시되나, 전경의 인식에 따라 그 인식 범위가 달라진다. 그리고 (44d)는 전경인 '주탑'의 의미가 수직적인 속성을 가지고 있고, '뻗다'와 함께 사용된 경우 아래에서 위로 이동이 인식된다. (44)에서 개념화자는 전경인 '인공물'을 '뻗다'와 함께 쓰인 표

현들을 통해, 전경의 상태를 이동하는 것으로 인식한다.

(45) a. 마을 앞 바다에는 일본 사람들이 쌓다 말고 쫓겨 갔다는 **긴 제방이 뻗어 있었다.**
b. 길게 이어진 **수도관은** 야적장으로 트럭이 드나드는 포장도로까지 **뻗어 있었다.**
c. 전탑은 **지붕 추녀가** 일직선으로 **뻗어 있으므로** 보는 사람에게 장중한 느낌을 주게 된다.
d. 어두운 하늘을 향해 **뻗어 있는 그 묘비는** 그런 식으로 사람들의 배후를 형성하고 있었다.
e. 상당히 촌스러운 조명이 을씨년스럽게 달려 있는 바닷가의 천막 카페들을 지나 모래사장을 한참 걸어가니 바다를 향해 길게 **뻗어 있는 횟집들이** 보였다.
f. 또 **노가** 길게 **뻗어 있는** 점으로 보아 측면도만으로서도 모두 서양식 노임이 분명하다.
g. 크리슈나의 행렬을 이해하려면 우선 **밀집한 고층 빌딩이** 옥수수밭 고랑처럼 **뻗어 있는** 뉴욕의 거리를 보지 않으면 안 될 것이다.

예문 (45)에서 동사는 '뻗어 있다'로, '뻗다'에서 [이동], [경로]의 상태가 지속적임을 나타낸다. 이 동사의 속성은 전경이 이동하는 상태를 나타내는 것으로 이해된다.

(45)에서 나타나는 경로는 (45a)에서 '바다에는'이라는 위치, (45b)에서 '포장도로까지'라는 도착점, (45c)에서 '일직선으로'라는 전경의 모양, (45d)에서 '하늘을 향해'라는 방향, (45e)에서 '바다를 향해'라는 방향의 속성이 나타난다. (45d, e)의 경우, 방향의 속성이 수직, 수평에 따라 달라진다. 그리고 (45f, g)는 전경에 따라 규모에 대한 인식이 달라진다. (45f)에서 '노', (45g)에서 '빌딩'에 대한 인식은 '뻗어 있다'의 범위를 제한한

다. (45)에서 개념화자는 전경인 '인공물'을 '뻗어 있다'와 함께 쓰인 표현들을 통해, 전경을 이동의 상태로 인식한다.

(46) a. 이것은 앞쪽보다도 뒤쪽이 3.5척(약 1.1m) 더 깊게 잠기기 때문이며, 그뿐 아니라 **뱃머리는** 물에 잠기는 바닥보다도 앞쪽으로 더 **뻗어 나와** 있으므로, 승무원들은 마치 오늘의 상륙용 주정에서 뛰어내리듯이 어떤 해안에라도 상륙할 수 있다.
b. 안개섬을 향해 **뻗어 나가고** 있는 **둑** 주변에는 전등불들이 휘황하게 어둠을 밝히고….
c. 공원에 존재하는 것들이 쏟아져 내리는 것을 갓길과 국도가 방어하는 형국처럼 보이기도 하고, 그 반대로 공원에 존재하는 것들이 갓길과 국도의 침입을 막는 것처럼 보이기도 하는 **시멘트 블록이** 장성처럼 길게 **뻗어 나가고** 있었다.

예문 (46)에서 동사는 '뻗어 나오다', '뻗어 나가다'로, '뻗다'에서 [경로], '나오다, 나가다'에서 [이동], [방향]의 속성이 나타난다. 이 동사의 속성은 전경이 안에서 밖으로 이동하는 상태를 나타내는 것으로 이해된다.
(46)에서 나타나는 경로는 (46a)에서 '앞쪽으로'라는 방향, (46b)에서 '안개섬을 향해'라는 도착점의 속성이 나타난다. 그리고 (46c)는 전경의 모습을 '길게'라는 표현으로 나타냈다. (46)에서 개념화자는 전경인 '인공물'을 '뻗어 나오다, 뻗어 나가다'와 함께 쓰인 표현들을 통해, 전경의 상태를 수평적으로 이동하는 것으로 인식한다.

(47) a. 동편으로 쭉 **뻗어 난 마당**엔 손질이 잘 된 수목이 바야흐로 봄을 다투고 있는 것이다.
b. 지붕이 마치 하늘로 올라갈 듯한 힘을 지니고 있으면서 여유 있게 깊숙이 **뻗어 난 처마**의 날씬한 곡선에서 휘어져 나가는 멋들어진

맛이 있다.

예문 (47)에서 동사는 '뻗어 나다'로, '뻗다'에서 [경로], '나다'에서 [이동]의 속성이 나타난다. 이 동사의 속성은 전경이 안에서 밖으로 이동한 상태를 나타내는 것으로 이해된다.

(47a)에서 나타나는 경로는 '동편으로'라는 방향의 속성이 나타난다. 그리고 (47b)는 전경의 모습을 '뻗어 나다'와 함께 나타냈다. (47)에서 개념화자는 전경인 '인공물'을 '뻗어 나다'와 함께 쓰인 표현들을 통해, 전경의 상태를 이동으로 인식한다.

(48) a. 남쪽으로 난 창문으로는 차갑게 **뻗어 올라간 빌딩들** 대신 사시사철 푸르름이 무성한 산이 잡힐 듯 눈에 들어왔고 고개를 조금만 돌리면 멀리 유유히 흘러가는 퍼런 강물이 파편처럼 빛났다.
   b. **노가** 그 수평으로 된 부분에서 밑쪽으로 **뻗어 내려** 있으므로, 배와 배의 측면이 서로 닿아 있을 경우에라도 노가 상하지 않을 뿐 아니라....

예문 (48)에서 동사는 '뻗어 올라가다', '뻗어 내리다'로, '뻗다'는 [경로], '올라가다, 내리다'에서 [이동], [방향]의 속성이 나타난다. 이 동사의 속성은 전경이 위나 아래로 이동하는 것으로 이해된다.

(48a)에서 '뻗어 올라가다'는 아래에서 위쪽으로의 시선의 이동을 통해 전경을 나타내고, (48b)에서 '뻗어 내리다'는 '밑쪽으로'라는 방향을 나타내는 표현과 함께 위에서 아래쪽으로의 시선의 이동을 통해 전경을 나타낸다. (48)에서 개념화자는 전경인 '인공물'을 '뻗어 올라가다, 뻗어 내리다'와 함께 쓰인 표현들을 통해, 전경의 상태를 수직적으로 이동하는 것으로 인식한다.

(49) a. 작은 골목에 우뚝 **솟은** 시커먼 **전봇대가** 가로등 불빛을 받아 남의 집 담벼락 위에 긴 그림자를 그렸다.
   b. 높은 석대 위에 **솟은 대웅전**, 그 아래 뜨락에 중들이 법의자락을 펄럭이며 왔다갔다하고 있는 모습이 보인다.
   c. 강안을 따라 **솟은 수십여 개의 사원들이** 불을 밝히고 있었다.
   d. 주차장 안쪽에 깨끗이 지어진 4층 건물 옥상에 어둔 하늘을 향해 **솟은 안테나 탑이** 공포감을 조성하는 밤이었다.
   e. 공중으로 높이 **솟은** 여러 개의 **타워크레인들이** 이 일대가 주택신개발지역임을 알려주고 있었다.
   f. 유리문 밖에 운동장을 거쳐 높이 **솟은** 저 **담**!

예문 (49)에서 동사는 '솟다'로, [이동], [방향]의 속성이 나타난다. 이 동사의 속성은 전경이 위로 이동하는 것으로 이해된다.

(49)에서 나타나는 경로는 (49a)에서 '골목에'라는 장소, (49b)에서 '석대 위에'라는 위치, (49c)에서 '강안을 따라'라는 경로의 일부, (49d)에서 '하늘을 향해'라는 방향, (49e)에서 '공중으로'라는 방향이 나타난다. (49d, e)에서 이동의 방향이 나타나는데, (49d)는 수직적인 방향을 나타내고, (49e)는 복수형 '들'의 쓰임으로 수평적인 방향을 나타낸다. 그리고 (49f)는 전체 장면의 경로를 주사하면서, 전경을 이동하는 것으로 묘사하였다. (49)에서 개념화자는 전경인 '인공물'을 '솟다'와 함께 쓰인 표현들을 통해, 전경을 위쪽으로 이동하는 것으로 인식한다.

(50) a. 사천왕사 서남쪽 남천 가 언덕 위에 하늘의 전당인 양법당이 서고, 그 앞에 한 쌍의 **목탑이 솟아올랐다**.
   b. 땅에서 하늘로 **솟구친 빌딩이** 아니라, 하늘에서 땅으로 내리 뻗친 거대한 괴물의 다리 같다는 느낌이 먼저 들었습니다.
   c. 분화, 단층, 습곡 등에 의해 주위의 지면에 비해 높게 **솟아오른 지형**.

예문 (50)에서 동사는 '솟아오르다', '솟구치다'로, [이동], [방향]의 속성과 이동의 강조를 나타낸다. 이 동사의 속성은 전경이 위로 이동하는 것을 강조한 것으로 이해된다.

(50)에서 나타나는 경로는 (50a)에서 '그 앞에'라는 위치, (50b)에서 '땅에서 하늘로'라는 시작점과 도착점의 속성이 나타난다. 그리고 (50c)에서 '분화, 단층, 습곡 등에 의해'라는 발생 원인을 제시하였다. (50)에서 개념화자는 전경인 '인공물'을 '솟아오르다', '솟구치다'와 함께 쓰인 표현들을 통해, 전경을 위쪽으로 강하게 이동하는 것으로 인식한다.

(51) 앙코르 톰은 1변의 길이가 3km인 정사각형의 성곽으로 둘러싸여 있으며, 성 중앙에는 **바이온 묘가** 높이 **솟아 있다**.

예문 (51)에서 동사는 '솟아 있다'로, '솟다'에서 [이동], [방향]의 속성이 나타나며, 그 이동의 상태를 나타낸다. 이 동사의 속성은 전경이 위로 이동하는 상태로 이해된다.

(51)에서 경로는 '성 중앙에는'이라는 위치가 나타나며, '높이'라는 표현으로 전경의 모습을 묘사하였다. (51)에서 개념화자는 전경인 '인공물'을 '솟아 있다'와 함께 쓰인 표현들을 통해, 전경을 위쪽으로 이동하는 상태로 인식한다.

다음은 전경이 '자연물'로 나타나는 심리적 이동이다.

(52) 거의 일직선으로 **뻗은** 6km의 **천연백사장**과 크고 작은 섬들 그리고 에메랄드빛으로 투명한 바다는 냐짱의 명성이 과장이 아님을 말해준다.

예문 (52)에서 동사는 '뻗다'로, [이동], [경로]의 속성이 나타난다. 이

동사의 속성은 전경이 경로를 따라 이동하는 것으로 이해된다.

(52)는 '일직선으로'라는 전경 '백사장'의 모습을 나타낸다. (52)에서 개념화자는 전경인 '백사장'을 '뻗다'와 함께 쓰인 표현들을 통해, 수평적으로 펼쳐진 대상의 상태를 이동하는 것으로 인식한다.

(53) a. 오륙 년 전까지만 해도 논이나 밭뿐인 **허허벌판이** 중랑천을 거슬러 도봉산까지 눈이 모자라게 **뻗어 있었다**.
b. 그들은 삼십 리나 **뻗어 있는 순천만 염전**을 가로질러 바다로 향하고 있다.
c. 보다 더 큰 안전을 가져다주는 것은 서쪽으로 수백 마일 **뻗어 있는** 메마른 **사막**이다.
d. 장방형으로 길게 **뻗어 있는 언덕배기는** 내가 마른 잡풀을 찾아 헤매다가 발견해낸 새로운 땔감의 보고였다.
e. **국토는** 남북으로 길게 **뻗어 있는데**, 대부분 스칸디나비아 산지이다.

예문 (53)에서 동사는 '뻗어 있다'로, '뻗다'에서 [이동], [경로]의 속성이 나타난다. 이 동사의 속성은 전경이 이동하는 상태를 나타내는 것으로 이해된다.

(53)에서 나타나는 경로는 (53a)에서 '중랑천을 거슬러 도봉산까지'라는 이동 경로의 일부와 도착점, (53b)에서 '삼십 리나'라는 거리, (53c)에서 '서쪽으로'라는 방향, '수백 마일'이라는 거리의 속성이 나타난다. 그리고 (53d, e)는 전경의 모습을 묘사한 것으로 (53d)에서 '길게', (53e)에서 '장방형으로', '길게'로 표현되었다. (53)에서 개념화자는 수평적으로 펼쳐진 전경을 '뻗어 있다'와 함께 이동의 상태로 인식한다.

(54) a. 산동 반도 중국 산둥성 동부에 **뻗어 나온 반도**

b. 바다 가운데로 길게 **뻗어 나간** 모래의 **퇴적 지형**.

예문 (54)에서 동사는 '뻗어 나오다', '뻗어 나가다'로, '뻗다'는 [경로], '나오다, 나가다'에서 [이동], [방향]의 속성이 나타난다. 이 동사의 속성은 전경이 안에서 밖으로 이동하는 것으로 이해된다.

(54)에서 나타나는 경로는 (54a)에서 '뻗어 나오다'는 '동부에'라는 위치이면서 참조점이 되고, 전경이 어디에서부터 '동부'로 이동한 것으로 표현했고, (54b)에서 '뻗어 나가다'는 전경이 어디에서부터 '바다 가운데로' 이동한 것으로 나타냈다. (54)에서 개념화자는 전경인 '자연물'을 '뻗어 나오다', '뻗어 나가다'와 함께 쓰인 표현들을 통해, 수평적으로 펼쳐진 상태의 대상을 이동하는 것으로 인식한다.

(55) 해안은 **바위들로** 죽 **이어지다** 100~200m 정도의 백사장이 나타난다.

예문 (55)에서 동사는 '이어지다'로, [경로], [이동]의 속성이 나타난다. 이 동사의 속성은 전경이 연결되어 이동하는 것으로 이해된다.

(55)는 전경인 '바위'의 모습을 '죽'이라는 표현을 통해 나타냈다. (55)에서 개념화자는 전경인 '자연물'을 '이어지다'와 함께 쓰인 표현들을 통해, 수평적으로 펼쳐진 대상들을 연결하여 이동하는 것으로 인식한다.

(56) a. 월미도 저편에 컴컴하게 **솟은 섬**에는 등대가 허옇게 바라보이고 그 뒤로 수평선이 멀리 그어 있었다.
　　 b. 자그마한 어촌인 갈두마을은 35여 호의 민가가 모여 있고 해변에 노송들이 늘어서 있으며, 절묘한 **기암이** 삐쭉삐쭉 **솟아** 바다를 가로막고 있다.

예문 (56)에서 동사는 '솟다'로, [이동], [방향]의 속성이 나타난다. 이 동사의 속성은 전경이 위로 이동하는 것으로 이해된다.

(56)에서 나타나는 경로는 (56a)에서 '저편에'라는 위치의 속성이 나타난다. 그리고 (56b)에서는 전경의 모습을 '솟다'를 통해 이동으로 묘사하였다. (56)에서 개념화자는 전경인 '자연물'을 '솟다'와 함께 쓰인 표현들을 통해, 대상을 수직적으로 이동하는 것으로 인식한다.

(57) a. 천산은 바위로 이루어진 산으로 곳곳에 **바위 봉우리가 솟아 있고** 계곡마다 맑은 물이 바위 위로 부서지며 흘러내리고 있었다.
b. 그 산은 가파른 **바위**와 웅장한 **봉우리가** 여기저기 **솟아 있어** 절경 중의 절경이었다.

예문 (57)에서 동사는 '솟아 있다'로, '솟다'에서 [이동], [방향]의 속성이 나타난다. 이 동사의 속성은 전경이 위로 이동하는 상태로 이해된다.

(57)에서 나타나는 경로는 (57a)에서 '곳곳에'이라는 위치의 속성이 나타난다. 그리고 (57b)에서 '바위', '봉우리'의 모습을 나타냈다. (57)에서 개념화자는 전경인 '자연물'을 '솟다'와 함께 쓰인 표현들을 통해, 대상을 수직적으로 이동하는 상태로 인식한다.

이처럼 '육안 관찰적 이동'은 개념화자가 정지 상태에서 전경에 주의를 두는 것으로 살펴볼 수 있다. 우선 '육안 관찰적 이동'에서 경로는 구체적으로 제시되며, 이 이동에서 나타나는 동사는 '지나다', '지나가다', '달리다', '달려가다', '치달리다', '내달리다', '흘러가다', '뻗다', '내뻗다', '치뻗다', '뻗치다', '이어지다', '잇대다', '솟다', '치솟다', '솟구치다' 등의 단일형이나 합성형뿐만 아니라 '달리고 있다', '뻗어 있다', '뻗어 나가다', '뻗어 나오다', '뻗어 내리다', '뻗어 올라가다', '솟아 오르다'

등의 복합형으로 다양하게 나타났다. 이 동사들은 각 전경의 속성과 경로에 따라 함께 나타났으며, 이 동사들을 통해 다양한 이동 속성이 나타난 것으로 살펴볼 수 있었다.

다음으로 '육안 관찰적 이동'에 나타나는 전경은 '길', '산', '선', '식물', '동물', '신체 부위', '인공물', '자연물'이다. 이 전경들은 앞에서 제시한 동사들과 함께 쓰여 [이동]의 속성을 가지며, 각 전경의 의미가 확장되어 인식된다.

'육안 관찰적 이동'에서 개념화자는 전경으로 나타나는 여러 대상들에 주의를 두고, 그 대상들을 선으로 인식하여 경로를 따라 이동하는 것으로 인식하였다.

1.2. 육안 관찰적 이동 도식

'육안 관찰적 이동'에서 개념화자는 정지 상태에서 비이동체인 전경에 이동성을 부여한다. 개념화자는 정지 상태에서 육안으로 대상을 관찰하며, 전경은 심리적으로 이동의 속성이 투사된 것으로 이해된다. 이것을 도식으로 나타내 보면 다음과 같다.

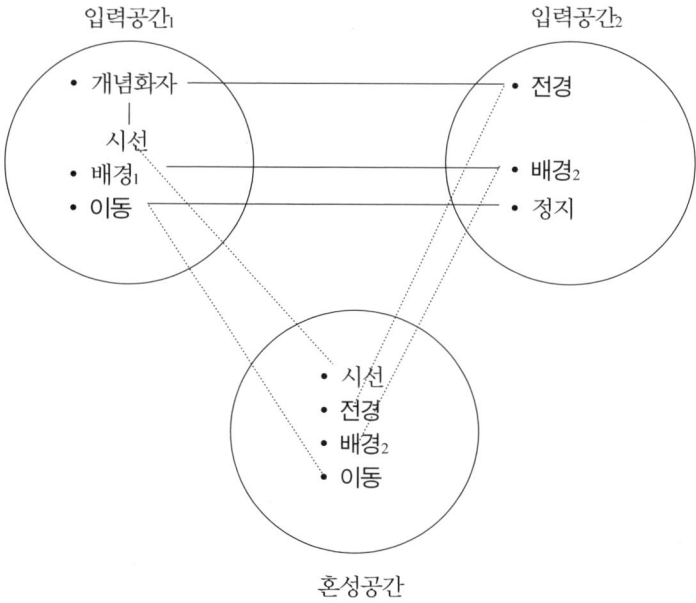

〈그림 4-1〉 개념적 혼성으로 나타낸 '육안 관찰적 이동'

<그림 4-1>은 '육안 관찰적 이동'을 '개념적 혼성'의 도식으로 나타낸 것이다. '입력공간₁'은 '이동' 공간으로 '개념화자', '배경₁', '이동'의 속성이 나타난다. 여기에서 '개념화자'는 정지한 상태에서 전경을 관찰하므로, 환유적으로 개념화자의 '시선'이 나타난다. 그리고 관찰 중에 나타나는 '배경₁', '이동'의 속성이 나타난다.

'입력공간₂'는 '정지' 공간으로 '전경', '배경₂', '정지'의 속성이 나타난다. 여기에서 '전경'은 '입력공간₁'에서 개념화자의 주의를 받는 속성이다. '배경₂'는 전경의 배경을 나타낸다. '정지'는 전경의 실제 상태를 나타낸다.

'혼성공간'은 각 '입력공간'에서 개념화자의 '시선', '전경', '배경₂', '이동'의 속성이 나타난다. 여기에서 '전경'은 개념화자의 주의를 받는 대상이다. '혼성공간'에서 나타나는 속성들을 통해, 개념화자는 이동 중에

제4장 심리적 이동 | 179

'가상이동'을 인식한다. 이 도식을 실제 예에 적용해 보면 다음과 같다.

(58) **능선이** 정상에서 진남으로 **달린다**.

예문 (58)은 '육안 관찰적 이동'의 예로 전경이 '능선'으로, 이동 방식을 나타내는 '달리다'와 '정상에서 진남으로'라는 경로가 나타난다. 여기에서 '정상에서 진남으로'라는 경로의 속성은 '달리다'와 함께 비이동체인 '능선'을 이동하는 것으로 인식하게 해 주는 요소들로, 개념화자는 '실제이동'이 없이도 이러한 이동의 속성들을 통해 '능선'을 이동하는 것으로 인식할 수 있는 것이다. 이 예를 '개념적 혼성' 도식으로 나타내 보면 다음 그림과 같다.

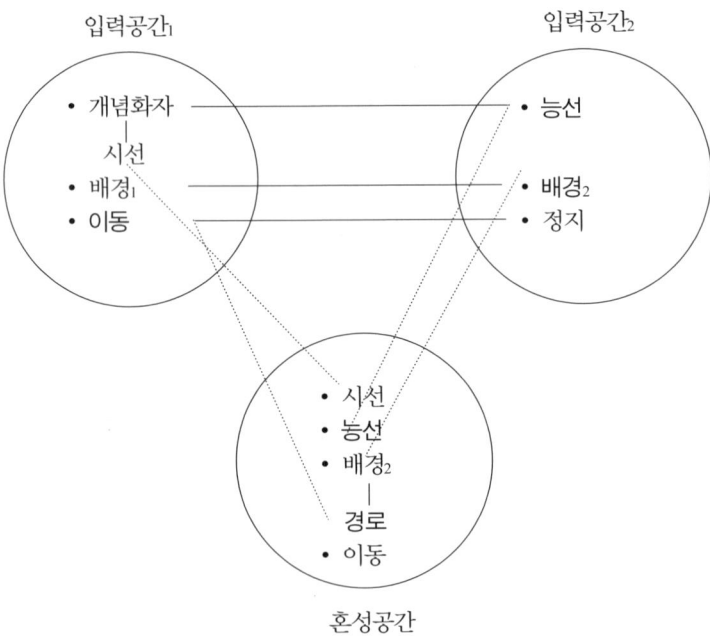

〈그림 4-2〉 '능선이 정상에서 진남으로 달린다'의 도식

<그림 4-2>는 예문 (58)을 '개념적 혼성' 도식으로 나타낸 것이다. (58)은 전경인 '능선'이 구체적인 경로의 속성과 '달리다'와 함께 나타나는 의미 구성을 살펴볼 수 있다. <그림 4-2>에서 '혼성공간'을 살펴보면, 개념화자의 '시선' 이동이 '능선'에 이동성을 부여하고 있으며, '달리다'와 경로를 통해 이동을 나타냈다. 이를 통해 개념화자는 '능선'이 이동하는 것으로 인식한다.

지금까지 '육안 관찰적 이동'을 '개념적 혼성'의 도식으로 나타내 보았다. 이 도식을 통해 개념화자는 '이동' 공간에서 이동과 그 경로를 통해, '정지' 공간에서 전경을 이동으로 인식하며, 그 전경에 이동성을 부여하는 것으로 살펴보았다. 이것은 심리적으로 이동 속성을 비이동체에 '사상'하는 것으로, 이동과 그 경로를 통해 전경을 현저하게 나타내는 개념화자의 인지적 양상이다.

2. 심안 관찰적 이동

2.1. 심안 관찰적 이동 양상

'심리적 이동'에서 '심안 관찰적 이동'은 개념화자가 심안으로 비이동체를 이동으로 인식하는 것을 말한다. '심안 관찰적 이동'에서 개념화자는 정지 상태에서 전경의 생성 과정이나 가상의 선에 주의를 두며, 그 대상을 요약적으로 주사한다. 이것은 문장에서 전경이나 동사 어미의 의미를 통해 살펴볼 수 있다.

다음은 전경의 속성에 따라 나타나는 '심안 관찰적 이동'이다.

(59) a. 어느 집은 집 가운데로 **그린벨트 구획선이 지나가는** 난센스가 빚어졌다.
　　 b. **초고속 통신망이** 바로 옆을 **지나가고** 있지만 개별업체로는 연결되지 않아 값 비싼 전용회선이 아니면 기존 전화선을 쓸 수밖에 없어 속도전에 밀리기 때문.
　　 c. 여유 있는 사람은 **날짜 변경선이 지나는** 남태평양의 작은 섬이나 태양신을 모셨던 고대 이집트인들이 축조한 거대한 피라미드 앞으로 달려가 해맞이를 즐긴다.

예문 (59)는 전경이 '선'과 관련되어 있으며, 동사는 '지나다', '지나가다'로 나타난다. 이 동사의 속성은 전경이 이동의 경로를 따라 이동하는 것으로 이해된다.

(59)에서 전경은 (59a)에서 '구획선', (59b)에서 '통신망'[3], (59c)에서 '변경선'으로 나타난다. (59)의 전경들은 실제로 눈으로 관찰할 수 없는 무형의 실체로, '선'에 대한 지식이 (59)에서 제시한 가상의 선으로 확장된 것으로 보인다. 개념화자는 가상의 전경인 '선'에 실체성을 부여하고, '지나다', '지나가다'를 통해 개념화자를 거쳐 이동하는 것으로 인식한다.

다음은 동사 어미에 따라 나타나는 '심안 관찰적 이동'이다.

(60) a. 쪽 곧은 **도로가** 종점에서 위로 **뻗고 있다**.
　　 b. 원하는 방향으로 공을 굴리려면 **잎이** 사방으로 **뻗는** 우리 잔디가 아닌 목초의 일종인 스코틀랜드 잔디를 심어야 하는데 겨울에 춥고 여름에 무더운 우리나라의 기후에 그 잔디는 잘 살지 못한다.
　　 c. 청명산 산계는 100m 남짓한 구릉지로서 형제봉 산계에서 동쪽으로 **뻗는** 山脚으로 연결되나 이 산각의 안부인 길마재의 높이는

---

[3] '망(網)'이라는 낱말은 그물과 관련되어 있고, 그물은 선들의 집합으로 이해된다.

90m정도에 불과하여 원천천 유역과 탄천유역의 교통에 장애가 되지 않는다.

예문 (60)은 전경이 '도로', '잎'으로 나타나며, 동사는 '뻗다'로 나타난다. 이 동사의 속성은 전경이 이동하는 상태를 나타낸 것으로 이해된다.

(60)에서 동사에 나타나는 어미는 (60a)에서 '-고 있다', (60b, c)에서 '-는'으로, 이 어미들은 시간상 현재를 나타내며, 동사 '뻗다'와 함께 전경의 이동이 현재 진행 중임을 나타낸다. 즉, '뻗다'는 그 상태를 나타내지만, 이러한 어미와의 쓰임은 이동이 진행 중임을 나타낸다.

(60)에서 나타난 경로는 (60a, c)에서 '종점에서 위로', '산계에서 동쪽으로'라는 시작점과 방향, (60b)에서 '사방으로'라는 방향의 속성이 나타난다. 개념화자는 전경인 '도로', '잎', '산계'를 '뻗다'라는 동사로 묘사하는데, 동사 어미를 통해 전경이 지금 이동 중임을 가상적으로 인식하여 나타냈다.

(61) a. 이 **순환도로가** 굴을 뚫고 **지나가면** 민족정기를 자른다.
　　　b. **길이** 좀 더 **뻗어 있었다면**, 그는 그대로 세상 끝까지라도 뛸 수 있을 것 같은 기분이었다.

예문 (61)은 전경이 '길'로 나타나며, 동사는 '지나가다', '뻗다'로 나타난다. 이 동사들의 속성은 전경이 이동하는 경로나 상태를 나타낸 것으로 이해된다.

(61)에서 동사에 나타나는 어미는 '-(으)면'으로 나타난다. 이 어미는 가정의 상황을 나타내며, 동사 '지나가다', '뻗다'와 함께 가정이 현실화되어 이동하고 있음을 나타낸다. 개념화자는 비실체인 전경 '길'을 가정하여 '지나가다', '뻗다'라는 동사와 함께 이동 중임을 가상적으로 인식하

여 나타냈다.
다음은 시간 부사어에 따라 나타나는 '심안 관찰적 이동'이다.

(62) 곧 **경의선 철도가 달린다**.

예문 (62)는 전경이 '철도'로 나타나며, 동사는 '달리다'로 나타난다. 이 동사들의 속성은 전경이 빠르게 이동하는 것으로 이해된다.
(62)에 나타나는 부사어는 '곧'으로, 미래의 시간을 나타낸다. 개념화자는 전경인 '철도'가 앞으로 달리는 상황을 가상적으로 인식하여 나타냈다.
다음은 문맥에 따라 나타나는 '심안 관찰적 이동'이다.

(63) a. 계단을 다 올라가면, 그 앞에는 긴 **복도가 뻗어 있다**.
　　 b. 한 돌 딛고 올라서서 큰 나무 끼고 돌면 언덕이 되고, 언덕을 넘으면 계곡이 다가서고, 계곡을 지나면 **봉우리가 솟는다**.

예문 (63)은 전경이 '복도', '봉우리'로 나타나며, 동사는 '뻗다', '솟다'로 나타난다. 이 동사들은 이동의 상태를 나타내는 것으로 이해된다. 여기에서 개념화자는 실체인 전경 '복도', '봉우리'를 문장의 흐름을 따라가면서 '뻗다', '달리다'라는 동사와 함께 이동 중임을 가상적으로 인식하여 나타냈다.
이처럼 '심안 관찰적 이동'은 개념화자가 정지 상태에서 전경의 생성 과정이나 가상의 선에 주의를 두는 것으로 살펴볼 수 있었다. 우선 '심안 관찰적 이동'에서 경로는 선택적이며, 이 이동에서 나타나는 동사는 '지나다', '지나가다', '뻗다', '달리다', '솟다'로 나타났으며, 동사 어미의 성격에 따라 심안으로 이동이 나타난 것으로 살펴볼 수 있었다.
다음으로 '심안 관찰적 이동'에 나타나는 전경은 '도로', '잎' 등과 같이 '가상이동'에서 일반적으로 나타나는 대상이 있었고, '구획선', '통신망'과 같이 실제 관찰 가능하지 않고, 심리적으로 관찰 가능한 대상들로 나타났다. 개념화자의 시선은 실제로 나타나지 않는 이동을 심안으로 이동하는 것으로 인식하였다.

2.2. 심안 관찰적 이동 도식

'심안 관찰적 이동'에서 개념화자는 정지 상태에서 비이동체인 전경에 이동성을 부여한다. 개념화자는 정지 상태에서 심안으로 대상을 관찰하며, 전경은 심리적으로 이동의 속성이 투사된 것으로 이해된다. 이것을 도식으로 나타내 보면 다음과 같다.

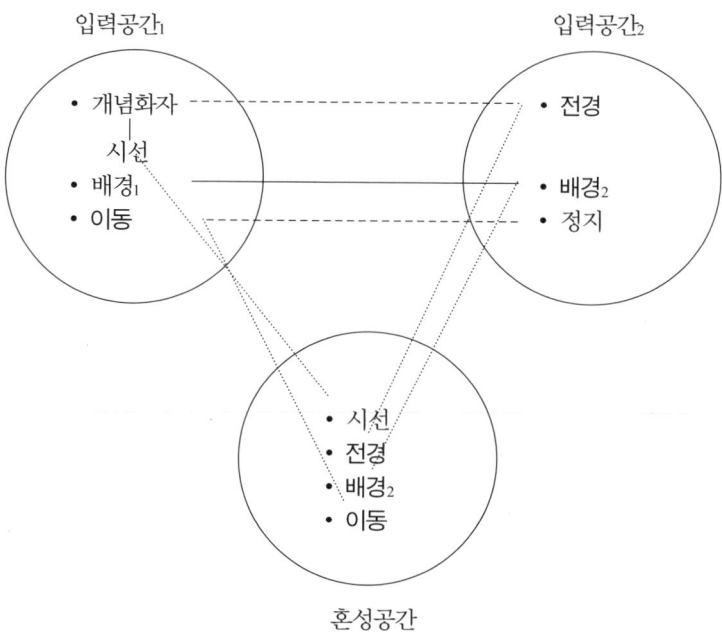

〈그림 4-3〉 개념적 혼성으로 나타낸 '심안 관찰적 이동'

<그림 4-3>은 '심안 관찰적 이동'을 '개념적 혼성'의 도식으로 나타낸 것이다. '입력공간$_1$'은 '이동' 공간으로 '개념화자', '배경$_1$', '이동'의 속성이 나타난다. 여기에서 '개념화자'는 정지한 상태에서 전경을 관찰하므로, 환유적으로 개념화자의 '시선'이 나타난다. 그리고 관찰 중에 나타나는 '배경$_1$', '이동'의 속성이 나타난다.

'입력공간$_2$'는 '정지' 공간으로 '전경', '배경$_2$', '정지'의 속성이 나타난다. 여기에서 '전경'은 '입력공간$_1$'에서 개념화자의 주의를 받는 속성이다. '배경$_2$'은 전경의 배경을 나타낸다. '정지'는 전경의 실제 상태를 나타낸다.

'입력공간$_1$'에서 '입력공간$_2$'로의 사상은 점선으로 나타나는데, 이것은 실제 발생하지 않는 이동을 개념화자가 인식하고 있음을 말한다. '혼성공간'은 각 '입력공간'에서 개념화자의 '시선', '전경', '배경$_2$', '이동'의 속성이 나타난다. 여기에서 '전경'은 개념화자의 주의를 받는 대상이다. '혼성공간'에서 나타나는 속성들을 통해, 개념화자는 이동 중에 '가상이동'을 인식한다. 이 도식을 실제 예에 적용해 보면 다음과 같다.

(64) 쭉 곧은 **도로가** 종점에서 위로 **뻗고 있다**.

예문 (64)는 전경인 '도로'가 현재 이동 중인 것으로 인식되는데, 이 예를 '개념적 혼성' 도식으로 나타내 보면 다음 그림과 같다.

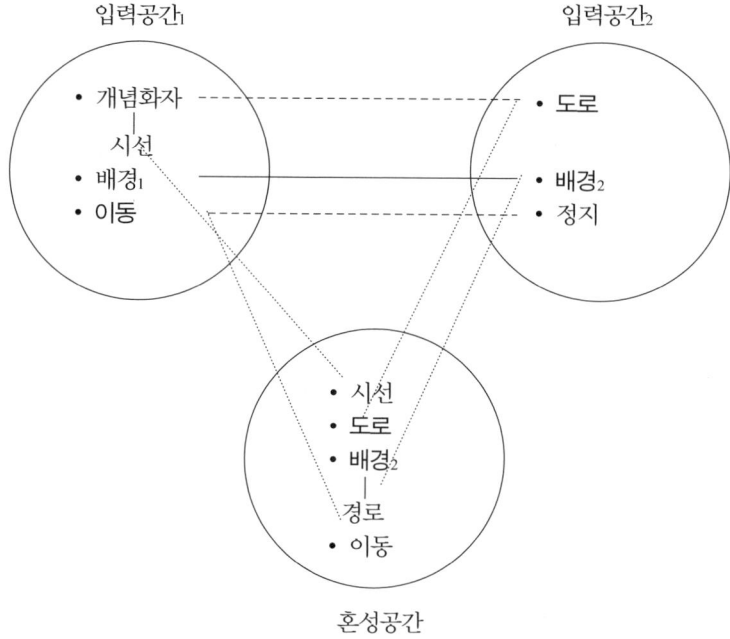

〈그림 4-4〉 '쭉 곧은 도로가 종점에서 위로 뻗고 있다'의 도식

예문 (64)에서 '도로'를 이동으로 인식하는 것은 '육안 관찰적 이동'과 동일하다. 하지만 동사의 활용을 보면, '뻗다'와 '-고 있다'과 함께 나타난 형태이다. '뻗다'의 경우, 일반적으로 그 상태를 나타내기 때문에 '-어 있다'의 형태로 나타난다는 것을 앞의 다른 이동에서 살펴보았다. 여기에서 '뻗고 있다'의 쓰임은 개념화자의 주의가 현재 그 대상의 이동 과정으로 시선으로 보고 있는 것으로 이해할 수 있다. 따라서 (64)는 개념화자의 심안에서 관찰되는 이동의 예이다.

<그림 4-4>는 예문 (64)를 '개념적 혼성' 도식으로 나타낸 것으로, 전경인 '도로'가 '뻗다', '-고 있다'를 통해 이동이 진행되고 있음을, 구체적인 경로의 속성과 함께 나타낸 의미 구성을 살펴볼 수 있다. 예문 (64)는

현재 진행 중으로, 입력공간₁에서 입력공간₂로의 사상에서 '개념화자의 시선'이 전경인 '도로'로, '이동'의 속성이 '정지'의 속성으로 점선으로 되어 있는 것으로 이해된다. <그림 4-4>에서 '혼성공간'을 살펴보면, 개념화자의 '시선' 이동이 '도로'에 이동성을 부여하고 있으며, '뻗고 있다'를 통해 이동이 진행 중임을 나타냈다. 이를 통해 개념화자는 '도로'가 가상적으로 이동 중인 것으로 인식한다.

지금까지 '심안 관찰적 이동'을 '개념적 혼성'의 도식으로 나타내 보았다. 이 도식을 통해 개념화자는 '이동' 공간에서 개념화자의 심안을 통해, '정지' 공간에서 전경을 이동으로 인식하며, 그 전경에 이동성을 부여하는 것으로 살펴보았다. 이것은 심리적으로 이동 속성을 비이동체에 '사상'하는 것으로, 가상적 전경을 현저하게 나타내는 개념화자의 인지적 양상이다.

3. 심리적 이동의 의미 특성

'심리적 이동'은 의미적으로 비이동체의 이동을 인식하는 현상을 말한다. 이 절에서는 '심리적 이동'의 하위 범주인 '육안 관찰적 이동', '심안 관찰적 이동'에서 나타나는 표현상 제약들을 살펴볼 것이다. 그 제약은 각 이동에서 전경으로 나타나는 주어 그리고 서술어의 특성으로, 제약에 따른 문장의 의미 특성들을 살펴볼 것이다.

3.1. 언어적 특성

'심리적 이동'은 개념화자가 심리적으로 비이동체의 이동을 인식한다. 즉, '육안 관찰적 이동'의 경우 실체를, '심안 관찰적 이동'의 경우 비실체를 이동으로 인식한다. 이러한 이동 인식은 비이동체인 전경을 이동으로 인식되도록 해 준다.

'심리적 이동'의 표현상 특성은 2.1.절에서 제시한 제약을 따른다. 그 제약은 다음과 같다.[4]

  (65) a. 관찰 대상의 이동 유무
       b. 전경의 의미 속성
       c. 동사의 실현 양상
       d. 부사어와 공기제약

첫째, (65a)에서 제시한 '관찰 대상의 이동 유무'를 살펴보면, '심리적 이동' 중 '육안 관찰적 이동'에서는 관찰 대상이 개념화자의 육안을 통해 이동하는 것으로 인식된다. 반면 '심안 관찰적 이동'에서는 관찰 대상이 개념화자의 심안 즉, 심리적 인식에 따라 이동하는 것으로 인식된다. 이에 따라 '심안 관찰적 이동'은 '육안 관찰적 이동'의 확장으로 간주된다.

둘째, (65b)에서 제시한 '전경의 의미 속성'을 살펴보면, '육안 관찰적 이동'에서 전경은 '길', '산', '선', '식물', '동물', '신체 부위', '인공물', '자연물' 등으로 나타났다. 각각의 전경은 개념화자가 육안으로 관찰 가능한 대상들이다. 그리고 개념화자는 이동의 경로를 통해 이 전경들을

---

[4] 임지룡(2008: 316-318)에서는 '심리적 이동'의 표현상 특성을 '경로의 명시성'과 '시간 제약'의 2가지로 제시하였다. 이 특성들은 이 절에서 폭넓게 살펴볼 것이다.

'선'으로 인식한다.

'육안 관찰적 이동'에서 경로는 '실제이동'에 나타난 경로와 유사하게 나타난다.[5] 다음 예를 살펴보자.

(66) a. 과천에서 서울특별시의 경계선은 관악산 정상에서 북동 능선으로, 그리고 정상에서 진남으로 **달리는 능선**이며….
b. 압록강과 가지런히 평안북도 북쪽을 남서로 **달리는 산맥**.
c. **산등성이가** 완만하게 내륙을 향해 **달렸다**.

예문 (66)은 '육안 관찰적 이동'에서 '실제이동'과 유사하게 경로가 다양하게 나타나며, 이것을 통해 전경을 이동으로 인식할 수 있음을 나타낸다. (66)에서 경로는 (66a)에서 '정상에서 진남으로'의 시작점과 도착점, (66b)에서 '평안북도 북쪽을', '남서로'의 위치 및 방향, (66c)에서 '내륙을 향해'라는 도착점의 경로 속성을 살펴볼 수 있다. 이러한 구체적인 경로 제시는 전경의 규모 인식과 관련 있다. 즉, 개념화자는 전경의 일부를 관찰하며, 경로를 통해 이동으로 인식하는 것이다. 이러한 전경에는 '길', '산', '선', '인공물', '자연물' 등으로 지각상 규모가 큰 대상들이다.

반면 '식물', '동물', '신체 부위' 등과 같이 전체를 관찰할 수 있는 전경들은 경로가 생략되는 경우가 나타난다. 다음 예를 살펴보자.

(67) a. 사과나무의 **가지가** 위로 **치뻗어 있다**.
b. 초가지붕에는 **박 넝쿨이 뻗어 있고**….
c. 둥그렇고 시원스럽게 **뻗은 눈매가**….

---

[5] 2장의 예문 (13)에서 '실제이동'의 경로를 세분화하여 '시작점', '거리', '장소', '속력', '시간', '상대적 위치', '수단', '도착점'으로 분류하였다.

예문 (67)에서 전경은 '식물'과 '신체 부위'로, (67a)에서 '가지', (67b)에서 '넝쿨', (67c)에서 '눈매'로 나타난다. 이 전경들은 개념화자의 시선에서 전체로 인식된다. (67a, b)에서 식물은 그 규모가 각각 다르게 인식되는데, (67a)에서 '위로'라는 방향은 대상의 전체 혹은 부분으로 인식 가능하며, (67b)에서 '넝쿨'은 경로 없이 제시되어, 그 전체를 관찰하고 있는 것으로 이해된다. 반면, (67c)에서 전경은 사람의 신체 일부로, 개념화자는 전경의 모습에만 주의를 두고 있는 것으로 나타낸 것으로 살펴볼 수 있다.

그리고 '육안 관찰적 이동'에서 '식물'과 '인공물'은 그 모습에 따라 수직적으로 이동하는 것으로 인식된다. 다음 예를 살펴보자.

(68) a. 하늘로 **솟은 나뭇가지가** ○○의 시야에 찬다.
　　　b. 유리문 밖에 운동장을 거쳐 높이 **솟은** 저 **담**!

예문 (68)은 '육안 관찰적 이동'에서 전경의 속성으로 인해 그 이동의 방향이 수직적으로 인식되는 예들이다. (68)에서 전경은 (68a)에서 '나뭇가지', (68b)에서 '담'으로 나타나며, 개념화자는 이 전경의 모습에 주의를 두고 수직적으로 이동하는 것으로 인식하였다.

다음으로 '심안 관찰적 이동'에서 전경은 '도로', '철도'와 같이 '육안 관찰적 이동'에 나타난 전경과 '구획선', '통신망'과 같이 실제 관찰 가능하지 않고, 심리적으로 인식 가능한 대상들로 구분되어 나타났다. '심안 관찰적 이동'에서 개념화자는 이동의 경로를 '사상'해서 이 전경들을 구체적인 '선'으로 인식한다. 다음 예를 살펴보자.

(69) a. 쭉 뻗은 **도로가** 종점에서 위로 **뻗고 있다**.

b. 길이 좀 더 **뻗어 있었다면**….

예문 (69)는 '심안 관찰적 이동'에서 일반적으로 관찰 가능한 전경으로 동사의 활용에 따라 심안으로 관찰하는 것으로 인식되는 예들이다. (69)에서 전경은 '길'로 나타나며, (69a)에서 '-고 있다'라는 현재 진행으로 인식되는 어미의 사용, (69b)에서 '-(으)면'과 같이 가정을 나타내는 어미의 사용은, 개념화자가 여기에서 제시한 전경을 심안으로 관찰하고 있음을 나타낸다.

그리고 개념화자가 실제로 관찰할 수 없는 전경을 이동으로 인식하는 경우가 나타난다. 이것은 '선'의 인식 확장이다. 다음 예를 살펴보자.

(70) a. 그린벨트 **구획선이 지나가다**.
b. 날짜 **변경선이 지나는**….

예문 (70)은 '심안 관찰적 이동'에서 전경은 비실체로, 개념화자의 심안으로 관찰되는 예들이다. (70a)에서 전경은 '구획선'으로, (70b)에서 전경은 '변경선'으로 나타난다. 이 전경들은 '선'과 관련되어 있으며, '선'의 물리적 영상이 비실체로 전이된 현상이다.

이처럼 '심리적 이동'에서 전경의 속성은 개념화자가 실제 관찰 가능한 대상과 여기에서 확장되어 인식되는 대상으로, '선'으로 인식되었다. '육안 관찰적 이동'에서 전경은 실체로, '심안 관찰적 이동'에서 전경은 실체 혹은 비실체로 나타났다. 그리고 전경의 규모에 따라 경로가 구체적 혹은 덜 구체적으로 나타났고, 전경의 속성에 따라 수직적으로 이동하는 것으로 인식되어 나타났다.

셋째, (65c)에서 제시한 '동사의 실현 양상'을 살펴보면 다음과 같다.

우선 '육안 관찰적 이동'에 나타난 동사는 '지나다', '지나가다', '달리다', '달려가다', '치달리다', '내달리다', '흘러가다', '뻗다', '내뻗다', '치뻗다', '뻗치다', '이어지다', '잇대다', '솟다', '치솟다', '솟구치다' 등의 단일형이나 합성형뿐만 아니라 '달리고 있다', '뻗어 있다', '뻗어 나가다', '뻗어 나오다', '뻗어 내리다', '뻗어 올라가다', '솟아 오르다' 등의 복합형으로 다양하게 나타났다. 이 동사들은 이동이나 이동의 상태를 나타내며, 전경 인식이 다양함을 나타낸다. 특히 '달리고 있다', '뻗어 나가다', '뻗어 나오다', '뻗어 내리다', '뻗어 올라가다'와 같이 복합 형태로 나타나는 동사들의 쓰임은 '실제이동'에서 이동 인식과 동일한 것으로 간주된다.

이 동사들은 개념화자의 시선의 인식 방향에 따라 이동하며, 동사의 쓰임에 따라 수직, 수평적 이동의 전경들은 '아래에서 위로', '안에서 밖으로' 이동하는 것으로 인식된다.

(71) a. **나무들이** 삼층 창문 위로 **뻗어 올라** 있었다.
　　b. 끝없이 **뻗어 나간** 고랑진 **밭작물**.
　　c. 하늘로 **솟은 나뭇가지가** 민정의 시야에 찬다.

예문 (71)은 '육안 관찰적 이동'에서 동사는 개념화자의 시선 방향에 따라 이동하는 것으로 나타난다. (71a)에서 '뻗어 오르다', (71b)에서 '뻗어 나가다'는 개념화자의 시선 이동의 방향을 나타낸다. 마찬가지로 (71c)에서 '솟다'는 개념화자의 시선이 위에서 아래로, 즉 시선의 방향이 가까운 곳에서 먼 곳으로 이동하고 있음을 나타낸다.

또한 수직적으로 이동하는 경우, 전경의 규모가 작은 경우 개념화자의 시선 방향이 '위에서 아래로'로 이동한다. 다음 예를 살펴보자.

(72) a. 산맥의 정상에서 저는 **뻗어 내린** 제 **몸**을 내려다봅니다.
　　 b. **노가** 밑쪽으로 **뻗어 내려** 있으므로….

　예문 (72)는 '육안 관찰적 이동'에서 동사는 개념화자의 시선 방향에 따라 이동하는 것으로 나타난다. (72)에서 '뻗어 내리다'는 개념화자의 시선 이동의 방향을 나타낸다. 즉, 개념화자의 시선 방향은 전경의 규모와 개념화자와의 거리에 따라 그 방향 인식이 달라짐을 알 수 있다.
　다음으로 '심안 관찰적 이동'에서 나타난 동사는 '지나다', '지나가다', '뻗다', '달리다', '솟다'이다. 이 동사들은 어미에 따라 심안으로 이동이 나타난 것으로 살펴볼 수 있었다. 여기에서 개념화자는 '실제이동'과 달리 전경의 생성 과정이나 가상의 선에 주의를 두어, 동사의 어미를 현재형이나 가정의 상황을 나타내는 형태로 나타냈다.

(73) a. **이 순환도로가** 굴을 뚫고 **지나가면** 민족정기를 자른다.
　　 b. **잎이** 사방으로 **뻗는** 우리 잔디가 아닌….

　예문 (73)은 '심안 관찰적 이동'에서 동사의 활용 형태는 개념화자의 시선이 가상적으로 이동하는 것으로 나타난다. (73a)에서 '지나가면'은 그 미래 상황을 가정적으로 나타내며, (73b)에서 '뻗는'는 현재 그 상태가 진행되는 것으로 인식된다.
　이처럼 '심리적 이동'에서 동사는 개념화자의 이동 방향 인식에 따라 구체적인 경로와 함께 나타났으며, 그 이동 방향은 개념화자를 중심으로 제시되었다. 이것은 '상대적 이동'과 달리 '오다'의 쓰임이 나타나지 않은 것으로 유추해 볼 수 있다. '육안 관찰적 이동'에서 동사의 다양한 쓰임은 개념화자의 이동 인식의 폭이 넓다는 것을 보여준다. '심안 관찰적 이동'에서 동사는 동사 그 자체의 의미보다 동사 어미의 성격에 따라 비실체를 이동으로 인식하여 나타냈다.

넷째, (65d)에서 제시한 '부사어와 공기제약'을 살펴보면 다음과 같다. 임지룡(2008: 316)에서는 '심리적 이동'에서 시간 제약을 언급한 바 있다. 다음 예를 살펴보자.

(74) a. **고속도로가** 남쪽으로 {$^?$달린다/달리고 있다}.
b. **기차가** 남쪽으로 {달린다/달리고 있다}.

예문 (74a)는 '심리적 이동'의 예로, (74b)의 '실제이동'과 달리 '달린다'의 쓰임이 어색해 보인다. 이것은 '심리적 이동'이 상적 속성을 가지고 있으며, 개념화자의 인식에서 전경인 '길'은 펼쳐진 상태이다. (74)에서 개념화자는 그 장면을 요약적으로 주사하며, 전경의 이동을 진행으로 나타내는 것이 자연스럽다. 이것은 '실제이동'의 쓰임과도 관련되는데, 이 글에서 다루는 동사 중 '지나다', '달리다', '흐르다'의 경우, 현재형이나 현재 진행형 모두가 '실제이동'에서 가능하다.

(75) a. 자동차가 {지난다/지나간다/지나고 있다/*지나 있다}.
b. 자동차가 {달린다/달려간다/달리고 있다/*달려 있다}.
c. 물이 {흐른다/흘러간다/흐르고 있다/*흘러 있다}.

예문 (75)는 '실제이동'에서 '지나다', '달리다', '흐르다' 동사들이 현재형이나 현재 진행형 쓰임이 자연스럽다는 것을 나타낸다. 단, 현재 상태를 나타내는 '-아(어) 있다'와는 부자연스럽다. 이것은 '지나다', '달리다', '흐르다'가 전형적으로 이동을 나타내는 동사임을 나타낸다. 이러한 동사의 속성은 '심리적 이동'으로 전이되어 나타난다. 다음 예를 살펴보자.

(76) a. **소백산맥이 달리고 있어** 산세가 험하고 탄광이 많다.
　　b. **산줄기가** 남북으로 **달리고 있어** 그 사이의 협곡으로 평야지대가 펼쳐지고 있다.

예문 (76)는 '육안 관찰적 이동'의 예로, 동사가 '달리고 있다'로 나타난다. 이러한 표현은 전경 '산'이 실제로 이동하고 있는 것으로 나타냄으로 '산'의 모습을 역동적으로 나타내는 것으로 이해된다.

그리고 '심안 관찰적 이동'에서 '뻗다'는 이동을 나타내는 제약된 형태들이 나타난다. 이것은 '심안 관찰적 이동'에서 동사에 나타나는 상적 속성이 확장되어 나타난다는 것을 말한다. 다음의 예를 살펴보자.

(77) a. 쭉 곧은 도로가 종점에서 위로 **뻗고 있다**.
　　b. 잎이 사방으로 **뻗는다**.

예문 (77)은 '심안 관찰적 이동'으로 전경이 현재 이동 중임을 가상적으로 나타내는 예이다. 여기에서 동사는 '뻗다'로 나타나며, 각 경로가 제시되어 있다. (77)에서 상적 속성을 살펴보면, (77a)에서 현재 진행형 '-고 있다', (77b)에서 현재형 '는'으로 나타난다. 이것은 개념화자의 인식에서 전경이 현재 이동하는 것으로 이해된다는 것을 보여준다.[6]

마지막으로 이동은 그 자체로 시간의 흐름과도 관련 있으며, '상대적 이동'에서 제시했던 시간 표현들 중에서 순간적인 시간을 나타내는 '갑자기', 지속적인 시간을 나타내는 '내내', 결과적인 시간을 나타내는 '마침내'를 대입하여 '심리적 이동'에서 공기하는 시간 표현들을 살펴보면, 다

6　'뻗다'는 '팔을 뻗는다'와 같이 사람 신체의 일부를 움직이는 행위에서 '는'의 쓰임이 나타나고, 그 외에는 '뻗었다', '뻗어 있다' 등으로 쓰임이 나타난다. (77)에서 제시한 '뻗다'의 활용형은 가상적인 상황에서 가능해 보인다.

음과 같다.

(78) a. **들안길이** (*갑자기/?내내/*마침내) 수성전화국에서 수성못 쪽으로 **뻗어 있다**.
b. 연안을 따라 **시베리아 철도가** (*갑자기/?내내/*마침내) **달린다**.
c. **광주산맥은** (*갑자기/내내/*마침내) 한강을 넘어 남남서 방향으로 **달린다**.

예문 (78)은 '육안 관찰적 이동'으로 '뻗다', '달리다'의 동사와 함께 나타났다. (78)에서 살펴볼 수 있듯이, '육안 관찰적 이동'에서 시간 표현은 공기하는 데 많은 제약이 나타난다. 즉, 개념화자가 요약적으로 주사하는 경우, 그 경로가 구체적으로 나타나지만 시간 인식은 제한된다. 이를 통해 '육안 관찰적 이동'에서 개념화자는 이동을 빠르게 인식하므로, 시간에 대한 인식이 제한된다는 것을 살펴볼 수 있다.

'심안 관찰적 이동'에서는 미래를 나타내는 시간 표현과 함께 나타난다. 다음 예를 살펴보자.

(79) 곧 경의선 **철도가 달린다**.

예문 (79)는 '심안 관찰적 이동'으로 개념화자는 '곧'이라는 표현을 통해 현재 존재하지 않는 대상을 '달리다'와 함께 이동으로 인식하여 나타냈다.

지금까지 이 절에서는 '심리적 이동'의 표현상 제약을 통해 의미적 속성을 살펴보았다. 그 결과를 요약하면 다음 표와 같다.

〈표 4-1〉 '심리적 이동'의 언어적 특성

		육안 관찰적 이동	심안 관찰적 이동
관찰 대상의 이동		(실체인) 비이동체	(실체 혹은 비실체인) 비이동체
전경의 속성		선으로 인식 수평, 수직적으로 인식	선으로 인식 수평, 수직적으로 인식
동사의 양상		경로를 통해 이동을 나타냄	경로를 통해 이동 및 이동 가능성을 나타냄
부사어 공기 제약	시간	순간성	미래 시간

<표 4-1>에서 볼 수 있듯이 '심리적 이동'에서 언어적 특징은 다음과 같다. 첫째, '심리적 이동'에서 전경은 '육안 관찰적 이동'에서 실체로, '심안 관찰적 이동'에서 실체 혹은 비실체로 나타났다. 이러한 현상은 '육안 관찰적 이동'에서 비이동체인 실체에 대한 이동 인식이 '심안 관찰적 이동'에서 확장되어 나타난 것으로 살펴볼 수 있다.

둘째, '심리적 이동'에서 전경은 '선'으로 인식되는데, 이동의 경로는 구체적으로 나타나며, 수평, 수직적으로 확대되어 나타났다. 이것은 전경의 속성 및 다양한 동사의 쓰임을 통해 이해된다.

셋째, '심리적 이동'에서 개념화자의 이동 인식은 광범위하게 나타났다. 이것은 '육안 관찰적 이동'에서 전경은 수평, 수직적으로 인식되었으며, 이에 따라 동사의 쓰임이 다양하게 나타났다. 또한 '심안 관찰적 이동'에서 전경은 비실체로 확장되어 나타났으며, 가상적으로 전경에 이동성을 부여하였다.

넷째, '심리적 이동'에서 시간 인식은 나타나지 않았다. 이것은 이동의 빠른 인식으로 순간성을 나타낸다. 특히 '심안 관찰적 이동'에서 미래 시간 표현을 통해 비실체를 이동으로 표현하는 것으로 살펴보았다.

3.2. 인지적 특성

'심리적 이동'은 언어에 나타난 특성을 통해 그 인지적 특성을 살펴볼 수 있다. 언어적 특성을 통해 살펴본 '심리적 이동'은 다음과 같은 특성을 가진다. 첫째, 전경은 실체 혹은 비실체로 인식된다. 둘째, 이동 경로는 무한히 확장되어 나타난다. 셋째, 시간 인식이 뚜렷하지 않다. 이를 바탕으로 '심리적 이동'의 도식을 나타내 보면 다음 그림과 같다.

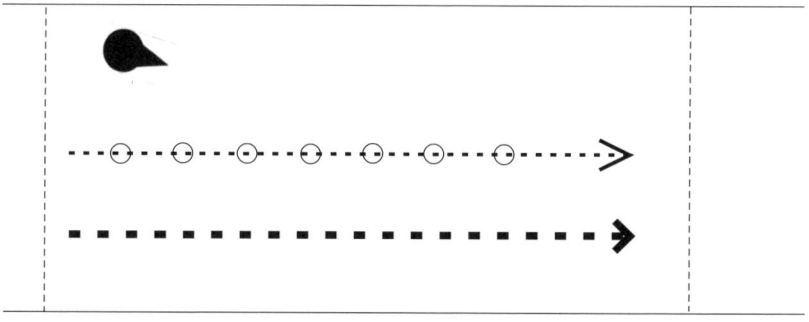

〈그림 4-5〉 '심리적 이동'의 도식

<그림 4-5>에서 '심리적 이동'은 이동 인식에 따라 전경이 이동하는 것으로 나타난다. <그림 4-5>에서 아래쪽에 굵은 점선은 '실제이동'의 인식을 나타낸다. 개념화자는 '실제이동'을 무의식적으로 인식하며 전경의 이동을 인식하게 된다.

전경은 위쪽에 점선 화살표로 나타나는데, 개념화자의 시선 이동에 따라 이동의 방향이 나타나고, 각각의 전경은 경로에 의해 선으로 인식된다. 전체 틀에서 세로로 된 점선은 이동 장면은 한정적이지만, 경로에 대한 인식은 무한히 확장될 수 있음을 나타낸다.

<그림 4-5>에서 제시한 도식을 바탕으로 '심리적 이동'을 살펴보면, 우선 전경의 인식이다. '심리적 이동'에서 전경은 개념화자의 인식에서 생성되며, '사상'을 통해 인식된다. 우선 '육안 관찰적 이동'에서 전경을 실제 이동체 없이 이동으로 인식할 수 있는 것이다. 다음 그림을 살펴보자.

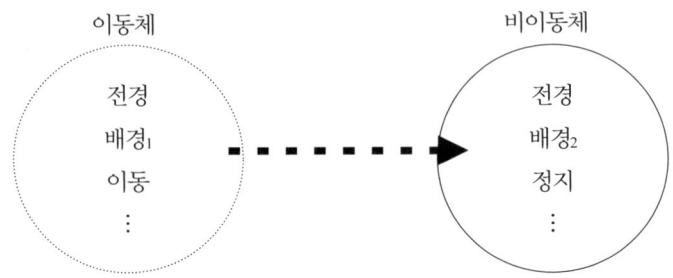

〈그림 4-6〉 '육안 관찰적 이동'에서 사상

<그림 4-6>은 '육안 관찰적 이동'에서 이동체의 이동 속성이 비이동체로 사상되는 것을 나타내는 도식이다. <그림 4-6>에서 '이동체'는 점선으로 된 원으로 나타나는데, 점선은 개념화자가 구체적으로 '이동체'를 인식하는 것이 아니라 무의식적으로 이동을 인식한다는 것을 나타낸다. 그리고 '사상'을 나타내는 화살표 역시 점선으로 되어 있는 것은 '이동체'에서 '비이동체'로의 사상이 무의식적으로 사상된다는 것을 말한다. 이에 따라 '이동체'는 '비이동체'에 부분적으로 사상된다. 이를 통해 개념화자는 '육안 관찰적 이동'에서 전경을 이동하는 것으로 인식한다.

<그림 4-6>에서 제시한 '육안 관찰적 이동'의 도식은 '상대적 이동'에서 '참조대상의 이동'과 관련된다. '참조대상의 이동'에서 실제 이동체인 참조점에 대한 인식은 '육안 관찰적 이동'에서 '이동체'에 대한 인식으로 나타난다.

다음으로 '심안 관찰적 이동'에서 '사상'은 비실체인 전경을 이동으로 인식할 수 있다. 다음 그림을 살펴보자.

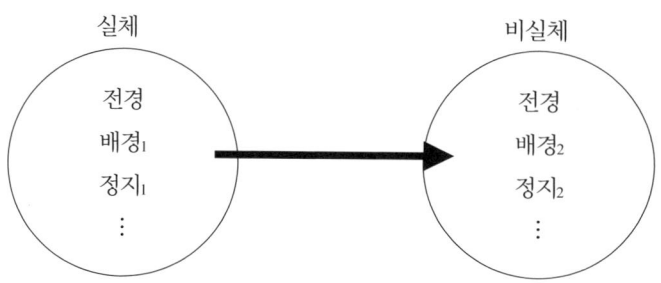

〈그림 4-7〉 '심안 관찰적 이동'에서 사상

<그림 4-7>은 '심안 관찰적 이동'에서 실체의 속성이 비실체로 사상되는 것을 나타내는 도식이다. <그림 4-7>에서 '실체'와 '비실체'는 '심안 관찰적 이동'에서 나타나며, 특히 '선'과 같은 대상이 확장되어 비실체를 나타내는 것으로 나타났다. '실체'의 속성은 '비실체'로 부분적으로 사상되며, 이를 통해 개념화자는 '심안 관찰적 이동'에서 전경을 이동하는 것으로 인식한다.

'심리적 이동'에서는 개념화자가 전경의 이동을 한 장면에서 인식하는데, 이것은 시간상으로 순간성을 띤다. 즉, 개념화자는 지도로 전체 지형을 보는 것과 같이 대상의 인식 장면을 한 장면에서 살펴보는 것이다. 이에 따라 '심리적 이동'에서 시간 인식은 눈 깜짝할 사이에 개념화자가 인식한다. 이 인식은 해석에서 '주사'와 관련되며, 개념화자가 '심리적 이동'을 인식하는 동기를 제공한다.

'심리적 이동'에서 개념화자는 개념화자의 인식을 통해 전경을 관찰한다. 그 이동의 인식은 이동의 경험을 바탕으로 '실제이동' 없이 전경의

제4장 심리적 이동 | 201

이동을 인식한다는 것을 말한다. 이에 따라 '심리적 이동'에서 전경은 시간 순서와 상관없이 이동하는 것으로 인식된다.

이상과 같이 '심리적 이동'은 '사상' 관계를 통해 이동의 의미가 확장되어 나타났다. 그리고 '요약 주사'의 방식을 통해 개념화자는 '심리적 이동'의 장면을 관찰한다는 것을 살펴보았다.

4. 상대적, 심리적 이동의 의미 해석

'가상이동'은 비이동체를 이동으로 인식할 수 있는 인지 능력으로, '실제이동'의 경험을 기반으로 나타나는 '비사실적 현상'으로 규정했다. 이러한 '가상이동'은 다음과 같은 표현으로 예증된다.

(80) a. **기차가** 대구에서 서울로 **간다**.
b. **이 길이** 대구에서 서울로 **간다**.

예문 (80)은 (80a)에서 '실제이동', (80b)에서 '가상이동'을 나타낸다. 여기에서 '가상이동'은 (80b)에서 '이 길'과 '가다'와 같이 문장에서 주어와 서술어의 의미상 불일치를 나타내는 표현이다. 이러한 '가상이동'은 '상대적 이동'과 '심리적 이동'으로 분류된다. 각각의 이동은 3, 4장에서 구체적인 실례를 통해 그 의미적 특성과 인지적 특성을 살펴보았다. 이 절에서는 '상대적 이동'과 '심리적 이동'에 나타난 각각의 성격을 함께 다루고, '실제이동'과의 관련성을 살펴보고자 한다.

우선 '가상이동'의 표현상 특성을 나타내 보면 다음 표와 같다.

〈표 4-2〉 '가상이동'의 언어적 특성

		상대적 이동	심리적 이동
관찰 대상의 이동		비이동체	
전경의 속성		점, 선으로 인식 수평, 수직적으로 인식	선으로 인식 수평, 수직적으로 인식
동사의 양상		이동 및 이동의 상태	(경로를 통해) 이동을 나타냄
부사어 공기 제약	시간	지속성	순간성

<표 4-2>는 '가상이동'에 나타난 표현상 특성을 나타낸 것이다. <표 4-2>는 '가상이동'을 '상대적 이동'과 '심리적 이동'으로 나누고, 그 공통점과 차이점을 나타내 보았다. 우선 '상대적 이동'과 '심리적 이동'은 비이동체를 이동으로 인식한다는 점이다. 따라서 각 전경은 '길', '산', '인공물' 등으로 다양하게 나타난다.

하지만 비이동체의 이동 인식 방식에서는 차이가 나타난다. '상대적 이동'은 참조점인 이동체를 통해 비이동체의 이동을 인식한다. 반면 '심리적 이동'은 심리적으로 비이동체의 이동을 인식한다. 다음 예를 살펴보자.

(81) a. 빈약한 **가로수들이** 차창을 **지나쳐간다**.
　　　b. 잎새가 몇 개 남지 않은 **나무들이** 삼층 창문 위로 **뻗어 올라** 있었다.

예문 (81a)는 '상대적 이동', (81b)는 '심리적 이동'을 나타낸다. (81)에서 전경은 (81a)에서 '가로수들', (81b)에서 '나무들'로 나타난다. (81a)는 이동 중에 차창을 통해 나타나는 전경에 주의를 두고 있다. 그리고 그 이동을 '지나치다'라는 동사를 통해 나타냈다. 반면 (81b)는 전경의 모습을 이동으로 묘사하고 있는데, 이것은 '뻗어 오르다'라는 동사를 통해서 이다. 즉, '상대적 이동'은 개념화자가 이동하면서 마치 전경이 이동하는 것으로 인식하고, '심리적 이동'은 개념화자가 전경의 모습을 이동하는 것으로 인식한다.

다음으로 '가상이동'에서 전경은 '상대적 이동'에서 점, 선으로 인식되고, '심리적 이동'에서 선으로 인식된다. 다음 예를 살펴보자.

(82) a. 창밖으로 **지나가는 나무, 꽃들**을 보는 것만으로도 기분이 상쾌해졌다.
b. 장항선 **철도가** 상정천과 나란히 **달리고 있고**….
c. **노선이** 이곳에서부터 부챗살처럼 **뻗어 있다**.

예문 (82a, b)는 '상대적 이동', (82c)는 '심리적 이동'을 나타낸다. (82)에서 전경은 (82a)에서 '나무, 꽃들', (82b)에서 '철도', (82c)에서 '노선'으로 나타난다. (82a)에서 전경은 하나하나의 개체들로 인식된다. 즉, 각각의 개체들이 개념화자의 이동을 통해 연속적으로 나열되어 있는 것으로 인식된다. 여기에서 전경은 점으로 인식되고, 이것이 더 나열될 경우 선으로 인식될 수 있다. (82b, c)는 전경이 선으로 인식되는데, (82b)는 '상정천과 나란히'라는 참조점의 이동 경로를 따라, (82c)는 '이곳에서부터'라는 경로의 시작점을 따라 전경이 선으로 인식된다.

이처럼 이동과 관련 없는 대상들에 이동성을 부여하는 특성을 '선적' 인식이라고 명명한다. '선적' 인식은 예를 들어, '도로가 달리다'라는 표현에서 개념화자는 '도로'의 구체적인 모습을 떠올리는 것이 아니라[7], 그 모양의 형상을 통해 이동과 연관시킨다. 여기에서 '도로'라는 단어를 통

---

[7] 1장에서 제시했듯이, '가상이동'과 같은 이동의 인식은 직접 경험과 비교해서 두 가지 특징이 나타난다. 첫째, 직접 경험보다 강도나 생생함이 희박해진다. 둘째, 직접 경험보다 정교함이 덜하다(Langacker 2008: 536-537).

해, '도로'의 모양, 크기, 높이, 기능 등등의 여러 가지 정보들이 떠오르는데, '가상이동'을 인식하는 데에는 선의 모양으로 인식된다는 것이다. 마찬가지로 '운동장'은 전체적으로 타원형으로 직선과는 관련이 없지만, 100m 트랙과 같은 '운동장'의 일부는 직선의 모양을 가진다. 개념화자는 이러한 '선적'인 대강의 모습을 통해 이동성을 인식한다.

다음으로 '가상이동'에서 동사는 그 양상의 차이가 나타난다. '상대적 이동'은 참조점인 이동체를 따라 비이동체를 이동으로 인식하므로, 이동에 대한 인식이 구체적이다. '개념화자의 이동'의 경우, 전형적으로 이동을 나타내는 동사들의 쓰임만이 나타났다. 반면 '참조대상의 이동'의 경우, 전경을 이동이나 이동의 상태를 나타내는 동사와 함께 나타냈다.

'심리적 이동'은 심리적으로 비이동체를 이동으로 인식하므로, 이동에 대한 인식이 덜 구체적이다. '심리적 이동'에서 경로는 구체적으로 제시되고, 이동이 인식되었다. 이에 따라 전경의 속성에 따라 동사의 쓰임이 다양하게 나타났다. 다음 예를 살펴보자.

    (83) a. 창가에 앉아 해안선을 따라 **지나치는 섬들**을 바라보며….
        b. 그 여자는 냇물을 따라서 **뻗어 나간 길**로 가야 했고….
        c. 쭉 곧은 **도로가** 종점에서 위로 **뻗고 있다**.

예문 (83a, b)는 '상대적 이동', (83c)는 '심리적 이동'을 나타낸다. (83)에서 전경은 (83a)에서 '섬들', (83b)에서 '길', (83c)에서 '도로'로 나타난다. (83a)은 탈것을 통해 이동 중으로 인식되며, '지나치다'와 같이 경로를 나타내는 동사의 쓰임이 나타난다. (83b)는 참조점인 '냇물'의 이동을 따라 전경의 이동을 인식하는데, '뻗어 나가다'와 같이 이동의 상태를 나타내는 동사의 쓰임이 나타난다. (83c)는 '종점에서 위로'라는 경로 표현을 통해 이동이 인식되고, 전경을 '뻗고 있다'와 같이 현재 그 상태가 진행 중이라는 동사의 쓰임이 나타난다. 이처럼 '가상이동'에서 동사는 '상대적 이동', '심리적 이동'의 인식에 따라 그 쓰임의 차이가 나타났다.

마지막으로 '가상이동'에서 시간 인식은 '상대적 이동'에서는 지속성이 '심리적 이동'에서는 순간성이 나타난다. 이것은 '상대적 이동'이 이동 체인 참조점을 따라 그 이동을 인식하므로, '실제이동'에 영향을 받는다는 것을 말하며, '순차 주사'와 관련된다. 반면 '심리적 이동'은 심리적으로 이동을 인식하므로, 개념화자의 인식에서 한 번에 그 이동 경로가 나타나며, '요약 주사'와 관련된다. 이러한 주사 방식은 '가상이동'에서 '상대적 이동', '심리적 이동'의 인식 방식을 나타내 준다.

지금까지 살펴본 '가상이동'의 표현상 특성을 고려하여, '가상이동'의 도식을 나타내 보면 다음과 같다.

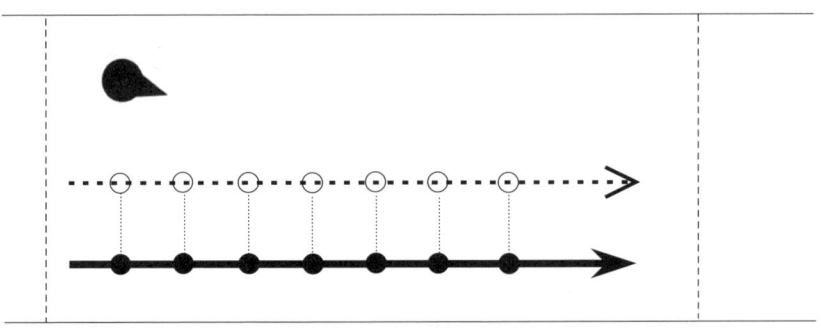

〈그림 4-8〉 '가상이동'의 도식

<그림 4-8>은 '가상이동'을 나타낸 도식으로, '상대적 이동'과 '심리적 이동'의 도식을 함께 나타낸 것이다. 이 그림에서 굵은 실선은 '실제이동'을 점선 화살표는 '가상이동'을 나타낸다. '가상이동'에서 점선은 이동 인

식이 '상대적 이동'과 같이 구체적이거나 '심리적 이동'과 같이 덜 구체적으로 인식된다는 것을 나타낸다. 그리고 외부 틀에서 점선은 '가상이동'이 '심안 관찰적 이동'에서 비실체의 이동을 인식하는 것과 같이 이동의 확장이 더 확대될 수 있음을 나타낸다. 이러한 '가상이동'의 인식은 '실제이동'의 이동을 인식함으로 나타난다.

다음으로 '가상이동'과 '실제이동'은 아래와 같이 관련된다.

(84) 실제이동 ⇒ 상대적 이동 ⇒ 심리적 이동

(84)는 이동의 의미가 확장되는 방향을 나타내는 것으로, '실제이동'의 경험이 '상대적 이동'으로 확장되고, '심리적 이동'으로 확장된다는 것을 나타낸다. 우선 '실제이동'은 직접 이동과 간접 이동으로 나누어진다. 직접 이동은 도보나 탈것을 통해 의미적으로 공간 위치의 변화를 나타내는 이동의 유형을 말한다. 그리고 간접 이동은 신체 일부의 움직임이나 시선의 이동을 말한다. '시선의 이동'은 다음의 예로 살펴볼 수 있다.

(85) a. **그의 눈은** 다행히 나를 **지나친** 것 같았다.
  b. **그의 시선이** 투명한 상대방의 몸을 뚫고 **지나가** 맞은편 벽에 부딪쳤다가 되튀어 나왔다.
  c. **그 눈빛은** 끊임없이 **흘러오고** 있었다.
  d. 세 방향에 **흐르는 시선들이** 화살촉처럼 한 점으로 집약되어 닫혀진 시선의 그 시신 위로 쏟아져 **흐르고** 있다.

예문 (85)는 '눈'의 움직임이 '지나다', '흐르다'와 함께 쓰여, 개념화자가 그 '눈'의 움직임에서 나타나는 경로를 따라 가는 것을 나타낸다. 이처럼 '실제이동'은 인간을 포함한 이동체에게 기본적인 '감각 운동

(sensor-motor)' 경험이다. 이것은 '이동' 인식에서 물리적인 이동의 경험이 추상적인 이동의 경험의 바탕이 된다는 것을 나타낸다. 예를 들어, '달리다'의 경우, 우리는 직·간접적으로 이 운동을 경험한다. 이것은 '신체적 경험'이다.

'달리다'의 경험은 시선의 관찰을 통해서도 살펴볼 수 있는데, '참조대상의 이동'에서 살펴보았듯이, 이동하는 대상을 통해 비이동체에 사상할 수 있다는 사실이다. 이러한 사상의 동기는 '신체적 경험'에서 그 개념이 발생하였고, 그 개념이 신체화되었다는 것을 말한다. 그리고 그 개념의 확장이 '신체적 경험'보다 더 다양하게 나타날 수 있으므로, 더 큰 원으로 나타냈다. 이 개념과 이를 인식하는 마음은 동일하게 간주할 수도 있으나, '심안 관찰적 이동'에서 본 것처럼 '비실체'를 '실체'와 동일하게 이동으로 인식할 수 있다는 점에서 '신체적 마음'을 좀 더 큰 원으로 설정하였다.

이동에 대한 실제 경험은 '상대적 이동', '심리적 이동'에 동기로 작용하며, '상대적 이동', '심리적 이동'에서 '이동'에 대한 인식이 가능한 것은 '실제이동'에 대한 경험이 누적되어 나타난 것으로 볼 수 있다. 이에 따라 '실제이동'에 대한 경험이 '상대적 이동'에 대한 인식을 발생시키고, 더 나아가 '심리적 이동'으로 확장된다고 볼 수 있다. 다음 예를 살펴보자.

(86) a. 창가에 앉아 <u>해안선을</u> 따라 **지나치는 섬들**을 바라보다.
b. <u>연안을</u> 따라 시베리아 **철도가 달린다**.
c. **기찻길이** <u>운동장과 나란히</u> **달리고 있다**.
d. **북쪽 벽이** 길 옆으로 <u>길과 평행으로</u> **달린다**.

예문 (86)은 '가상이동'의 예이다. (86a, b)는 '상대적 이동'으로, (86c,

d)는 '심리적 이동'이다. '상대적 이동'에서 (86a)는 '개념화자의 이동', (86b)는 '참조대상의 이동'을 나타낸다. 그리고 (86c, d)는 '심리적 이동'에서 '육안 관찰적 이동'을 나타낸다.

(86)은 모두 참조점이 문장을 통해 나타나는데, (86a)에서 '해안선을 따라', (86b)에서 '연안을 따라', (86c)에서 '운동장과 나란히', (86d)에서 '길과 평행으로'가 나타난다. 여기에서 (86a, b)의 참조점인 '해안선', '연안'은 이동체를 나타내고, (86c, d)의 참조점인 '운동장'과 '길'은 비이동체를 나타낸다. 이를 통해 '상대적 이동'에서 이동체인 참조점이 '심리적 이동'에서 비이동체인 참조점으로 확장된 것으로 이해된다.[8]

여기에서 이동 확장의 동기는 '전경-배경 역전'과 '사상'으로 나타난다. '전경-배경 역전'은 시선의 이동을 통해 '전경'과 '배경'의 인식을 역전시킨다. 이것은 '실제이동'에서 '상대적 이동' 중 '개념화자의 이동'으로 확장될 때 동기를 제공한다. 그리고 '상대적 이동' 중 '참조대상의 이동'은 이동의 직, 간접 경험이 참조점의 이동에서 전경인 비이동체로 사상된다. 마찬가지로 '심리적 이동' 중 '육안 관찰적 이동'에서 참조점의 비이동체의 경로를 따라 이동을 인식하고, 전경인 비이동체로 사상된다. (86)의 예를 다시 살펴보면, '가상이동'의 예에서 참조점이 나타날 수 있으며, 그 참조점의 경로를 통해 이동 인식이 전경으로 투사된다. 즉, '가상이동'에서 이동 인식은 [경로]가 주요한 요인이 된다.

'실제이동'에서 경로는 다양한 하위 속성들을 나타낼 수 있다. 이것은

---

[8] Matlock(2004a: 1935)은 '가상이동' 표현에 나타나는 전경의 성격을 '환유적으로 이동과 관련된 전경'과 '이동과 무관한 전경'으로 나누어 살펴보았다. 첫째, '환유적으로 이동과 관련된 전경'은 *The trail runs through the wood*와 같이 이동의 경로가 포함된 경우를 말한다. 둘째, '이동과 무관한 전경'은 *The fence runs along the coastline*과 같이 이동의 경로가 포함되지 않은 경우를 말한다.

다음의 예로 제시된다.

(87) a. 아저씨네 순철이와 순금이도 **건넌방에서** 달려 나왔습니다.
b. **8백m 트랙을** 달리는 육상 선수로 말하자면 지금 반쯤 왔습니다.
c. 그녀는 **언덕길을** 달리면서 그런 생각을 했다.
d. 기관차는 모두 **시속** 3백km **이상으로** 달리고 있다.
e. **두어 시간 정도** 달렸을까.
f. ○○○ 실장은 **맨 오른쪽에서** 달리고 있었다.
g. 옛날 볕에 그을린 아이들이 **맨발로** 달리던 들녘은 산성독을 품은 채 앓고 있다.
h. 택시는 달성군 **옥포면으로** 달렸다.

예문 (87)은 '실제이동'의 예문으로, 경로를 나타내는 표현과 함께 제시되었다. (87a)에서 '시작점', (87b)에서 '거리', (87c)에서 '장소', (87d)에서 '속력', (87e)에서 '시간', (87f)에서 '상대적 위치', (87g)에서 '수단', (87h)에서 '도착점'의 하위 속성들을 갖는 것으로 나타났다.

'가상이동'에서 경로는 (87)에서 제시한 '시작점', '장소' 그리고 '도착점', '방향'과 관련된다. 다음 예를 살펴보자.

(88) a. **영동고속도로가** 이곳을 **지나고 있어**….
b. **1번 국도가** 프놈펜을 향해 **달리다** 마침내 멈추는 곳이고….
c. 수성전화국에서 수성못 쪽으로 **뻗은** 들안길은….
d. **경부선 철도가** 시 중앙을 남북으로 **뻗어 있고**….

예문 (88)은 '가상이동'의 예로, '심리적 이동'에서 경로가 구체적으로 인식되는 예들이다. 각각의 경로를 살펴보면, (88a)에서 '이곳을'이라는 장소, (88b)에서 '프놈펜을 향해'라는 방향, (88c)에서 '수성전화국에서 수성못 쪽으로'라는 시작점과 방향, (88d)에서 '남북으로'라는 방향이 나타났다. 이 경로의 속성들은 전경이나 동사의 속성과 상관없이 이동을 인식할 수 있게 해 준다. 따라서 '가상이동' 특히 '심리적 이동'에서 경로는 이동 인식을 가능하게 해 주는 중요한 요인이다.

지금까지 '가상이동'의 표현상 특성과 도식을 살펴보고, '실제이동'과의 관련성을 살펴보았다. 그리고 '가상이동'의 동기를 제시해 보았다. 우선 '가상이동'은 '상대적 이동'과 '심리적 이동'으로 분류되며, 각 이동에 따라 표현상 특성을 3, 4장에서 살펴보았다. 이 절에서는 이것을 함께 묶어서 '가상이동'의 표현상 특성을 살펴보았다. '가상이동'은 비이동체를 이동하는 것으로 인식할 수 있는 인지 능력으로 전경을 점 혹은 선으로 인식하였다. 이것을 '선적' 인식으로 제시해 보았다.

그리고 '가상이동'에서 나타나는 동사는 각 이동의 범주에 따라 그 인식이 달랐는데, '상대적 이동'에서는 이동체의 존재로 그 이동성이 잘 드러나는 동사로 나타냈고, '심리적 이동'에서는 경로를 통해 이동을 인식하므로, 다양한 동사의 사용이 나타났고 그 상황의 묘사를 생동감 있게 표현하는 것으로 살펴볼 수 있었다. '가상이동'에서 시간 인식은 '주사'와 관련 있는데, '상대적 이동'에서 '순차 주사', '심리적 이동'에서 '요약 주사'의 방식으로 전경을 인식하였다.

다음으로 '가상이동'이 '실제이동'에 기반하여 그 의미가 확장되어 나타나는 것으로 주장했다. 여기에서 그 확장의 기반은 '신체화'로 설명했다. 그리고 이러한 현상은 '상대적 이동', '심리적 이동'에서 참조점의 이동 경로를 따라 이동이 인식되는 예가 모두 나타났다는 점에서 그 요인을 찾아볼 수 있었다. 그리고 '실제이동'에서 '가상이동'으로 확장될 수 있는 인지 기제로 '전경-배경' 역전과 '사상'을 제시하였다. 이 기제들은 관찰 대상에 대한 일반적인 인식을 다르게 인식할 수 있도록 해 주었고, 이를 통해 비이동체인 전경을 역동적으로 나타낼 수 있었다.

　마지막으로 '가상이동'은 '실제이동'의 시뮬레이션을 통해 인식된다고 주장했다. 이것은 '실제이동'의 경험이 '가상이동'을 동기화한다는 말과 동일하다.

제5장
가상이동 구문

1. 구문의 다의성

1.1. 실제이동 구문의 다의성

이동은 '이동 사건'의 틀을 통해 이해되며, '실제이동'의 기본 경험은 '가상이동'의 기본 틀을 형성한다. <표 1-4>에서 제시한 '행위자가 출발점에서 경로를 따라 도착점으로 움직이다'라는 '실제이동'에 대한 기본 경험은 구문에서 이동의 행위자와 경로, 이동동사를 통해 나타난다.

각 이동동사는 그 자체적인 의미를 가지는데, 이동동사 '달리다'는 '이동'과 '방식'의 의미 속성을 함께 가지는 어휘로 다음과 같은 경로의 하위 속성이 나타난다.

(1) a. 아저씨네 순철이와 순금이도 **건넌방에서** 달려 나왔습니다. (시작점)
 b. 8**백m 트랙을** 달리는 육상 선수로 말하자면 지금 반쯤 왔습니

다. (거리)
c. 그녀는 **언덕길을** 달리면서 그런 생각을 했다. (장소)
d. **두어 시간 정도** 달렸을까. (시간)
e. 기관차는 모두 **시속 3백km 이상으로** 달리고 있다. (속력)
f. ○○○ 실장은 **맨 오른쪽에서** 달리고 있었다. (상대적 위치)
g. 옛날 볕에 그을린 아이들이 **맨발로** 달리던 들녘은 산성독을 품은 채 앓고 있다. (방식)
h. 택시는 달성군 **옥포면으로** 달렸다. (도착점)

　(1)에서 볼 수 있듯이, '달리다'는 의미적으로 다양한 경로의 하위 속성이 나타난다. 이러한 경로의 하위 속성들은 표현에 나타난 조사의 쓰임을 통해 확장되는 양상을 살펴볼 수 있다. (1)에서 (1a)는 '에서'의 쓰임을 통해 '시작점'을, (1h)는 '(으)로'를 통해 도착점을 나타낸다. (1b, c, d)는 조사 '을'을 통해 '거리', '장소', '시간'을 나타낸다. 그리고 어휘들을 통해 그 의미가 세분화되는데, (1e)는 '시속 3백km'를 통해 '속력'을, (1f)는 '맨 오른쪽에서'라는 '상대적 위치'를, (1g)는 '맨발로'라는 방식을 나타낸다.

　예문 (1)에서 제시한 '달리다'의 경우를 통해 이동 구문의 특징을 살펴보자. '달리다'는 이동의 방식을 내포하는 동사로, (1)에서 '시작점, 거리, 장소, 속력, 시간, 상대적 위치, 방식, 도착점' 등의 속성과 함께 나타나는 것으로 살펴보았다. 이 속성들은 크게 '시작점, 경로, 도착점'으로 구분되며, 이러한 속성들은 한 장면에서 동시에 나타날 수 있다. (1)의 예문을 바탕으로 '시작점, 경로, 도착점'이 포함된 작성례를 제시하면 다음과 같다.

(2) a. 아저씨는 **건넌방에서 옥포면으로** 달렸다.
　　b. 아저씨는 **건넌방에서 옥포면으로 언덕길을** 달렸다.

c. 아저씨는 **건넌방에서 옥포면으로 두어 시간 정도** 달렸다.
d. 아저씨는 **건넌방에서 옥포면으로 맨발로** 달렸다.
e. 아저씨는 **건넌방에서 옥포면으로 8백m를** 달렸다.
f. 아저씨는 **건넌방에서 옥포면으로 맨 오른쪽에서** 달렸다.
g. ?아저씨는 **건넌방에서 옥포면으로 시속 100km로** 달렸다.

(2)에서 제시한 '실제이동'의 인식에서 '달리다'와 함께 '시작점, 경로, 도착점'의 속성들이 함께 나타나는 예를 제시해 보면, (2g)를 제외하고는 자연스러운 문장으로 인식된다. (2g)는 (2)에서 이동체가 '기관차'이기 때문에 사람과는 거리가 있는데 다만, 긴급한 상황을 비유적으로 제시할 때 가능해 보인다.

'가상이동'은 (2)에서 제시한 '실제이동'에 나타난 속성들 중 비이동체가 '주의'를 받아 이동으로 인식된다. 다음 예를 살펴보자.

(3) a. 연안을 따라 **시베리아 철도가** 달린다.
 b. **산등성이가** 완만하게 내륙을 향해 달렸다.
 c. 이 하천 좌우로는 **산줄기가** 남북으로 달리고 있고 그 사이의 협곡으로 평야지대가 펼쳐지고 있다.

(3)은 '달리다'와 함께 쓰인 '가상이동'의 예인데, (3a)는 '철도', (3b)는 '산등성이', (3c)는 '산줄기'에 주의를 두어, 그것들을 이동하는 대상으로 인식했다.

(3a)에서 그 경로를 나타내는 표현이 '연안을 따라'인데, 이동체의 경로를 따라 '철도'를 이동체로 인식하는 것으로 '상대적 위치'와 관련된다. 이것은 그 자체가 구문적 특성을 가진다. '연안'은 이동체라기보다는 어떤 지역이나 위치를 나타내는 말로, '강을 따라', '냇물을 따라' 등의 실

제 이동체로 나타나는 구문의 확장으로 살펴볼 수 있다.

(3b)에서 '내륙을 향해'는 이동 경로 중 '지향점'과 관련 있으며, (3c)에서 '남북으로'는 이동 경로 중 '지향점'이나 '도착점'과 관련된다. 이를 통해 '실제이동'에서 나타나는 경로는 이동의 '달리다'와 함께 '가상이동'을 인식하게 해 주는 속성으로 나타난다. 즉, '가상이동' 구문은 '실제이동' 구문에 의해 동기화[2]된다.

1.2. 가상이동에서 구문의 성격

1.2.1. 상대적 이동 구문

'가상이동'에서 '상대적 이동'은 개념화자가 참조점인 이동체를 통해 비이동체의 이동을 인식하는 것(임태성 2016a: 34)으로, '개념화자의 이동'과 '참조대상의 이동'으로 하위 분류된다. 다음은 '상대적 이동'의 예이다.

(4) a. 성큼성큼 걸음들이 빠르다. **산이** 지나가고 개천이 지나가고.
b. **빈약한 가로수들이** 차창을 지나쳐간다.
c. 오랜만에 기차를 타고 야외로 나오니 창밖으로 지나가는 **나무, 꽃들**을 보는 것만으로도 기분이 상쾌해졌다.
d. 그 여자는 냇물을 따라서 뻗어 나간 **길**로 가야 했고 나는 곧장 난 길로 가야 했다.

---

1 『표준국어대사전』에서 '연안'은 '강이나 호수, 바다를 따라 잇닿아 있는 육지.'로 정의된다.
2 '동기화(motivation)'란 언어 구조와 의미 사이에 존재하는 인과적 관계로, 언어 구조인 구문은 '가상이동' 의미에 영향을 미친다.

예문 (4)에서 a, b, c는 '개념화자의 이동', d는 '참조대상의 이동'이다. 우선 '개념화자의 이동'을 살펴보면 다음과 같다.

(5) 성큼성큼 걸음들이 빠르다. 산이   지나가고   개천이 지나가고
                                        전경   경로+이동
                                        [주어   서술어]

예문 (5)는 개념화자가 실제 걸어가는 인식 내에서 배경인 '산'을 이동체로 인식하였다. (5)에서 개념화자는 배경으로 암시되어 있고, [주어 서술어]의 구문으로 나타난다. 이 구문은 이동의 원형 구문으로 간주되며, 주어가 실제 비이동체임을 고려하여, '대상이 움직이다'라는 구문적 의미를 가진다.

(6) 빈약한 가로수들이   차창을   지나쳐간다.
         전경   배경   경로+이동
         [주어   목적어   서술어]

예문 (6)은 개념화자가 탈것에 탄 채 배경인 '가로수들'을 이동체로 인식하였다. (6)에서 개념화자는 배경으로 암시되어 있고, [주어 목적어 서술어]의 구문으로 나타난다. 이 구문에서 목적어 '차창'은 개념화자가 탈것을 통해 이동 중인 것을 나타내 주는 역할을 하며, '대상이 배경을 통해 움직이다'라는 구문적 의미를 가진다.

(7) 창밖으로 지나가는 나무, 꽃들을 보는 것만으로도....
        배경   경로+이동   전경
        [부사어   서술어   목적어]

예문 (7)은 개념화자가 탈것에 탄 채 배경인 '나무, 꽃들'을 이동체로 인식하였다. (7)에서 개념화자는 배경으로 암시되어 있고, [부사어 서술어 목적어]의 구문으로 나타난다. 이 구문에서 부사어 '창밖으로'는 개념화자가 탈것을 통해 이동 중인 것을 나타내 주는 역할을 하며, '대상이 배경을 통해 움직이다'라는 구문적 의미를 가진다.[3]

(6), (7)에서 공유되는 구문적 의미는 그 배경에서 차이가 나타난다. 여기에서 배경은 '창밖을', '창밖으로'의 식으로 표현되는데, 우선 '을/를'은 격조사로 할당된 것이 아니라, 격이 할당된 후 조사 '을/를'이 나타난다는 점에서 '배경화 윤곽 결정소'(황주원 2012: 91)로 파악된다. 즉, 차창 전체가 부각된다. 다음으로 '(으)로'는 도구격의 원형적 의미(임지룡 1997: 429)를 가지는데, 이 표현에서 창을 통한 바깥쪽 즉, 차창의 일부가 부각된다. 이에 따라 (6)과 (7)은 그 구문적 의미를 공유하나, 각 어휘의 쓰임에 따라 의미적 차이를 살펴볼 수 있다.

다음으로 '참조대상의 이동'을 나타낸 예이다.

(8) 그 여자는 냇물을 따라서   뻗어 나간   길로 가야 했고....
            배경   양상+이동   전경
            [부사어   서술어   부사어]

예문 (8)은 개념화자가 이동체인 '냇물'의 움직임을 통해 또 다른 배경인 '길'을 이동체로 인식하였다. (8)에서 개념화자는 배경으로 구문에서 나타나며, [주어 부사어 서술어]의 구문이 나타난다.[4] 이 구문에서 '냇물

---

[3] (7)에서처럼 복문의 경우, 문장에 나타난 문장성분과 인식되는 구문 사이에는 차이가 있다.

[4] 이러한 구문은 (3a)에서 살펴본, '연안을 따라 시베리아 철도가 달린다.'와 같이

을 따라서'는 '길'을 이동으로 인식하도록 해 주는 참조대상으로, '대상이 배경인 이동체를 통해 경로로 움직이다'라는 구문적 의미를 가진다.

이상 살펴본 '상대적 이동'에서 구문을 정리해 보면 다음과 같다.

〈표 5-1〉'상대적 이동'의 구문

상대적 이동	기본적 경험	구문
개념화자의 이동	대상이 경로로 움직이다	주어 서술어
	대상이 배경을 통해 움직이다	주어 목적어 서술어 주어 부사어 서술어
참조대상의 이동	대상이 배경인 이동체를 통해 경로로 움직이다	주어 부사어 서술어

<표 5-1>은 '가상이동' 중 '상대적 이동'에 나타난 구문을 정리한 표로, 이동의 대한 경험의 확장과 문장 표현에 나타난 구문을 나타냈다. 예문 (7), (8)은 구문의 나타난 문장 구성이 동일하나, (7), (8)은 복문 구성에서 실제 예문에 나타난 방식과 <표 5-1>에서 차이가 있다. 예를 들어, (7)의 경우 예문에서 [부사어 서술어 목적어]의 문장 성분이 나타났으나, <표 5-1>에서는 [목적어]에 해당하는 '나무, 꽃'이 전경으로 인식되므로, [주어]로 기술하였다.

1.2.2. 심리적 이동 구문

'가상이동'에서 '심리적 이동'은 개념화자가 정지 상태에서 비이동체의 이동을 인식하는 것으로(임태성 2016a: 92) '육안 관찰적 이동'과 '심안 관찰적 이동'으로 하위 분류된다. 다음은 '심리적 이동'의 예이다.

참조대상이 비이동체인 구문으로 확장되어 나타난다.

(9) a. 하늘로 솟은 **나뭇가지가** ○○의 시야에 찬다.
    b. 유리문 밖에 운동장을 거쳐 높이 솟은 **저 담!**
    c. **쭉 뻗은 도로가** 종점에서 위로 뻗고 있다.
    d. **길이** 좀 더 뻗어 있었다면….
    e. 곧 **경의선 철도가** 달린다.

예문 (9)에서 a, b는 '육안 관찰적 이동', c, d, e는 '심안 관찰적 이동'이다. 우선 '육안 관찰적 이동'을 살펴보면 다음과 같다.

(10) a. 하늘로   솟은   나뭇가지가 ○○의 시야에 찬다.
        경로   방식+이동   전경
       [부사어   서술어   주어]

    b. 유리문 밖에 운동장을 거쳐 높이   솟은   저 담!
                    방식   방식+이동   전경
                   [부사어   서술어   주어]

예문 (10a)는 개념화자가 관찰 대상인 '나뭇가지'를 이동체로 인식하였다. (10b)는 개념화자가 관찰 대상인 '담'을 이동체로 인식하였다. (10)에서 개념화자는 배경으로 나타나거나 암시되어 있고, [주어 부사어 서술어]의 구문이 나타난다. 이 구문은 '대상이 경로나 양상으로 움직이다'라는 의미를 가진다.

다음으로 '심안 관찰적 이동'을 나타낸 예이다.

(11) 쭉 뻗은 도로가   종점에서 위로   뻗고 있다.
       전경   경로   양상+이동
      [주어   부사어   서술어]

예문 (11)은 개념화자가 관찰 대상인 '도로'를 이동체로 인식하는데, '-고 있다'의 쓰임을 통해 이동 중으로 인식하였다. (11)에서 개념화자는 암시되어 있고, [주어 부사어 서술어]의 구문이 나타난다. 이 구문은 '대상이 경로로 움직이다'라는 의미를 가진다.

(12) 곧   경의선   철도가   달린다.
         전경   방식+이동
    [부사어   주어   서술어]

예문 (12)는 개념화자가 관찰 대상인 '철도'를 이동체로 인식하는데, '곧'이라는 미래 시간의 쓰임을 통해 가정적 상황을 나타낸 예이다. (12)에서 개념화자는 암시되어 있고, [부사어 주어 서술어]의 구문이 나타난다. 이 구문은 '대상이 움직이다'라는 의미를 가진다.

(13) 길이 좀 더   뻗어 있었다면….
     전경   양상+이동
    [주어   서술어]

예문 (13)은 개념화자가 관찰 대상인 '길'을 이동체로 인식하는데, '-으면'의 쓰임을 통해 가정적 상황을 나타낸 예이다. (13)에서 개념화자와 그 거리를 나타내는 배경은 암시되어 있고, [주어 서술어]의 구문이 나타난다. 이 구문은 '대상이 움직이다'라는 의미를 가진다.

이상 살펴본 '심리적 이동'에서 구문을 정리해 보면 다음과 같다.

〈표 5-2〉 '심리적 이동'의 구문

심리적 이동	기본적 경험	구문
육안 관찰적 이동	대상이 경로나 양상으로 움직이다	주어 부사어 서술어
심안 관찰적 이동	대상이 경로로 움직이다	주어 부사어 서술어
	대상이 움직이다	주어 서술어

    <표 5-2>는 '가상이동' 중 '심리적 이동'에 나타난 구문을 정리한 표로, 이동의 대한 경험의 확장과 문장 표현에 나타난 구문을 나타냈다. 예문 (10)에서 제시한 '육안 관찰적 이동'은 복문 구성으로 되어 있고, (11)-(13)에서 제시한 '심안 관찰적 이동'은 단문으로 구성되어 있다. 이를 통해 육안으로 관찰된 이동에서 비이동체의 이동이 좀 더 명확하게 인식되므로 그 표현의 복잡성과 관련 없이 이동 인식이 가능한 것으로 살펴볼 수 있다.

2. 가상이동 구문의 의미 특성

2.1. 가상이동의 구문적 양상

    지금까지 살펴본 '가상이동'의 구문을 정리해 보면 다음과 같다.

〈표 5-3〉 '가상이동'의 구문

가상이동		기본적 경험	구문
상대적 이동	개념화자의 이동	대상이 경로로 움직이다	주어 서술어
		대상이 배경을 통해 움직이다	주어 목적어 서술어 주어 부사어 서술어
	참조대상의 이동	대상이 배경인 이동체를 통해 경로로 움직이다	주어 부사어 서술어

심리적 이동	육안관찰적 이동	대상이 경로나 양상으로 움직이다	주어 부사어 서술어
	심안관찰적 이동	대상이 경로로 움직이다 대상이 움직이다	주어 부사어 서술어 주어 서술어

<표 5-3>은 '가상이동' 표현에 나타나는 구문을 나타낸 것으로, <표 1-4>에서 제시한 '실제이동' 구문에서의 '행위자'가 배경화되고, 관찰 대상이 전경화되어 나타났다. 특히 여기에서 관찰 대상은 실제로 비이동체이지만, '개념화자의 이동'에 대한 인식의 확장으로 살펴볼 수 있다.

우선 '상대적 이동'에서 '개념화자의 이동'의 기본적 경험 즉, '대상이 경로로 움직이다'는 '실제이동'에서 '자동차가 가다'와 마찬가지로 그 주체만 달라졌을 뿐 동일한 구문으로 나타난다. 즉, '실제이동'에서 직접적 확장으로 간주된다. 이러한 경험은 '참조대상의 이동'인 '대상이 배경인 이동체를 통해 경로로 움직이다'로 확장되어 나타난다.

또한 '실제이동'의 유형은 직접 이동과 간접 이동으로 나누어진다. 여기에서 간접 이동은 눈의 관찰과 관련된다. 이러한 방식은 '심리적 이동' 중 '육안 관찰적 이동'에서 '대상이 경로나 방식으로 움직이다'가 '개념화자의 이동'과 관련되어 확장된 것으로 간주된다. 그리고 이것의 확장은 '심안 관찰적 이동'에 나타난 이동에 대한 가정으로 나타난다.

'가상이동' 구문에서 '주어-서술어'의 단순 구성에서 '주어-목적어-서술어', '주어-부사어- 서술어'의 구성으로 유사하게 각각의 이동에서 나타나는 것으로 살펴볼 수 있다. '실제이동'에서 '가상이동'으로 확장의 양상을 나타내 보면 다음 그림과 같다.

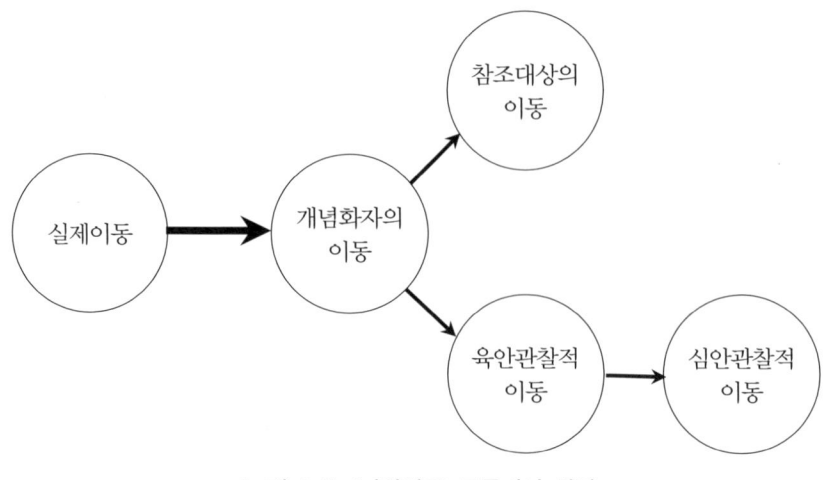

〈그림 5-1〉 '가상이동' 구문에서 확장

<그림 5-1>에서 보듯이, '가상이동'은 '실제이동'의 경험이 확장되어 나타나며, '가상이동'에서 구문에 나타난 확장 양상은 '개념화자의 이동'에서 '참조대상의 이동'으로 그리고 관찰이라는 간접 이동의 경험은 '육안 관찰적 이동'으로 확장되어 나타난다. 그리고 '육안 관찰적 이동'의 경험은 '심안 관찰적 이동'으로 확장되어 나타나는 것으로 살펴볼 수 있었다.

2.2. 가상이동의 구문적 의미

지금까지 '가상이동'의 구문을 통해 그 확장을 살펴보았는데, 이 확장이 연계되어 나타난다는 특성을 살펴볼 것이다. 첫째, '가상이동'을 바라보는 인식이다. '상대적 이동'에서 개념화자는 '참조점'을 통해 이동 사건에 참여 중이다. 이 '참조점'은 실제 이동 가능한 대상으로, '상대적 이동'에서 이동 인식은 주관적이며, '실제이동'의 경험에 기반하여 확장되는 경우이다. '심리적 이동'에서 개념화자는 정지 상태에서 이동 사건을 관찰 중이다. 정지 상태에서는 관찰 대상을 '요약적' 혹은 '순차적'으로 살펴볼 수 있는데, '심리적 이동'에서 이동 인식은 객관적이며, '실제이동'과 '상대적 이동'의 경험에 기반하여 확장된다.

둘째, '가상이동' 확장에서 구문의 기능이다. 우선 '상대적 이동'에서 '개념화자의 이동'과 '심리적 이동'에서 '심안관찰적 이동'의 경우, 그 구문이 '주어-서술어' 식의 단순하게 나타나며, 이동 사건의 다른 속성들보다 이동하는 것으로 인식한다는 점에서 '개념화자의 이동'은 '심안관찰적 이동'으로 확장된다.

그리고 '눈의 관찰'을 통한 간접 경험이라는 점에서 '상대적 이동'에서 '참조대상의 이동'과 '심리적 이동'에서 '육안관찰적 이동'은 유사하다. 하지만 그 표현 방식에서 차이가 난다. 다음을 살펴보자.

(14) a. 강을 따라 철로가 달린다.
   b. 해안을 따라 철로가 달린다.
   c. 산등성이가 완만하게 내륙을 향해 달렸다.

(14a)는 '참조대상의 이동'이고, (14b)는 그 구문적 확장이다. (14c)는 '육안 관찰적 이동'이다. 여기에서 '참조대상의 이동'은 (14a)와 같이 '강'이라는 현저한 이동체가 나타난다. 그리고 '따라', '같이' 등과 같은 표현을 통해 개념화자는 그 이동을 관찰하면서, '철로'에 이동성을 부여한다. 그리고 (14a)는 (14b)와 같이 '해안'이라는 비이동체임에도 유사한 구문을 사용하여 이동성을 부여하였다.

반면, (14c)는 '달리다'라는 이동뿐만 아니라 '내륙을 향해'라는 이동 사건의 속성들로 표현되고, 비이동체인 '산등성이'를 이동체로 인식하였다. 다시 말하면, '참조대상의 이동'은 두 대상을 비교, 관찰하면서 그 중

하나에 더 주의를 주는 방식, '육안관찰적 이동'은 한 대상에 주의를 주면서 이동으로 인식하는 것으로 살펴볼 수 있다. (14)는 그 구문에 의해 '참조대상의 이동'에서 '육안관찰적 이동'으로 확장된다. 이것은 다음과 같이 정리된다.

  (15) a. 개념화자의 이동 → 심안관찰적 이동
     b. 참조대상의 이동 → 육안관찰적 이동

 (15)는 '상대적 이동'의 하위 부류와 '심리적 이동'의 하위 부류가 어떤 식으로 관련되어 있는지를 살펴보았다. '가상이동'은 체험적으로 '실제이동'의 경험이 확장되어 나타난 것으로, 그 하위 부류에서 '상대적 이동'은 '심리적 이동'으로 확장되어 나타났다. 즉, '이동'의 큰 범주에서 '실제이동'과 '가상이동'은 서로 간에 의미적으로 관련되어 나타난다.

결론

'가상이동'이 주어와 서술어의 불일치를 나타내는 표현임에도 불구하고, 자연스럽게 인식된다는 사실은 의미 연구의 저변을 확대한다는 점에서 이 글의 가치가 있다. 하지만 '가상이동'의 의미적 모호함은 '가상이동'의 개념이나 분류 방식이 다르게 나타난다는 점에서 그 동안 '가상이동'에 대한 연구가 개별적으로 이루어져 왔다. 이 글에서는 한국어를 대상으로 '가상이동'의 실례를 통해 '가상이동'의 의미적 특성을 고찰해 보았다.

이동 의미를 나타내는 동사를 분류해 보고, 각 동사들에 나타난 '가상이동'의 양상과 표현상 제약을 통해 그 의미적 특성과 인지적 특성 그리고 '실제이동'과의 관련성을 살펴보았다는 점에서 이 글은 '이동'에 대한 경험이 가상적으로 확장되어 나타나는 양상을 보였다는 점에서 의의가 있다. 이 글은 '가상이동'의 의미 양상에 따라 '가상이동'을 두 가지 유형으로 분류하고, 그 표현상에 나타나는 제약들을 통해 전경인 비이동체를 이동으로 인식하고, 각 이동에 따라 사용되는 동사의 양상 그리고 부사어와의 공기제약을 통한 시간 인식을 살펴보았다. 이러한 '가상이동'의 특성은 문장에서 경로 및 이동의 인식이 나타나며, 비이동체를 이동체와 동일하게 인식할 수 있고, 인지적으로 '주의'의 해석 기제로 살펴볼 수 있는 것으로 나타났다. 이를 통해 '가상이동'이 심리적으로 실재한다는 것을 내포한다.

이 글은 이동 자체의 속성이나 이동 확장의 실현 양상을 면밀히 다룬 것이 아니라 '가상이동'의 양상과 그 특성을 다룬 것이어서, 이동의 전반적인 특성에 대한 고찰이 부족하였다. 마지막 부분에서 '실제이동'과 '가상이동' 간의 관련성을 살펴보기는 했으나, 본질적으로 이동이 무엇인지에 대한 연구에서부터 그 이동의 속성을 상세하게 고찰해 볼 필요가 있다. 이동은 언어학적 성격뿐만 아니라 다른 학문과의 연계도 가능해 보이며, 앞으로 고찰해 볼 필요가 있어 보인다. 또한 이동의 본질적 속성이 확장되어 나타나는 양상을 살펴보는 것도 중요해 보인다. 이러한 확장 양상은 '가상이동'과 같은 비이동체뿐만 아니라 '사랑'이나 '마음'과 같은 추상체에도 적용되어 이동의 전면을 보일 수 있을 것으로 생각된다.

아래에서는 이상의 논의를 정리하고, 남은 문제를 제시하면서 이 글을 마무리하고자 한다.

총론에서는 '가상이동'에 대한 연구들이 '가상이동'의 개념과 범주 설정을 각각의 방식으로 한 것들이 대부분이며, 연구의 대상이나 용어 사용이 다르다라는 점을 지적했다. 따라서 '가상이동'의 개념과 범주 및 '실제이동'과의 관련성을 살펴볼 필요가 있음을 주장하였다. 또한 연구 대상을 말뭉치 검색에 나타난 용례들로 삼아, 한국어 전반에 걸친 '가상이동'의 양상을 살펴보고, 그 의미적 특성과 인지적 특성을 기술할 수 있음을 언급하였다.

1장에서는 인지언어학적 방법론을 제시하였다. 여러 방법론 중에서 '가상이동' 인식에 바탕이 되는 '체험주의', '신체화', '백과사전적 의미관'과 '개념화자'의 '해석' 및 '시뮬레이션 의미론', 인지적 기제인 '개념적 은유 및 환유', '개념적 혼성' 그리고 그 표현 방식에 대한 '구문'을 살펴보았다.

2장에서는 '가상이동'의 개념, 유형 및 도식을 논의하였다. 2.1에서는 '가상이동'을 '실제이동'에 대한 경험의 확장으로 나타나는 비사실적 현상으로, 한 개인의 인지체계 내에서의 불일치로 정의하였다. 이것은 '가상이동'이 비이동체에 이동의 의미를 투사하며, '실제이동'의 쓰임과 유사한 방식으로 표현되어 나타나는 것으로 살펴볼 수 있었다. 그리고 '가상이동'은 '주의'를 통해 해석되는 인지적 현상으로 살펴보았다. '주의'를 통해 나타나는 해석의 양상은 '전경-배경 역전', '사상', '주사'의 하위 방식들이 '가상이동'을 인식하는 동기로 작용함을 살펴보았다. 또한 '가상이동'은 '실제이동'과 달리 표현상 제약이 나타났다. 이 제약들은 관찰 대상의 이동 유무, 전경의 의미 속성, 동사의 실현 양상, 부사어와 공기 제약의 4가지로, '가상이동'을 분류하는 기준과 '가상이동'의 특성을 나타내는 데 적용되었다.

2.2절에서는 '가상이동'을 이동체의 존재 유무에 따라 '상대적 이동'과 '심리적 이동'으로 분류하였다. '상대적 이동'은 참조점인 대상의 이동 경로를 따라 비이동체의 이동을 인식하고, '심리적 이동'에서는 심리적으로 비이동체를 이동으로 인식하였다. 각각의 이동은 다시 하위 분류되는데, '상대적 이동'은 '개념화자의 이동'과 '참조대상의 이동'으로 분류되고, '심리적 이동'은 '육안 관찰적 이동'과 '심안 관찰적 이동'으로 분류했다. 그리고 '상대적 이동'은 '전경-배경 역전', '순차 주사'의 방식으로 인식

되고, '심리적 이동'에서는 '요약 주사'의 방식으로 인식된다는 것을 살펴보았다.

2.3절에서는 '가상이동'의 의미 구성을 '개념적 혼성'의 도식으로 나타내 보았다. '개념적 혼성'은 '가상이동'과 같이 비사실적 현상의 의미가 구성되는 방식을 살펴보는 데 적절한 도식을 제공했고, 이 도식을 통해 '가상이동'에서 '이동', '정지'의 두 공간의 혼성을 살펴볼 수 있었다.

3장에서는 2.2절에서의 분류를 토대로, '상대적 이동'의 양상과 의미 특성을 살펴보았다. '상대적 이동'은 '개념화자의 이동'과 '참조대상의 이동'으로 분류된다.

3.1절에서는 '개념화자의 이동'을 '도보 이동'과 '탈것 이동'으로 하위 분류하고, 개념화자의 이동 인식을 살펴보았다. 먼저 '도보 이동'에서는 개념화자가 이동 중에 전경에만 주의를 두며, 이것은 문장에서 경로가 나타나지 않았고, 동사 합성형에서 '가다', '오다'의 쓰임을 통해 살펴볼 수 있었다. 다음으로 '탈것 이동'에서는 개념화자가 빠른 속도로 이동 중에 전경에만 주의를 두며, 이것은 문장에서 경로가 나타나지 않았고, '달리다'와 같은 동사들의 쓰임, 동사 합성형에서 '가다', '오다'의 쓰임을 통해 살펴볼 수 있었다. '개념화자의 이동' 도식은 전경이 개념화자의 이동 중에 나타나는 배경 중 하나로 개념화자의 시선에서 이동으로 인식되는 것으로 나타났다.

3.2절에서는 '참조대상의 이동'으로 개념화자가 정지 상태에서, 참조점의 이동 경로를 따라 비이동체인 전경에 이동성을 인식하는 것으로 살펴보았다. 참조점은 이동체로 그 이동을 전경에 사상하므로, 참조점의 이동 경로는 이동 인식에서 중요한 기능을 나타냈고, 동사는 이동이나 이동의 상태를 나타냈다. '참조대상의 이동' 도식은 참조점의 이동이 개념화자에

게 인식되고, 참조점에 전경을 사상하여 이동하는 것으로 나타났다.

3.3절에서는 '상대적 이동'의 의미를 언어적, 인지적 특성으로 나누어 살펴보았다. 언어적 특성에서는 관찰 대상인 전경은 비이동체이며, 점, 선으로 인식되어 나타났다. '상대적 이동'에 나타난 동사는 전경의 이동이나 이동의 상태를 나타냈다. 그리고 이 이동은 지속적인 시간 인식이 나타났다. 인지적 특성에서는 '상대적 이동'의 도식을 나타내고, '전경-배경 역전' 현상, '사상', '순차 주사'의 인지 기제를 통해 '상대적 이동'이 인식될 수 있음을 증명했다.

4장에서는 2.2절에서의 분류를 토대로, '심리적 이동'의 양상과 의미 특성을 살펴보았다. '심리적 이동'은 '육안 관찰적 이동'과 '심안 관찰적 이동'으로 분류된다.

4.1절에서는 '육안 관찰적 이동'으로 개념화자가 정지 상태에서, 육안으로 비이동체인 전경에 이동성을 인식하는 것으로 살펴보았다. 이 이동에서 경로는 구체적으로 제시되었으며, 개념화자는 이 경로와 동사를 통해 전경을 이동으로 인식하였다. '육안 관찰적 이동' 도식은 전경이 경로를 통해 나타나고, 개념화자의 시선에서 이동으로 인식되는 것으로 나타났다.

4.2절에서는 '심안 관찰적 이동'으로 개념화자가 정지 상태에서 심안으로 비이동체인 전경에 이동성을 인식하는 것으로 살펴보았다. 이 이동에서 경로는 선택적이며, 개념화자는 전경이 비실체이거나 동사 어미의 활용에 따라 심안으로 이동을 인식하였다. '심안 관찰적 이동' 도식은 전경이 간접적으로 사상되고, 개념화자의 시선에서 이동으로 인식되는 것으로 나타났다.

4.3절에서는 '심리적 이동'의 의미를 언어적, 인지적 특성으로 나누어

살펴보았다. 언어적 특성에서는 관찰 대상인 전경은 비이동체이며, 선으로 인식되어 나타났다. '심리적 이동'에 나타난 동사는 경로를 통해 전경의 이동을 나타냈다. 그리고 이 이동은 순간적인 시간 인식이 나타났다. 인지적 특성에서는 '심리적 이동'의 도식을 나타내고, '사상', '요약 주사'의 인지 기제를 통해 '심리적 이동'이 인식될 수 있음을 증명했다.

4.4절에서는 '상대적 이동'과 '심리적 이동'의 의미를 해석하고, '가상이동'의 특성을 살펴보았다. 그리고 '실제이동'과의 관련성을 살펴보았다.

우선 '가상이동'은 비이동체를 이동으로 인식할 수 있는 인지 작용으로, 전경을 '선적' 인식에 따라 이동하는 것으로 인식하였다. 이 '선적' 인식은 '가상이동'의 요인으로 작용한다고 주장하였다. 그리고 '가상이동'에서 하위 범주에 따라 동사 사용에 제약이 있음을 살펴보았다. 그리고 '가상이동'에서 시간 인식은 전경을 지속적 혹은 순간적으로 바라보느냐에 따른 차이가 나타났다.

다음으로 '가상이동'과 '실제이동'의 관련성을 살펴보았다. 2.1절에서 주장한 것처럼, '실제이동'의 경험이 '가상이동'으로 확장이 나타나며, 그 이동의 방향은 '실제이동', '상대적 이동', '심리적 이동'으로 나타났다. 이러한 인식의 기제는 '신체화'에 따라 신체적 경험이 비이동체에 사상되어 나타나는 것으로 설명할 수 있었다.

5장에서는 '가상이동'에 나타난 구문의 확장 및 그 의미 특성을 기술해 보았다.

5.1절에서는 '가상이동'의 유형에 따라 각각의 구문을 살펴보았다. '가상이동'의 유형 중 '상대적 이동'에서 '개념화자의 이동'은 *대상이 경로로 움직이다*와 *대상이 배경을 통해 움직이다*는 경험을 가지며, '참조대상의 이동'은 *대상이 배경인 이동체를 통해 경로로 움직이다*라는 경험을 가

지는 것으로 나타났다. 그리고 '심리적 이동'에서 '육안 관찰적 이동'은 *대상이 경로나 양상으로 움직이다*라는 경험을 가지며, '심안 관찰적 이동'은 *대상이 경로로 움직이다*와 *대상이 움직이다*라는 경험을 가지는 것으로 나타났다.

5.2절에서는 '가상이동'에서 각각의 경험들이 서로 연결되는데, '개념화자의 이동'에서 '참조대상의 이동'과 '육안 관찰적 이동'으로 확장이 나타났다. 그리고 '육안 관찰적 이동'에서 '심안 관찰적 이동'으로 확장이 나타났다.

이상과 같이 이 글은 '가상이동' 표현의 사례들을 통해, '가상이동'을 분류하고 각각의 특성을 살펴보았다. '가상이동'의 연구를 심화하기 위해서는 다음을 고려할 필요가 있다.

첫째, '가상이동'의 연구 대상들을 풍부하게 검색해야 한다. 현재 발행되고 있는 신문, 잡지, 소설, 시 등이나 각 시기별로 나타나는 자료들을 모아둔 사전들에 나타난 예문을 검색하여, '가상이동'의 또다른 특성을 찾아볼 수 있을 것이다. 특히 『고어사전』이나 『17세기 국어사전』 등에서 고어의 용례를 살펴보는 것은 이러한 비사실적 현상의 인식이 자연스러운 현상 중 하나라는 사실을 살펴볼 수 있을 것이다.

둘째, '가상이동'의 인지적 특성을 면밀하게 따져 보아야 한다. 인지적 특성 중 '주의' 체계는 방대한 양의 연구 결과와 그 인식 정도에 따른 해석이 다양하게 나타난다. 이러한 연구 결과를 연구 분석에서 다양하게 제시한다면, '가상이동'의 특성이 좀 더 명확하게 나타날 수 있을 것이다.

셋째, '가상이동'에서 각 이동 간에 나타나는 확장의 동기를 다양한 언어 현상을 통해 제시해야 한다. 이를 통해 '실제이동'과의 관련성을 살펴, 국어를 통해 나타나는 이동 인식을 살펴볼 수 있을 것이다.

마지막으로 이 글의 결과는 응용 언어학 분야에서 활용될 수 있을 것이다. 특히 국어 교육에서 '가상이동'의 개념과 유형 분류는 기존의 제시되고 있는 비유법들과의 의미 차이 제시를 통해, 국어에 산재해 있는 여러 가지 비유법들의 특성을 살펴볼 수 있으며, '가상이동' 표현을 쓰기나 읽기 교육에서 표현 방식의 다채로움을 나타내는 데 적절하게 적용될 수 있을 것이다.

참고문헌

국립국어원(2002a), 『주요 어휘 용례집 -동사 편(상)』, 국립국어연구원.
국립국어원(2002b), 『주요 어휘 용례집 -동사 편(하)』, 국립국어연구원.
김기혁(1981), "국어 동사류의 의미구조", 『외국어로서의 한국어교육』 6-1, 연세대학교 한국어학당, 9-28.
김동환(2013), 『인지언어학과 개념적 혼성 이론』, 박이정.
김령환(2015), "국어 격 표지 교체 구문에 관한 인지언어학적 연구", 경북대학교 대학원 국어국문학과 박사학위논문.
김억조(2012), 『국어 차원형용사의 의미』, 한국문화사.
김옥녀(2012), "LCCM 이론에 입각한 국어 다의동사의 의미 분석과 의미구성 탐색", 경북대학교 대학원 국어국문학과 박사학위논문.
김응모(1989), 『국어평행이동 자동사 낱말밭』, 한신문화사.
김응모(1993), 『국어이동자동사 낱말밭/ 1: 평행이동편』, 서광학술자료사.
김정아(2015), "'동물'명 관용 표현에 나타난 개념적 은유 양상", 『국제언어문학』 32, 국제언어문학회, 149-174.
김정오 외 옮김(2012), 『감각과 지각』, 센게이지러닝코리아. (E. Bruce Goldstein(2007), *Sensation and Perception*, 7th Edition, Wadsworth.)
김준홍(2012), "허구적 이동의 인지적 구조: 영어와 한국어를 중심으로", 경북대학교 대학원 영어영문학과 박사학위논문.
김진식(1991), "국어 유의어의 생성요인 연구", 충남대학교 대학원 국어국문학과 박사학위논문.
나익주(1995), "은유의 신체적 근거", 『담화와 인지』 1, 담화·인지 언어학회, 187-214.
남길임(2004), 『현대 국어 '이다' 구문 연구』, 한국문화사.
남택승(2011), "국어의식 향상 방안 연구", 경북대학교 교육대학원 국어교육과 석사학위논문.

노상희(2002), "영어와 한국어의 이동동사 연구", 부산대학교 대학원 영어영문학과 석사학위논문.
노양진(2001), "몸의 철학적 담론",『용봉논총』30-1, 전남대학교 인문과학연구소, 259-276.
리우팡(2016),『한국어 분류사의 인지언어학적 연구』, 한국문화사.
문화관광부(1999),『21세기 세종계획-전자사전 개발-』, 문화관광부.
서혜경(2014), "국어 어휘의미 교육의 인지언어학적 연구", 경북대학교 대학원 국어교육학과 박사학위논문.
손남익(1995),『국어 부사 연구』, 박이정.
송창선(2010),『국어 통사론』, 한국문화사.
송현주(2015),『국어 동기화의 인지언어학적 탐색』, 한국문화사.
염철(2014), "한국어와 중국어 이동동사 대조 연구", 경북대학교 대학원 국어국문학과 박사학위논문.
왕난난(2016), "한·중 공간어의 인지언어학적 연구", 경북대학교 대학원 국어교육학과 박사학위논문.
우형식(1998),『국어 동사 구문의 분석』, 태학사.
이기동(2000), "동사 '가다'의 의미",『한글』247, 한글학회, 133-157.
이점출(1996),『결합가이론과 격이론』, 서울: 중앙대학교 출판부.
이종열(1998), "'가다'의 다의성에 대한 인지의미론적 연구",『한국어 의미학』3, 한국어의미학회, 97-118.
이주익(2012), "Cognitive Mechanisms in Comic Strips: the Case of The Far Side Gallery 5", 경북대학교 대학원 영어영문학과 박사학위논문.
임지룡(1984), "공간감각어의 의미 특성",『배달말』9, 배달말학회, 119-137.
임지룡(1992),『국어 의미론』, 탑출판사.
임지룡(1997/2008),『인지의미론』, 탑출판사.
임지룡(1998), "주관적 이동표현의 인지적 의미 특성",『담화와 인지』5-2, 담화·인지 언어학회, 181-205.
임지룡(2000), "한국어 이동 사건의 어휘화 양상",『현대문법연구』20-1, 현대문법학회, 23-45.

임지룡(2004a), "환상성의 언어적 양상과 인지적 해석",『제47회 전국 국어국문학 학술대회 발표집』, 국어국문학회, 147-166.
임지룡(2004b). "장면의 인지적 해석에 관한 연구",『省谷論叢』34, 省谷學術文化財團, 1-46.
임지룡(2006),『말하는 몸: 감정 표현의 인지언어학적 탐색』, 한국문화사.
임지룡(2008),『의미의 인지언어학적 탐색』, 한국문화사.
임지룡(2017),『한국어 의미 특성의 인지언어학적 탐색』, 한국문화사.
임지룡·송현주(2012), "감각 동사의 의미 확장 연구",『담화와 인지』19-1, 담화·인지언어학회, 155-179.
임태성(2009), "한국어의 '시간' 속성과 모형 연구", 경북대학교 대학원 국어국문학과 석사학위논문.
임태성(2012), "'달리다'에 나타난 이동 사건의 의미 속성",『한국어 의미학』38, 한국어의미학회, 81-107.
임태성(2013), "가상 이동의 의미 구성 방식 연구",『언어과학연구』66, 언어과학회, 219-242.
임태성(2014), "가상이동", 임지룡 외 지음,『문법교육의 인지언어학적 탐색』, 태학사, 342-362.
임태성(2015a), "신체화에 기반한 달리다류의 의미 확장 연구",『담화와 인지』22-2, 담화·인지 언어학회, 151-169.
임태성(2015b), "'뻗다'의 의미 확장 연구",『한글』309, 한글학회, 95-119.
임태성(2015c), "개념적 혼성 이론을 통한 기사문 분석", 임지룡 외 지음,『비유의 인지언어학적 탐색』, 태학사, 235-257.
임태성(2016a), "국어 가상 이동의 양상과 의미 특성 연구", 경북대학교 대학원 국어국문학과 박사학위논문.
임태성(2016b), "백과사전적 의미관에 기반한 유의어 '달리다', '뛰다'의 대응 의미", 임지룡 외 지음,『어휘 의미의 인지언어학적 탐색』, 태학사, 235-268.
임태성(2017a), "신체화에 따른 '솟다'의 의미 확장 연구",『한국어 의미학』56, 한국어의미학회, 35-55.

임태성(2017b), "가상 이동 구문의 확장 양상 연구", 『어문론총』 73, 한국문학언어학회, 9-30.
임태성(2017c), "'살다'와 '죽다'의 대립성 해석", 임지룡 외 지음, 『의미관계의 인지언어학적 탐색』, 한국문화사, 71-88.
전수태(1987/2009), 『국어 이동동사 의미 연구』, 박이정.
정병철(2009), 『시뮬레이션 의미론에 기초한 동사의 의미망 연구』, 한국문화사.
정수진(2011), "국어 공간어의 의미 확장 연구", 경북대학교 대학원 국어국문학과 박사학위논문.
정수진·송현주(2012). "개념적 혼성 이론에 기초한 한국어 의미구성", 『어문학』 116, 한국어문학회, 81-102.
정영복(2011), "국어 교과서의 반의어 내용 구성 방안", 『국어교육연구』 48, 국어교육학회, 173-196.
정주리(2005), "'가다' 동사의 의미와 구문에 대한 구문문법적 접근", 『한국어 의미학』 17, 한국어의미학회, 267-294.
조준학(1977), "국어와 영어의 locomotion verb 비교연구", 『영어교육』 13, 한국영어교육학회, 107-126.
陳賢(2010), "이동사건의 한중 유형학 분석과 대조", 『중국언어연구』 33, 한국중국언어학회, 155-176.
채희락(1999), "이동동사의 분류와 정의", 『현대문법연구』 15, 현대문법학회, 79-100.
최규발·신경미(2013), "이동사건 틀의 구성요소로 본 방향동사", 『中國語文論叢』 57, 중국어문연구회, 79-96.
최진아(2013), "인지언어학에 기초한 비유 교육 연구", 경북대학교 대학원 국어교육학과 박사학위논문.
최창렬(1980), 『國語意味 構造研究』, 서울: 翰信文化社.
추정문(2008), "적합성 원리를 적용한 추론적 읽기 지도 연구", 경북대학교 교육대학원 국어교육과 석사학위논문.
췌이펑훼이(2015), "'마음'의 의미 구조에 관한 한·중 대조 연구", 경북대학교 대학원 국어국문학과 박사학위논문.

췌이펑훼이(2017), 『한·중 마음(心) 표현의 인지언어학적 탐색』, 한국문화사.

홍사만(1985), "신체어의 다의구조 분석: '손'에 대하여", 『千時權博士華甲紀念國語學論叢』, 형설출판사, 513-536.

홍사만(1987), "신체어의 다의구조 분석: '머리'를 중심으로", 『金敏洙敎授華甲紀念 國語學新研究』, 탑출판사, 180-196.

홍사만(1991), "신체어의 다의구조 분석: '눈'에 대하여", 『들메서재극박사 환갑기념논문집』, 계명대학교 출판부, 839-856.

홍재성(1983), "이동동사와 행로의 보어", 『외국어로서의 한국어교육』 8-1, 연세대학교 한국어학당, 151-167.

황주원(2012), "인지문법 틀로 본 한국어 조사 중출 구문", 상명대학교 대학원 국어국문학과 박사학위논문.

辻幸夫 編(2002), 『認知言語學キーワード事典』, 東京: 硏究社. (임지룡·요시모토 하지메·이은미·오카 도모유키 옮김(2004), 『인지언어학 키워드 사전』, 한국문화사.)

Bergen, B.(2007), "Experimental methods for simulation semantics", *Methods in cognitive linguistics*, 277-301.

Chafe, W. L.(1970), *Meaning and the Structure of Language*, Chicago: University of Chicago Press.

Choi, S. & M. Bowerman(1991), "Learning to express motion events in English and Korean: The influence of language-specific lexicalization patterns", *Cognition* 41, 83-121.

Croft, W.(2001), *Radical Construction Grammar: Syntactic Theory in Typological Perspective*, Oxford: Oxford University Press.

Croft, W.(2007), "Construction Grammar", In Geeraerts, D. & H. Cuyckens(eds.), 463-508.

Croft, W. & D. A. Cruse(2004), *Cognitive Linguistics*, Cambridge: Cambridge University Press. (김두식·나익주 옮김(2010), 『인지언어학』, 박이정.)

Croft, W. & E. J. Wood(2000), "Construal operations in linguistics and artificial intelligence", in L. Albertazzi(ed.), *Meaning and Cognition: A Multidisciplinary Approach*, Amsterdam · Philadelphia: John Benjamins Publishing Company, 51-78.

Evans, V.(2009), *How words mean: lexical concepts, cognitive models, and meaning construction*. Oxford University Press. (임지룡 · 김동환 옮김(2012), 『인지언어학적 어휘의미론』, 경북대학교출판부.)

Evans, V. & M. Green(2006), *Cognitive Linguistics An Introduction*, Edinburgh University Press. (임지룡 · 김동환 옮김(2008), 『인지언어학 기초』, 한국문화사.)

Fauconnier, G.(1997), *Mapping in Thought and Language*, Cambridge: Cambridge University Press.

Fauconnier, G. & M. Turner(2002), *The Way We Think: Conceptual Blending and the Mind's Hidden Complexities*, New York: Basic Books. (김동환 · 최영호 옮김(2009). 『우리는 어떻게 생각하는가: 개념적 혼성과 상상력의 수수께끼』, 지호.)

Fillmore, C. J.(1968), "The case for case", in E. Bach & R. Harms(eds), *Universals in Linguistic Theory*, New York: Holt, Reinhart & Winston, 1-81.

Fillmore, C. J.(1971). "Some problems for case grammar", *Monograph series on languages and linguistics* 24, 35-56.

Fillmore, C. J.(1975), "An alternative to checklist theories of meaning", in *Proceedings of the First Annual Meeting of the Berkeley Linguistics Society*, Amsterdam: North Holland, 123-131.

Fillmore, C. J.(1977), "Scenes-and-frames semantics", in A. Zampolli(ed.), *Linguistic Structures Processing*, Amsterdam: North Holland, 55-82.

Fillmore, C. J.(1982), "Frame Semantics", in Linguistic Society of Korea(ed.), in *Linguistics in the Morning Calm*, Seoul: Hanshin Publishing, 111-137.

Fillmore, C. J.(1985), "Frames and the semantics of understanding", in

Quaderni di Semantica, 6, 222-254.

Fillmore et al.(2009), Construction Grammar, Stanford, CA: CSLI Publications.

Fillmore, C. & P. Kay(1993), Construction Grammar Coursebook, Chapters 1 thru 11, University of California, Berkeley.

Fillmore, C., Kay, P. & M. K. O'Connor(1988), 'Regularity and idiomaticity: the case of let alone', Language 64-3, 501-538.

Geeraerts, D. & H. Cuyckens(eds.)(2007), The Oxford Handbook of Cognitive Linguistics, Oxford: Oxford University Press.

Gibbs, R. W.(2006), Embodiment and Cognitive Science, Cambridge: Cambridge University Press.

Goldberg, A.(1995), Constructions: A Construction Grammar Approach to Argument Structure, Chicago and London: The University of Chicago Press. (손영숙・정주리 옮김(2004), 『구문 문법』, 한국문화사.)

Im, S.(2002), "Typological Patterns of Motion Verbs in Korean", 『담화와 인지』 9-2, 담화・인지 언어학회, 123-150.

Im, S.(2003), "Metaphor of Motion in English and Korean", 『현대문법연구』 33, 현대문법학회, 131-147.

Jackendoff, R.(2002), Foundations of language: Brain, meaning, grammar, evolution, New York: Oxford University Press.

Janda, L. A.(2000), "Cognitive Linguistics", SLING2K Workshop, 1-37.

Johnson, M.(1987), The Body in the Mind: The bodily Basis of Meaning, Imagination, and Reason, Chicago and London: The University of Chicago Press. (노양진 옮김(2000), 『마음 속의 몸: 의미・상상력・이성의 신체적 근거』, 철학과현실사.)

Johnson, M.(2007), The Meaning of the Body: Aesthetics of Human Understaing, Chicago: University of Chicago Press. (김동환・최영호 옮김(2012), 『몸의 의미: 인간 이해의 미학』, 서울: 東文選.)

Kay, P. & C. Fillmore(1999), 'Grammatical constructions and linguistic generalizations: the *What's X doing Y construction'*, *Language* 75, 1-34.

Kövecses, Z.(2002), *Metaphor: A Practical Introduction*, Oxford: Oxford University Press. (이정화 · 우수정 · 손수진 · 이진희 공역(2003), 『은유: 실용입문서』, 한국문화사.)

Kövecses, Z.(2006), *Language, Mind, and Culture: A Practical Introduction*, Oxford: Oxford University Press. (임지룡 · 김동환 옮김(2010), 『언어 · 마음 · 문화의 인지언어학적 탐색』, 역락.)

Kövecses, Z.(2015), *Where Metaphors come from, Reconsidering Context in Metaphor*, Oxford University Press.

Lakoff, G.(1987), *Women, Fire and Dangerous Things: What Categories Reveal About the Mind*, Chicago: The University of Chicago Press. (이기우 옮김(1994), 『인지의미론: 언어에서 본 인간의 마음』, 한국문화사.)

Lakoff, G.(1993), "The contemporary theory of metaphor", in A. Ortony(ed.), *Metaphor and Thought*, Cambridge: Cambridge University Press, 202-251.

Lakoff, G. & M. Johnson(1980), *Metaphor We Live by*, Chicago Press. (노양진 · 나익주 옮김(2006). 『삶으로서의 은유』, 박이정.)

Lakoff, G. & M. Johnson(1999), *Philosophy in the Flesh: The Embodied Mind and Its Challenge to Western Thought*, New York: Basic Books. (임지룡 · 윤희수 · 노양진 · 나익주 옮김(2002), 『몸의 철학: 신체화된 마음의 서구 사상에 대한 도전』, 박이정.)

Langacker, R. W.(1986), "Abstract motion", in V. Nikiforidou, M. Van-Clay, M. Niepokuj, & D. Feder(eds.), *Proceedings of the Twelfth Annual Meeting of the Berkeley Linguistics Society*, 455-471.

Langacker, R. W.(1987), *Foundations of Cognitive Grammar*, Vol. 1, Stanford, California: Stanford University Press. (김종도 옮김(1999), 『인지문법의 토대: 이론적 선행조건들』, 박이정.)

Langacker, R. W.(1991/2002), *Image, Concept, and Symbol: The Cognitive Basis of Grammar*, Mouton de Gruyter. (나익주 옮김(2005), 『개념 · 영

상·상징, 문법의 인지적 토대』, 박이정.)

Langacker, R. W.(1997), "The contextual basis of cognitive semantics", in J. Nuyts & E. Pederso(eds.), *Language and Conceptualization*, Cambridge: Cambridge University Press, 229-252.

Langacker, R. W.(2008), *Cognitive Grammar, A Basic Introduction*, Oxford University Press. (나익주·박정운·백미현·안혁·이정화 옮김(2014), 『인지문법』, 박이정.)

Lee, D.(2001), *Cognitive Linguistics: An Introduction*, Oxford: Oxford University Press. (임지룡·김동환 옮김(2003), 『인지언어학 입문』, 한국문화사.)

Levin, B.(1993), *English Verb Classes and Alternations: A Preliminary Investigation*, The University of Chicago Press. (김두식·안병길 옮김(2005), 『영어 동사 부류와 교체현상』, 한국문화사.)

Matlock, T.(2001), *How real is fictive motion?*, Ph.D. dissertation, University of California, Santa Cruz.

Matlock, T.(2004a), "Fictive motion as cognitive simulation", *Memory & Cognition* 32-8, 1389-1400.

Matlock, T.(2004b), "Conceptual Motivation of Fictive Motion", in *Studies in linguistic motivation*, Berlin ; New York : Mouton de Gruyter, 1-28.

Matlock, T.(2006), "Depicting fictive motion in drawings", in J. Luchjenbroers(ed.), *Cognitive Linguistics Investigations: across Languages, Fields, and Philosophical Boundaries* 15, Amsterdam/Philadelphia: Benjamins. 67-86.

Matlock, T., M. Ramscar, & L. Boroditsky(2005), "On the Experiential Link Between Spatial and Temporal Language", *Cognitive Science* 29, 655-664.

Matsumoto, Y.(1996), "Subjective motion and English and Japanese verbs", *Cognitive Linguistics* 7-2, 183-226.

Miller, G. A. & P. N. Johnson-Laird(1976), *Language and Perception*,

Cambridge, Massachusetts: The Belknap Press of Harvard University Press.

Nakazawa, T.(2006), "Motion event and deictic motion verbs as path-conflating verbs", *Proceedings of the 13th International Conference on Head-Driven Phrase Structure Grammar*, CSLI Publications, 284-304.

Pourcel, S. & A. Kopecka(2006), *Motion events in French: Typological intricacies*. Ms., University of Sussex, Brighton & Max Planck Institute for Psycholinguistics, Brighton, UK, and Nijmegen, The Netherlands.

Pütz, M.(1997), "Incorporating the notion of 'function' into a cognitive approach to English Grammar", in B. Smieja & M. Tasch(eds.), *Human Contact through Language and Linguistics*, Europäischer Verlag der Wissenschaften: Peter Lang, 127-146.

Pütz, M. & R. Dirven(eds.)(1996), *The Construal of Space in Language and Thought*, Berlin · New York: Mouton de Gruyter.

Quirk, R., S. Greenbaum, G. N. Leech & J. Svartvik(1972), *A grammar of Contemporary English*, Longman House; Burnt Mill, Harlow, Essex.

Radden, G.(1996), "Motion metaphorized: The case of 'coming' and 'going'", in E. Casad(ed.), *Cognitive Linguistics in the Redwoods: The Expansion of a New Paradigm in Linguistics*, Berlin: Mouton de Gruyter, 423-458.

Radden, G. & R. Dirven(2007), *Cognitive English Grammar*, John Benjamins Publishing Company. (임지룡 · 윤희수 옮김(2009), 『인지문법론』, 박이정.)

Richardson, D. & T. Matlock(2007), "The integration of figurative language and static depictions: An eye movement study of fictive motion", *Cognition* 102, 129-138.

Slobin, D. I.(1996), "Two ways to travel: Verbs of motion in English and Spanish", in M. Shibatani & S.A. Thompson(eds.), *Grammatical constructions: Their form and meaning*, Oxford, Oxford University

Press, 195-217.

Slobin, D. I.(2003), "Language and Thought Online: Cognitive Consequences of Linguistic Relativity", in D. Gentner & S. Goldin-Meadow(eds.), *Language in mind: Advances in the study of language and thought*, Cambridge, MA, MIT Press, 157-192.

Slobin, D. I.(2004), "The many ways to search for a frog: Linguistic typology and the expression of motion events", in S. Strömqvist & L. Verhoeven(eds.), *Relating Events in Narratives: Typological and contextual perspectives*, Mahwah, NJ: Lawrence Erlbaum Associates, 219-257.

Talmy, L.(1983), "How language structures space", in H.L.Jr. Pick and L.P. Acredolo(eds.), *Spatial orientation: Theory, Research, and Application*, New York: Plenum Press, 225-282.

Talmy, L.(1985), "Lexicalization patterns: Semantic structure in lexical forms", in T. Shopen(ed.), *Language Typology and Syntactic Description* vol III, Cambridge: Cambridge University Press, 57-149.

Talmy, L.(1991), "Path to realization: A typology of event conflation", *Proceedings of the Seventeenth Annual Meeting of the Berkeley Linguistic Society*, Berkeley: Berkeley Linguistic Society, 480-519.

Talmy, L.(1996), "Fictive Motion in Language and 'Ception'", In P. Bloom, M.A. Peterson, L. Nadel, and M.F. Garrett(eds.), *Language and Space*, 211-276, Cambridge, Mass: MIT Press, and London: Bradford.

Talmy, L.(2000), *Toward a Cognitive Semantics, vol. 1: Concept Structuring Systems*, Cambridge, Mass: MIT Press, London: Bradford.

Talmy, L.(2003), "The Representation of Spatial Structure in Spoken and Signed Language", *Perspectives on Classifier Constructions in Sign Language*, 169-195.

Taylor, J. R.(1995), "Introduction: On construing the world", in W. Winter(ed.), *Language and the Cognitive Construal of the World*, Berlin

· New York: Mouton de Gruyter, 1-21.

Taylor, J. R.(2002), *Cognitive Grammar*, Oxford: Oxford University Press. (임지룡·김동환 옮김(2005), 『인지문법』, 한국문화사.)

Tyler, A.(2012), *Cognitive Linguistics and Second Language Learning*, Routledge. (김동환·임태성 옮김(2015), 『인지언어학과 제2언어 학습』, 로고스라임.)

Ungerer, F. & H.-J. Schmid(1996/2006), *An Introduction to Cognitive Linguistics*, London & New York: Longman. (임지룡·김동환 옮김(2010), 『인지언어학 개론』, 태학사.)

Wechsler, S.(2008), "Punctual Paths in Three Languages", Harvard Studies in Korean Linguistics XII, 3-19.

Zlatev, J. & C. David(2004), "Three ways to travel: Motion events in French, Swedish and Thai", In *Linguagem, cultura e cogniçao: estudos de lingüística cognitiva,* 119-142.

찾아보기

용어

ㄱ

가상이동 구문 ·················216
가상이동(fictive motion) ········1, 2, 3, 5
　6, 11, 13, 15, 46, 69, 70, 71, 72, 73, 74
　76, 77, 78, 79, 80, 81, 82, 83, 85, 86
　87, 97, 100, 101, 113, 202, 204, 205, 206
　207, 210, 215, 216, 222, 223, 224, 226
가상적(fictive) ··················1, 69
가상현실(virtual reality) ···············1
가현 움직임(apparent movement)
　·····································42
감각 운동(sensor-motor) 경험 ·········208
개념적 은유 이론(Conceptual Metaphor
　Theory) ····························52
개념적 은유(Conceptual Metaphor)
　·····················52, 53, 75, 77, 86, 89
개념적 통합 연결망 ·················62
개념적 혼성 이론 ··········59, 60, 63, 101
개념적 혼성(Conceptual Blending)
　·········58, 63, 98, 113, 122, 179, 187
개념적 환유(Conceptual Metonymy)
　···························56, 57, 58, 99
개념화(conceptualization) ············2
개념화 시간(conceptualization time)
　·····································71
개념화자(conceptualizer) ·········2, 29, 74
　77, 85, 88, 91, 103, 105, 107, 108, 110
　111, 113, 115, 119, 120, 122, 123, 124
　125, 126, 127, 129, 130, 131, 134, 135
　136, 137, 140, 141, 143, 147, 165, 169
　178, 179, 180, 185, 186, 190, 191, 194
　197, 199, 201, 205
개념화자의 관찰 ·····················153
개념화자의 시선 ········179, 186, 188, 193
개념화자의 이동 ············90, 92, 97, 103
　112, 123, 124, 132, 133, 134, 136, 137
　138, 139, 140, 205, 209, 217, 223
객관주의(Objectivism) ············25, 48
격이론 ·····························31
경로 ········81, 83, 84, 85, 95, 105, 106
　107, 108, 109, 115, 116, 118, 119, 136
　144, 145, 146, 147, 148, 149, 150, 151
　152, 153, 154, 155, 156, 157, 158, 159
　160, 161, 162, 163, 164, 165, 168, 169
　170, 171, 172, 173, 180, 181, 183, 187
　190, 215
공간횡단 사상(cross-space mapping)
　·····································60
관계성(relationality) ···············46
구문 ·······························64
구문문법(Construction Grammar)
　································63, 64
구성/게슈탈트 ·····················46
근원영역(source domain) ······52, 54, 58

ㄷ

도보 이동 ············91, 97, 104, 112, 114
   127, 132, 134, 139
동기화(motivation) ·······················216
동반 방출 신호(corollary discharge signal)
   ···14
동일성(identity) ···························60

ㅁ

마음 ···26
목표영역(target domain) ········52, 54, 58
몸 ··26
물리적 이동 ·································35

ㅂ

발현구조(emergent structure) ·······60, 61
   98
방사 범주(radial category) ···············66
배경(background) ···············30, 44, 45
백과사전적 ···································38
백과사전적 의미 ····························30
백과사전적 의미관 ···················30, 31
백과사전적 지식 ····················30, 84
부각(highlighting) ························75
분산주의(divided attention) ············42
불변성 원리(Invariance Principle)
   ···54

ㅅ

사상(mapping) ····53, 54, 56, 58, 74, 75
   87, 89, 121, 122, 140, 181, 202, 209
사회문화적(sociocultural) ···············30
상대적 이동 ········2, 6, 79, 81, 83, 88
   89, 90, 97, 103, 126, 131, 132, 133, 136
   137, 138, 139, 140, 141, 203, 204, 205
   206, 208, 209, 216, 223, 224
상상력(imagination) ··············1, 60, 69
상식적(common-sense) ···················30
선적 인식 ···································204
선택적 투사(selective projection) ········60
선택주의(selective attention) ···········42
세상사(real-world) ························30
순차 주사(sequential scanning) ····44, 49
   77, 92, 141
시뮬레이션 ···············47, 48, 49, 50, 51
시선 이동 ···········13, 15, 128, 130, 207
시점 ··45
신체적 마음 ·······························208
신체화(embodiment) ·······27, 28, 29, 47
신체화된 의미(embodied meaning) ····28
실제이동 ··············2, 3, 5, 6, 13, 15, 67
   71, 72, 73, 77, 78, 82, 83, 87, 90, 95
   131, 132, 133, 136, 140, 190, 193, 195
   200, 202, 207, 208, 209, 210, 215, 216
   223, 224, 226
심리적 이동 ··············2, 6, 36, 79, 81
   83, 94, 97, 143, 165, 167, 188, 192, 195
   199, 201, 202, 203, 204, 205, 206, 208
   219, 221, 223, 224
심안 관찰적 이동 ········95, 97, 181, 184
   185, 188, 189, 191, 192, 194, 196, 197
   201, 220, 222, 223

ㅇ

언어적 상황 ·································94
역동성 ···74
영상도식(image schema) ···········27, 54
영역(domain) ·······························31

영역횡단 사상(cross-domain mapping)
....52
요약 주사(summary scanning) 44, 49
    77, 96, 202, 206
움직임 11
움직임 잔효(movement aftereffect) 42
유도된 움직임(induced movement) 42
유사성(similarity) 54
육안 관찰적 이동 95, 97, 143, 144
    151, 159, 177, 178, 179, 180, 189, 190
    191, 192, 193, 194, 196, 197, 200, 220
    222, 223, 225
윤곽부여(profiling) 43, 75
의미 구성(meaning construction) 58
의미 속성(meaning component) 72
의미(meaning) 22, 27, 29, 31
의미(semantics) 64
의미망(semantic network) 31
의인법 86
이동 7, 11, 39, 47, 76, 79, 80
    81, 84, 86, 89, 91, 96, 98, 100, 101, 104
    105, 106, 107, 108, 109, 110, 115, 116
    117, 118, 119, 120, 124, 125, 126, 127
    129, 130, 135, 136, 137, 141, 144, 146
    148, 149, 150, 152, 155, 160, 162, 166
    168, 178, 179, 181, 185, 186, 187, 188
    196, 197
이동 구문 214
이동 사건(motion event) 47, 72, 73
이동성 118
이동체 124
이상적 인지모형(Idealized Cognitive
    Model) 40
인지언어학(Cognitive Linguistics) ...2, 21

22, 24, 29, 52, 56
인지의미론(Cognitive Semantics) 66

ㅈ_____
전경(figure) 12, 44, 45, 73, 75
    84, 91, 96, 104, 105, 106, 107, 109, 120
    121, 124, 125, 126, 138, 140, 144, 145
    146, 151, 152, 158, 159, 160, 163, 164
    165, 167, 171, 181, 184, 191, 199
전경-배경(figure-ground) 74, 87
전경화 75
전경-배경 역전 75, 92, 209
전경-배경 역전 현상 140
정신공간(mental space) 58
정신적 주사(mental scanning) 49
정지 ...98, 100, 101, 120, 134, 136, 143
    178, 179, 184, 185, 186, 188
주관적 이동(subjective motion)
    ....4, 5
주사(scanning) 43, 72, 74, 77
    87, 141, 201
주의(attention) 3, 14, 15, 42, 74, 87
지각(perception) 69
지각적 장면 90
지속성 140
지시적(referential) 56
진리 27

ㅊ_____
참조대상의 이동 90, 91, 92, 94
    97, 103, 115, 119, 122, 123, 124, 125
    126, 130, 131, 132, 134, 136, 137, 138
    139, 140, 200, 205, 208, 209, 218, 223
    225

참조점 ········91, 93, 117, 121, 123, 126
　　130, 134, 137, 138, 140, 146, 224
체험주의(experientialism)
　　·····························24, 25, 28, 48
총칭공간(generic space) ············60, 100

ㅌ
탈것 이동 ··········91, 97, 105, 108, 112
　　128, 132, 139
통합 연결망(integration network) ······60
통합(integration) ································60

틀(frame) ·························40, 48, 49
틀의미론 ···31

ㅎ
해석(construal) ··············3, 15, 28, 29, 39
　　47, 74, 87, 141
현실적 상황 ····································94
현실적 장면 ····································90
혼성공간(blended space) ·····60, 61, 100
　　113, 121, 179
활성역(active zone) ·······················58

인명

ㄱ
김기혁 ··33
김동환 ···················24, 25, 58, 60, 61, 98
김응모 ··3, 7
김정오 ·······································14, 42
김준홍 ··5

ㄴ
노상희 ··5
노양진 ··69

ㅅ
손남익 ··135
송현주 ······································28, 63
신경미 ··73

ㅇ
우형식 ··3
이기동 ··4
이종열 ··4, 86

임지룡 ··········2, 3, 4, 7, 13, 22, 23, 24
　　25, 28, 39, 45, 46, 52, 53, 54, 57, 60
　　61, 72, 73, 74, 78, 79, 80, 83, 85, 88
　　89, 94, 99, 132, 140, 189, 218
임태성 ··············33, 72, 82, 83, 98, 101
　　216, 219

ㅈ
전수태 ······································3, 4, 7
정병철 ·································48, 50, 51
정수진 ··63
정주리 ··66
조준학 ··3
진현(陳賢) ······································73

ㅊ
채희락 ··3
최규발 ··73
최창렬 ··72

ㅎ

홍사만 ···28
홍재성 ···3
황주원 ···218

B

Bergen, B. ···47
Boroditsky, L. ·····································5
Bowerman, M. ······························72, 73

C

Chafe, W. L. ···································72
Choi, S. ··72, 73
Croft, W. ············29, 39, 41, 42, 64, 74
Cruse, D. A. ···················29, 41, 42, 74
Cuyckens, H. ···········23, 42, 52, 56, 57

D

David, C. ··73
Dirven, R. ····································39, 40

E

Evans, V. ············23, 30, 51, 54, 56, 58, 59, 66, 75, 84

F

Fauconnier, G. ·····················58, 61, 62
Fillmore, C. J. ··········31, 40, 49, 63, 72, 75

G

Geeraerts, D. ·············23, 42, 52, 56, 57
Gibbs, R. W. ···································22
Goldberg, A. ································64, 65

Green, M. ············23, 30, 54, 56, 58, 59, 66, 75, 84

I

Im, S. ···5, 73

J

Jackendoff, R. ································4, 88
Janda, L. A. ·····································27
Johnson, M. ·····················1, 24, 27, 28, 52
Johnson-Laird, P. N. ························3, 7

K

Kay, P. ···63
Kopecka, A. ······································73
Kövecses, Z. ·······················25, 28, 48, 53

L

Lakoff, G. ············21, 24, 27, 28, 29, 40, 48, 52, 54
Langacker, R. W. ······4, 21, 31, 32, 39, 40, 44, 46, 48, 49, 58, 64, 70, 71, 75, 78, 88, 97, 204
Lee, D. ··52
Levin, B. ··5

M

Matlock, T. ·································5, 209
Matsumoto, Y. ·····················5, 73, 78, 88
Miller, G. A. ·································3, 7

N

Nakazawa, T. ····································73

O

O'Connor, M. K. ·····························63

P

Pourcel, S. ································73
Pütz, M. ·····························39, 40

Q

Quirk, R. ·································72

R

Radden, G. ·······················3, 7, 39, 40
Ramscar, M. ·······························5
Richardson, D. ····························5

S

Schmid, H.-J. ····························28
Slobin, D. I. ·····························73

T

Talmy, L. ·················4, 5, 12, 21, 42, 44
  69, 70, 72, 73, 79, 80, 87
Taylor, J. R. ·························39, 40
Turner, M. ···························58, 61, 62
Tyler, A. ·····························22, 60, 61

U

Ungerer, F. ·······························28

W

Wechsler, S. ·····························73
Wood, E. J. ·····························39

Z

Zlatev, J. ································73